同济大学可持续发展与新型城镇化智库
TONGJI UNIVERSITY SUSTAINABLE DEVELOPMENT AND NEW-TYPE URBANIZATION THINK-TANK

新常态下中国经济发展的热点问题研究

张　鑫　编著

科学出版社
北　京

内 容 简 介

本经济学文集收录了作者最近10年发表在报刊上的经济研究、经济评论、经济观察和经济专栏文章，内容涉及住房的属性及其政策调整、新型城镇化理论与实践、“一带一路”倡议与实践、互联网技术带来的影响、互联网金融创新与监管、资本市场与公司治理、经济改革与政策调整、经济全球化与中国应对策略、诺贝尔经济学奖获奖成果带来的启示等。这些文章对新常态下如何推进我国经济改革、转型与发展进行了思考和研究，并提出了许多独到的见解，具有理论的前瞻性和现实意义。

本经济学文集可以作为经济学专业的对经济学感兴趣的个人、经济学研究者和政府管理人员的参考读物，也可以作为大学本科生和研究生的教材或教学参考书。

图书在版编目（CIP）数据

新常态下中国经济发展的热点问题研究 / 张鑫编著. —北京：科学出版社, 2018.7

（同济大学可持续发展与新型城镇化智库）

ISBN 978-7-03-058017-7

Ⅰ. ①新… Ⅱ. ①张… Ⅲ. ①中国经济–经济发展–研究 Ⅳ. ①F124

中国版本图书馆 CIP 数据核字（2018）第 131744 号

责任编辑：刘英红 / 责任校对：贾娜娜
责任印制：吴兆东 / 封面设计：无极书装

科学出版社 出版
北京东黄城根北街 16 号
邮政编码: 100717
http: //www. sciencep. com

北京虎彩文化传播有限公司 印刷

科学出版社发行 各地新华书店经销

*

2018 年 7 月第 一 版 开本: 720×1000 1/16
2018 年 7 月第一次印刷 印张: 15
字数: 320 000

定价: 112.00 元

(如有印装质量问题, 我社负责调换)

前　言

自 2008 年全球爆发金融危机以来，国际国内的经济政治形势和科学技术都发生了巨大的变化，在给中国经济发展带来严峻挑战的同时，也带来了难得的机遇。在经过 30 多年的持续高速增长后，我国经济从 2012 年开始进入增速换挡期。为此，习近平总书记在 2013 年 12 月 10 日召开的中央经济工作会议上，首次做出中国经济发展进入“新常态”的重大战略判断。中国经济发展进入新常态后，经济增长从高速转向中高速，经济发展方式从追求规模速度的粗放型转向追求质量效率的集约型，经济结构从增量扩能为主转向调整存量、做优增量并存的深度调整，经济发展动力从传统增长点转向新的增长点，突出创新驱动，强化风险防控，加强民生保障，促进经济平稳健康发展与社会和谐稳定。从国际环境看，全球经济增长放慢，大国要求重构游戏规则，各国也都在进行经济结构和发展模式调整，以培育新的经济增长点。这些表明，中国经济发展已进入形态更高级、分工更复杂、结构更合理的阶段，即高质量发展阶段。

中国经济发展进入新常态后，出现了许多新矛盾、新问题、新经济模式。认识新常态，适应新常态，引领新常态，成为当前和今后一个时期我国经济发展的大逻辑。也只有这样，中国经济才能继续实现有质量、有效益、可持续的发展。

笔者在从事经济与管理学教学研究过程中，对中国经济发展尤其是新常态下经济发展出现的许多热点和难点问题，以及解决这些问题的思路和采取的措施，新的科技革命给经济发展和经济生活带来的影响等进行了研究，并在《上海证券报》《文汇报》《中国社会科学报》《人民日报》《解放日报》《第一财经日报》《中国证券报》等报纸和《人物》《法人》《现代工商》等财经类综合杂志与学术性杂志发表了大量经济研究、经济评论、经济观察、经济专栏文章和经济学术论文。在这些文章中，笔者对新常态下如何推进我国的经济与金融改革、转型与发展进行了思考和研究，并提出了许多独到的见解。

本经济学文集主要收集了笔者在 2008～2017 年发表的近 110 篇文章，其中只有两篇发表在学术杂志中，其他都发表在报纸和财经类综合杂志中。俗话说：“十年磨一剑，”将这些文章汇集整理成书，既是对笔者 10 年来经济研究成果的总结，也是对新常态下中国经济发展出现的新问题的思考与总结，期望能丰富我国经济学理论与实践的研究，有助于推动我国经济的持续健康发展。

本经济学文集主要有如下特点。一是内容新。本经济学文集所选录的文章都是近 10 年以来发表的，涉及的都是当前中国经济发展的热点问题，大到新型城镇化、

“一带一路”倡议、国际经济等宏观经济问题，小到老百姓的住房、储蓄、消费、互联网金融等民生问题。二是理论联系实际，提出了许多独到的见解，具有理论的前瞻性和现实意义。如2009年提出的“房子是用来住的不是用来炒的”，“构建梯度住房政策体系”，互联网技术及其应用给经济和企业发展、就业等带来的冲击和影响，对共享经济和分享经济的认识等。三是涉及的内容比较广泛，但对每个问题的研究都比较深入和透彻。全书共分10个大的方面，对涉及的问题从现象到背后的理论，再到政策建议都有专业且独到的思考与研究。四是除少数报纸整版研究文章外，绝大多数文章都短小精悍、通俗易懂。这些文章对相关经济问题的研究，既有扎实的经济学理论基础，又突出了问题导向，具有较强的可读性。

本书的出版，既可以为政府部门制定政策提供参考，也可以帮助读者了解中国经济发展出现的新问题、新变化，把握中国经济改革与发展的方向，普及经济学知识，了解国家经济与改革政策，还为经济学教学与研究者理论联系实际、教学与研究相结合树立了典范，为经济研究者的研究提供启发和借鉴，因而具有广泛的读者群。

本书由同济大学可持续发展与新型城镇化智库资助出版，科学出版社的编辑做了大量指导和校对工作，特此一并致以诚挚的谢意！

张　鑫

2018年3月于同济大学

目　录

第一篇　住房的属性及其政策调整

房子是用来住的不是用来炒的[①]

哈耶克认为，观念的力量是非常强大的，它可以创造和改变历史。这句话也可以用来分析我国楼市，因为在观念上把住房看成消费品还是投资品，关系到中国房地产未来的命运和国民的生活。近几年来，我国楼市存在一个怪现象，那就是一方面大量房子空置，另一方面房源紧缺、房价不断上涨，以至出现楼市泡沫。原因就在于，在观念上大家都认为房子是可以用来投资（机）的，有钱的个人和外资就炒房子。全民炒房的结果就是房价不断攀升，使绝大多数低收入者买不起房，深受其害。实际上，除少数高档房以外，大多数房子主要是用来居住的，而不是用来炒的。

从经济学来讲，购买房地产确实是一种投资，而不是消费。所以国家在统计物价时，没有把房地产价格统计进去，只把房租的价格统计进去。既然买房是一种投资，“炒家”就希望有很多人来“炒”一把，把价格抬上去，从中获得更多的投资收益。但问题在于，房子不同于一般投资品，它除了具有固定性、差异性和有限性外，还具有民生性。房子的民生性在于它与老百姓的生活息息相关，因为房子是确保个人生存的基本物质条件，是人们最基本的生活资料和第一必需品。杜甫的诗句“安得广厦千万间，大庇天下寒士俱欢颜”道出的就是“居者有其屋”的良好愿望。

不能把房地产等同于一般投资品还在于，房地产投资并不能增加整个社会的财富，投资过度只会引发泡沫。对此，英国古典经济学家亚当·斯密在《国富论》中就说过，“住宅不会为居住者带来任何收入。如果将其出租，由于房子本身并不能生产任何东西，因此租房者必须找到其他收入来支付房租”。斯密由此得出结论，房主虽然可以通过出租房子来获得收入，但并不会给整个社会带来一丁点收入。他还认为，当投资能获得高额利润时，过度投资就会成为一个最容易犯的错误。那些利润率“最高的国家将毁灭得最快”。

为了保障居民拥有住房的基本权利，真正做到“居者有其屋”，许多国家和地区一方面由政府提供大量廉价房，另一方面实行严格的限制炒房政策。例如，新加

① 发表于《上海证券报》2009 年 3 月 6 日第 B6 版；《江苏商报》2009 年 4 月 8 日第 A03 版摘录转载；《法人》2009 年第 4 期全文转载，题目改为“房子是不是用来炒的”。

坡约有80%的人购买了组屋（政府投资建设的住房，以较低的价格出售给中低收入家庭），并规定两个人联名才能拥有房产，单个人不得同时拥有两处以上的房产。公民所买的组屋5年内不得转让，确实要转让也必须通过政府指定的机构去交易，而不能直接在市场上出售。如果有人被发现买了组屋而不居住，可能要遭到6个月的监禁。新加坡虽然对公寓的买卖没有限制，但常常通过调节税收来抑制房价。当房地产过热时，政府会通过征收 100%的个人所得税来抑制投机性需求。在我国香港地区，除了允许房地产市场提供的商品房完全开放、自由买卖外，主要通过公屋制度（廉租房制度）来解决绝大多数人口的住房问题。达到一定条件的居民可以购买廉租房，但限于租金低廉和转手困难，居民很难借廉租房进行投资或投机。

在美国虽然可以炒房，但大多数人买房都是用来自住的，拥有两套房子的人并不多。原因在于美国的税收制度对“炒家”不利。根据美国法律，房主购房后每年都要向政府缴纳相当于房产市值3%的房地产税。随着房子不断升值，房地产税也会逐年增加。如果一个“炒家”捂着几套房子，房子虽然升值了，但负担也随之加重了。大概正是这个原因，美国较少出现炒房的现象。所以，对于那些趁美国经济衰退准备赴美购房的中国人来说，如果购房是为了供子女留学居住，自然不错，但如果是为了投资赚钱，就得考虑税收风险和汇率风险了。

看看我国这些年的大中城市，有钱人纷纷加入炒房队伍，“外资炒房团”“内资炒房团”四面出击，囤积房屋，哄抬房价，还有一些政府官员也加入进来，利用手中的权力以极低的价格获得最好的房子，然后囤积起来，不仅造成房地产资源的巨大浪费，加剧供求矛盾，也在一定程度上对引发房地产泡沫起了推波助澜的作用。

可见，无论从经济学角度还是从保障民生的角度看，我们都要改变观念，绝对不能把所有住房都当作股票那样的纯投资品任意炒作。各级政府应把住房看成民生问题，把基本解决中国民众的住房问题作为一项基本职责，向市场提供更多廉价的土地和廉租房、廉价房，同时采取合理有效的政策措施抑制个人和外资的房地产投机行为。对普通老百姓来说，应重点发挥住房的消费功能而不是投资功能，减少纯粹以投资为目的的买房行为。这样上下一致，才能从根本上稳定房价，防止楼市出现泡沫，让大多数人都能买得起房、住得起房。

让住房真正回归民生性或消费品功能①

对于老百姓购买住房是消费还是投资这个经济学问题，长期以来存在很大争议。基于住房使用期限长，单位价值高，完全符合固定资产的一般标准，国家统计局和联合国制定的《国民经济核算体系》（System of National Accounts，SNA），都把居

① 发表于《上海证券报》2010年4月30日第8版；《南京日报》2010年5月7日第A14版全文转载。

民购房支出归类为固定资产投资。SNA对住房消费的解释是，当房屋用于居民居住时，租住的租金计入承租人的消费支出；如果是自住的，比照相应市场（租金）价格，以虚拟房租形式计入房屋所有人的最终消费。但如果从人们的生活习惯看，衣食住行都是人类的基本消费行为，因此，住房又似乎像汽车、宝石等一样被看作耐用消费品。再从消费和投资的关系看，消费是直接满足人们的生活需要，投资则是放弃当前的消费以期获取未来的利得，最终目的还是实现更好的消费。所以，作为消费品的房屋、宝石，也可以转化为投资品。如此，把住房的经济属性归结为可以用于投资的消费品也许更合适。既然住房既是投资品，又是消费品，那么企业为追求利润而投资房地产，居民为自住而购房，或为投资获利而购房都是无可非议的。如果为了抑制房价上涨而否定房屋的投资行为，甚至把居民购买的一套住房也算作投资予以约束与限制，既不符合房屋的经济属性，也与我们鼓励居民获得更多的财产性收入、提高生活水平的愿望相违背。

问题在于，住房不同于一般投资品和消费品。它除了具有固定性、差异性和有限性外，还具有民生性。住房的民生性，突出表现是确保居民生存最基本的物质条件。一个人要活得有尊严，首先要有安身之处。此外，不能把买房等同于一般投资还在于，买卖房屋并不能增加整个社会的财富，投机过度只会抬高房价，并引发泡沫。所以，正确认识住房的本质属性还必须从经济学范畴中跳出来，从维护社会公平和公民的基本权利中去把握，赋予其民生性，这样才能为制定科学有效的政策提供依据。

为了保障居民拥有住房的基本权利，真正做到“居者有其屋”，许多国家和地区从来不把所有房屋都看成投资品，而是从维护和促进人类最基本的居住权出发，制定相关的法律和政策来抑制住房的投资需求，防止高房价侵犯居民最基本的生存权。例如，新加坡规定两个人联名才能拥有房产，单个人不得同时拥有两处以上房产。公民所买的组屋（政府投资建设的住房，以较低的价格出售给中低收入家庭）5年内不得转让，确实要转让也不能直接通过市场交易，而需在政府指定的机构中交易。我国香港地区也只允许少数高档商品房可以自由买卖，政府为符合一定条件的居民提供大量廉租房，限于租金低廉和转手困难，居民很难借廉租房投资。美国则主要通过税收制度来抑制住房的投资需求，所以在美国，拥有两套以上房子的人并不多。

笔者认为，只有从维护社会公平和公民的基本权利出发，以实现社会福利最大化为根本目标，赋予住房民生性，才能确保政策措施科学有效。从这次新一轮房地产调控“组合拳”来看，提高购房首付比例和利率，对购买第三套及以上住房贷款和非本地居民购买住房贷款的限制，都只是希望通过提高住房投资的融资成本，减少购房融资来达到抑制投资性购房和房价过快上涨的作用。这些政策有可能使房价上涨的幅度暂时趋于平缓，提高银行体系的安全性收益率，但难以从根本上抑制对住房的投资（投机）行为，保障居民基本的住房需求。因为推动高房价的根源还在于企业投资经营环境恶化、居民投资渠道少、流动性过剩导致的投资需求大量膨胀。而这些政策对现金充裕的开发商以及投资者未必能够形成有效的制约。

可见，楼市调控政策的重点在于合理抑制住房的投资品功能，让住房真正回归到民生性或消费品功能上。为此，各级政府理应把基本解决中国民众的住房问题作为一项基本职责，牢牢把握住房的民生性，以此调整住房政策。具体来说：①明确提出不把房地产作为支柱产业，彻底打消投资者认为政府会救房地产市场的念头；②政府向市场提供更多廉价的土地和廉租、廉价房，以满足居民基本的住房消费需求；③通过鼓励居民住房消费来发展中国房地产市场，为自住型住房消费提供更多的优惠政策，同时尽快开征房产税，严厉遏制社会对住房的投资（投机）行为，这样才有可能实现住房供求的基本平衡，让大多数人都能买得起房、住得起房，进而从根本上确保房地产市场的平稳发展。

从住房的属性看楼市政策调整①

为遏制房价过快上涨，国家和一些地方最近出台了严厉的抑制投资性购房的政策。这些政策的实施效果如何，人们正拭目以待。笔者认为，只有从维护社会公平和公民的基本权利出发，明确住房民生性的属性，才能制订科学有效的政策措施，使我国房地产市场保持平稳发展。

住房到底是投资品还是消费品

住房到底是投资品还是消费品？百姓购买住房是消费还是投资？这是长期以来一直存在很大争议的一个经济学问题。

国家统计局和联合国制定的《国民经济核算体系》(System of National Accounts，SNA）把居民购房支出归类为固定资产投资。也就是说，居民购买房屋，不论用来自住还是用于出租，都属于固定资产投资的范围，都是投资品，而非消费品。这样归类，是因为住房的使用期限长，单位价值高，完全符合固定资产的一般标准。

按照 SNA 的解释，所谓住房消费，就是指当房屋用于居民居住时，租住的租金计入承租人的消费支出；如果是自住的，比照相应市场（租金）价格，以虚拟房租形式计入房屋所有人的最终消费。

但是，如果从人们的实际生活看，衣食住行都是基本消费行为，住房如同衣服、食品等一样都是最重要的消费品。因此，住房似乎可以像汽车、宝石等那样被看作

---

① 发表于《文汇报》2010 年 5 月 13 日第 5 版；《山西日报》2010 年 6 月 7 日第 C4 版摘要转载；《领导决策参考情报》2010 年第 5 期全文转载；《理论参考》2010 年第 6 期全文转载。

耐用消费品。再从消费和投资的含义看，消费是直接满足人们的生活需要，投资则是放弃当前的消费以期获取未来的利得，而最终目的是实现更好的消费。所以，作为消费品的房屋、宝石也可以转化为投资品。这样看来，把住房的经济属性归结为一种“可以用于投资的消费品”也许更合适。

要从维护社会公平和公民的基本权利来把握

问题的关键在于，住房不同于一般投资品和消费品。它除了具有固定性、差异性和有限性外，还具有民生性。住房的民生性突出表现在它是确保居民生存的基本物质条件，是人们最基本的生活资料和第一必需品。不能将买房等同于一般投资，还因为买卖房屋并不能增加整个社会的财富，投机过度只会抬高房价、引发泡沫。所以，正确认识住房的本质属性还必须从经济学范畴中跳出来，从维护社会公平和公民的基本权利来把握，这样才能为制定科学有效的政策提供依据。

为了保障居民拥有住房的基本权利，做到“居者有其屋”，许多国家和地区从来不把所有房屋都看成投资品，而从维护和促进人们最基本的居住权出发，制定相关的法律和政策来抑制住房的投资需求，防止高房价侵犯居民权益。例如，新加坡规定两个人联名才能拥有房产，单个人不得同时拥有两处以上房产。公民所买的组屋（政府投资建设的住房，以较低价格出售给中低收入家庭）在 5 年内不得转让，确实要转让也不能直接通过市场交易，而必须在政府指定的机构中交易。如果有人被发现买了组屋而不住，可能会被监禁 6 个月。我国香港地区也只允许少数高档商品房自由买卖，政府为大量符合一定条件的居民提供廉租房，受限于租金低廉和转手困难，居民很难借廉租房进行投资或投机。美国则主要通过税收来抑制住房的投资需求，所以美国大多数人买房都是用来自住的，拥有两套以上房子的人并不多。美国次贷危机爆发，并不完全是居民盲目投资房屋的结果，而是金融机构肆意放贷诱发了居民的住房消费需求，搞得偿还能力差的低收入阶层也贷款买房，甚至把购买住房当作投资。这种通过信贷大量扩张和刺激需求来实现“超消费”的消费模式是不可持续的。

让住房回归民生性和消费品功能

基于住房所具有的民生性，政府在制定房地产政策时，应该把改善广大居民的基本居住条件作为出发点，以实现社会福利最大化为根本目标。

目前推出的提高购买第二套房的首付比例和利率，对购买第三套及以上住房贷款和非本地居民购买住房贷款严加限制等政策，侧重于增加住房投资的融资难度和成本。这些政策可能在短期内对遏制房价快速上升有效，但恐怕仍难以从根本上抑制对住房的投资（投机）行为。因为推高房价的根源还在于企业投资经营环境欠佳、居民投资渠道少、流动性过剩导致的投资需求膨胀。一些现金充裕的投资者，可以通过全款支付等办法绕开限制；而对居民购买改善性自住房如果也“一刀切”，则可能打错了板子。

从保障民生和维护经济稳定的角度看，楼市调控政策的重点在于合理抑制住房的投资品功能，让住房回归民生性和消费品功能。要抑制高房价，必须把握住房的民生性，把住房看成重大的民生问题，把基本解决中国民众的住房问题作为政府的一项基本职责，并以此调整楼市政策。例如，明确不把房地产作为支柱产业，彻底打消投资者认为政府“会救房地产市场”的念头；向市场提供更多廉价的土地和廉租、廉价房，满足居民基本的住房消费需求；通过鼓励支持居民扩大住房消费来发展房地产市场，为自住型住房消费提供更多的优惠政策；同时尽快开征房产税，严厉遏制住房投资投机的行为，而不是直接干预投资者和银行的借贷与放贷行为。

调控楼市另一种思路：扩大契税税率①

为了抑制房价过快增长，政府加大了对房地产市场的调控力度，出台了一系列相关政策措施，其中包括在房地产开发与交易中转移土地、房屋权属征收差别化契税。目前的做法，一是各地对购买非普通住宅按法定3%～5%的税率征收契税，如北京、上海等地为3%，山西、江苏等地为4%；二是对购买普通住宅、经济适用房按法定税率减半征收；三是对个人首次购买90平方米以下的普通住房统一按1%税率征收；四是对棚户区改造安置住房等保障性住房实行减免税优惠政策。这种差别化的契税政策实施的效果非常明显，低收入者受益尤其大。但受法定税率的限制，契税对调节收入分配、抑制投机炒房行为的作用有待进一步加强。

我国现行税制涉及房地产的税收，共有10多个税种，涵盖房地产开发、销售、转让和保有等各个环节。其中，契税在整个房地产税收链中处于入口和出口两端的位置上，对房地产其他税种具有把手作用。在房地产开发企业取得土地使用权时，以出让和转让方式取得土地使用权，首先要交纳契税；在销售房屋和二手房交易办理产权证书时，最后一个环节也是契税。加上契税是在房地产交易环节中对承受方征收的，实行差别化政策及“先税后证”的征管办法，这些特点使契税在对房地产市场的调控上具有先天的优势，可以成为名副其实的“内在稳定器”，在调控房地产市场中发挥积极作用。当房地产业快速发展，房地产交易更为活跃，政府需要加大调控力度时，契税的地位和作用越加凸显。

从保障民生和维护经济稳定的角度看，房地产市场调控政策的重点在于合理抑制住房的投资品功能，让住房回归民生性和消费品功能。这需要充分发挥税收的调节功能和资金积累的功能。相对于财产所得税和房产税，契税不仅操作简单方便，

① 发表于《上海证券报》2010年8月31日封7版。

而且通过提高税率及其差别化，可以有效引导住房合理消费，抑制房地产投机、调节收入分配、积累更多的资金发展保障性住房。因此，笔者认为，可以考虑适当扩大契税的税率。例如，可以适当提升高档商品房开发与转移的契税税率；使契税与营业税相衔接，扩大对购买投资性住房和消费性住房（以5年期为区分标准）征收的契税税率差别；大幅减免低收入者购房及改造安置住房等保障性住房的契税税率；等等。

鉴于契税在房地产税收体系中的特殊地位及其“先税后证”的征管办法，应该还可以在房地产市场管理中扮演重要角色。由于房地产开发周期长、环节多、销售（预售）情况复杂、存量房信息难以全面准确掌握，因此对房地产市场的管理难度很大。契税“先税后证”制度，可以说是房地产税收控管的总开关，若遵循房地产税收管理的规律，形成以契税为把手，对房地产各税种进行有效控管的税收管理机制，应能有利于加强和完善对房地产市场的管理。同时，在契税征收过程中提供的信息，也为房地产市场的管理和调控提供了参考与决策的依据。相对于其他税种和管理手段，从契税管理中获取的房地产相关信息较为全面而又准确，这有助于政府加强对房地产市场的监测、分析，及时发现市场运行中的新情况、新问题，提高调控和管理措施的预见性、针对性和有效性。就此而言，契税的征收过程，不仅是对房地产相关税种的管理过程，而且也是对整个房地产市场的管理过程。

从实践来看，若要进一步强化契税在调节收入分配、增加地方财政收入、调控房地产市场等方面的作用，还需在一些具体环节上有相应的改革与完善。例如，提升契税的立法层次，将现行的契税暂行条例上升为契税法，将契税打造成为房地产税收中的主要税种，并使其成为地方税收体系中的一个主体税种，以适应我国房地产市场不断发展的需要。同时，落实契税“先税后证”制度，也需要更高的法律层面来规范，以提高纳税人的遵从度和相关部门的配合度。此外，还需要进一步完善计税价格核定，在全国范围内建立统一的契税申报信息网络、标准化的契税申报程序和契税信息数据库，为加强房地产市场的管理和调控提供技术支持，以有效避免纳税人过低申报房地产成交价格等问题。

“限购”为什么成必要①

随着房屋交易量大幅减少及其对地方政府税收、关联产业影响的扩大，最近反对住房“限购”的呼声有增大之势，其中有些还是著名的经济学家发出来的。仔细分析他们反对的理由，大都站不住脚。

① 发表于《上海证券报》2011年9月7日封6版。

住房作为消费品，其价格变化和其他商品一样，受成本、需求、供给等因素的影响；当作为投资品时，其价格变化在很大程度上受心理预期影响。所有与房地产相关的经济主体，都会根据自身对未来经济变量和政策的预期决定当期采取的策略与行动。在这个时候，政府的政策取向，而不是当前的政策措施对房地产市场的健康发展起着决定性的作用。近年来，为实现房地产市场的稳定发展，中央政府出台了许多政策措施，包括号称史上最严厉的新“国八条”和“限购”，但到目前为止效果仍不理想。这其实都是预期惹的祸。因为基于房地产业对保持我国经济发展和地方财政收入的重要作用，几乎没有人相信政府会打压房地产业，让房价跌下来，他们都在搏房地产调控政策的非持久性。因而就有了开发商即使负债高企也不肯降价销售；投资投机者有房不售甚至继续炒卖房屋；住房成交量大幅下挫，房价依然坚挺，库存增加等现象。一旦“限购”政策放松，房价必将再次飙涨，房地产市场调控仍将成为“空调”。所以，保持“限购”政策的一贯性，彻底打消房地产相关利益主体不合理的预期，才有可能根治房地产市场的乱象。

“限购”的真正目的或理论依据还在于，让住房回归民生性和消费品功能。住房是一种可用于投资的消费品，其不同于一般投资品和消费品的地方在于，不但具有固定性、差异性和有限性，而且还具有民生性。住房的民生性突出表现在确保居民生存最基本的物质条件或消费品这一层上。与一般投资不同，房屋买卖并不能增加整个社会的财富，投机过度只会抬高价格，并引发泡沫。所以，从土地和住房的有限性，从维护社会公平和公民的基本权利去认识，才能正确把握住房的属性及制定限购等房地产政策的理论依据。许多国家和地区都是从维护和促进人类最基本的居住权出发，充分发挥政府的主导作用的：一方面由政府提供大量廉价房，另一方面对投机炒房实行严格的限制政策。例如，新加坡对保障性住房（组屋）就实行了严厉的限购和保有政策，规定每个家庭终身只能两次购买新组屋，且只能拥有一套，对组屋的交易和价格也有限制，从而解决了87%的居民的住房问题。在为居民提供了廉租房的条件下，我国香港地区只允许少数高档商品房自由买卖。美国人少地多，市场经济发达，通过税收制度就能有效抑制住房的投资需求，当然没有必要实行“限购”。

反对“限购”的人认为，“限购”是计划经济的手段，将购房资格与户籍、纳税证明等结合到一起，会阻碍人口的自由流动和统一劳动力市场的形成，而限制老百姓用钱则违背了市场经济的原则。这些论点也都似是而非。

市场经济确实是现今为止能对资源实行有效配置的最好机制，但市场经济不是万能的，人类至今还没有找到克服市场失灵的有效办法，只能依靠事后的强制性调整来纠正，为此要付出巨大代价。美国爆发的次贷危机，并引发全球金融海啸，就是市场失灵的表现，而且直到现在还没有得到纠正。同时，即使在发达的市场经济国家，也并不是所有东西都可以自由生产和买卖，对一些关系国计民生的产业和商品也实行垄断经营与必要的价格干预。这些政府管制行为是弥补市场失灵的制度安排。

虽然发达市场经济国家的住宅商品化程度非常高，但还没有哪个国家完全将中低收入群体推向市场，让市场经济自发解决所有人的住房问题，而是由政府通过提供大量保障性住房来满足中低收入群体基本的住房需求，实现房地产业的稳定发展和社会的和谐。事实上，我国一直都在试图通过诸如提高购房首付比例和利率、限制购买第三套及以上住房贷款和非本地居民购买住房贷款、开征房产税等符合市场要义的手段调控房地产市场，但这些财税、金融政策只能提高住房投资的融资成本，减少购房融资，对抑制投资性购房和房价过快上涨作用不大。在企业投资经营环境恶化、居民投资渠道少、流动性过剩导致的投资需求大量膨胀的条件下，这些政策措施对现金充裕的开发商以及投资者不会形成有效的制约。在这种情况下，政府管制行为则显得非常必要。

可见，我国对普通住房实施“限购”，并不是放弃市场化改革的方向，而是在市场经济还不成熟，市场化调控政策难以落实到位的情况下，弥补市场失灵的一种政策选择，这个选择在今天能保障居民拥有住房的基本权利，并对保持经济的持续发展和社会的稳定有重大意义。

用梯度住房政策破解房地产发展难题[①]

我国对房地产市场调控的目标是，实现房地产业的稳定发展，保障居民拥有住房的基本权利。为此需要针对不同的收入群体采取不同的住房政策，即建立起长效的、稳定的住房调控政策与住房社会保障政策相结合的梯度住房政策体系。

构建梯度住房政策体系的主要依据

不同收入的居民对住房有不同的需求，因而要求制定不同的住房政策。国际上，衡量居民购房支付能力的通用指标是房价收入比。世界银行中国局首席经济学家黑马·恩德先生依据美国和部分西方发达国家的数据，认为 3～6 倍的房价收入比是可承受的范围。但国内大量学者的研究数据表明，中国房价收入比虽然远高于该标准区间，但居民仍具有一定的购房能力。这主要是因为中国大多数居民都拥有一定的储蓄存款，还能从亲友那里借到一部分款项以及存在较宽松的住房信贷政策等。

具体来说，对于家庭购买住房而言，除了与住房价格、住房面积和家庭可支配收入息息相关外，还会受到金融机构要求的最低住房首付额、住房贷款利率及家庭可接受的还款比例的影响。从目前住房市场交易状况来看，中等及以下收入阶层家

① 发表于《上海证券报》2012 年 1 月 12 日封 12 版；《中国住房》2012 年第 2 期全文转载。

庭占到了社会家庭总数的近60%，多数家庭单位在支付首期购房款后，仍然需要依靠金融机构的贷款，所以购买住房不仅要考虑现实货币的购买能力，也要考虑贷款利率和偿还年限以及未来的偿还能力等因素。

基于这些因素计算出的房价收入比表明：①在取得最大额度、最长期限的购房商业贷款，即获得最大力度的银行等金融机构的购房信贷支持时，居民在保证不影响基本生活支出的合理还贷比例的基础上，对合适的住房类型有实际购买力的房价收入比区间为2.65～8.82倍，房价收入比越靠近上限的居民，购房贷款的压力越大。②若低于该区间，可以考虑支付更高的首付额、缩短贷款年限或选择更好的住房类型；若略高于该区间，可以在考虑未来收入增长的基础上，理性选择住房消费；若高出上限很多，则不能超出自己支付能力盲目消费，其住房需求需要政府的支持。

同时，传统的静态房价收入比虽然计算简单，可以用来大致比较不同地区居民的购房支付能力，但仍然存在很大的缺陷。具体表现在以下几个方面。

（1）我国经济发展不平衡，区域内居民收入差距悬殊，用平均可支配收入计算出的房价收入比不能准确地反映出各收入群体的购房支付能力。

（2）对可支配收入的统计不可避免地存在误差，我国居民目前除正常缴税的工资收入外，绝大多数都存在一定比例的灰色收入及其他收入。

（3）应用房价收入比时往往只考虑刚上市的新房，而随着住房市场的发展，住房供应中二手房、经适房会占据越来越大的比重。

（4）不同收入群体能负担的家庭住房面积显然不同。

（5）忽视了居民收入的增长性，一旦居民买定房子，住房的成本就被锁定，随着收入增加房价收入比会不断下降。

也就是说，按揭还款额占可支配收入的比重会不断降低。因此，在计算房价收入比时必须针对这些现实状况进行修正，即要引入动态房价收入比，并以此为依据制定住房政策。

梯度住房政策体系的内容构想

以根据实际情况修正后的动态房价收入比为划分标准，我们可以看到存在一种梯度的住房消费需求，即自发形成的“廉租房和公租房—经适房—中小户型商品房—二手房—普通商品房—高档商品房”的梯度住房需求格局。无收入来源和购房支付能力的低收入群体对应的是廉租房和公租房，收入有一定保障的低收入群体对应的是经适房，中等偏下收入群体对应的是中小户型商品房和二手房，中等偏上收入群体对应的是普通商品房，高收入群体对应的是高档商品房。

为了实现房地产业的稳定发展和“居者有其屋”的双重目标，相应地需要分别实施廉租房和公租房政策、经适房政策、中小型普通商品房政策和高档商品房政策，即构建一个梯度住房政策体系。

高档商品房是用来满足高收入群体的住房需求的，主要应以市场自发调节为主，以房产税和住房用地政策调控为辅。其价格可以完全放开，没必要采取限购、限贷等政策抑制其发展。但要防止过度开发，以及由此带来的土地供给和金融风险。

中小型普通商品房主要是用来满足中等收入群体的住房需求的。对于中等收入群体来说，虽然当前购房确实存在一定的压力，但运用购房金融工具，他们愿意而且能够通过透支未来收入来满足自住型住房的需求。因此，政府应更多地通过优惠的金融信贷政策和税收政策，鼓励中等收入群体通过商品房市场来解决住房问题；或者鼓励他们通过购买二手房先解决住房问题，等经济条件变好后再置换新房或面积更大的住房。同时，对于中小型普通商品房还应采取限购政策，防止因投资投机拉高房价，增加这一群体的购房负担，并抑制他们对其他商品的消费需求。

经适房、廉租房和公租房是用来满足无购房支付能力的低收入群体的住房需求的。对于低收入群体，政府要通过住房保障体系给予帮助，以保证民生，实现“居者有其屋”。这部分人群比重不会超过20%，如果各级政府能把基本解决中国民众的住房问题作为一项基本职责，并以此调整楼市政策，应该不会有很大的财政负担。

同时，政府要通过土地、信贷、财政等政策鼓励和引导房产商投资于经适房的开发，增加经适房的供给。当然，对经适房、廉租房和公租房的分配与使用要实现严格的监管，限制其流通和转让。

目前，我国房地产市场调控政策具有短期性和时效性，各市场主体都对放松调控政策存在预期，因而使得中央政府的调控政策难以得到落实，进而收到显著的效果。通过区分各收入群体的收入状况和对住房类型的不同需求，再考虑居民实际可支配收入、未来收入的增加和金融信贷支持，来对房价收入比进行修正，就能得出更合乎实际的动态房价收入比。以此作为划分不同住房政策实施对象的一个参照标准，无疑能够拓展决策的思路，从而更加科学有效地制定房地产业的发展和住房保障的政策，逐渐形成一套可持续的、长效的梯度住房政策体系。

总的来说，结合当前的实际情况，梯度住房政策体系对房地产市场的调控最大的特点是具有针对性和差别性。具体表现在：①适度收缩货币政策，缓解通货膨胀压力，限制货币供应量和银行贷款的过快增长，防范金融风险。②坚持并强化差别化的信贷政策，鼓励并支持中小型商品房和保障房的建设与消费，抑制其投资投机性需求。③坚持并完善差别化的财政收税政策，细化保有税、个人所得税、契税中对于不同住房交易的规定，以满足不同收入群体对住房消费的不同需求。④调整“限购令”的适应范围，取消对高档商品房的限购，严格执行对普通商品房和经适房的限购。⑤完善多渠道的住房金融体系，充分发展住房金融二级市场，如专业化的住房抵押贷款机构、投资机构、担保机构和保障机构，活跃住房交易市场。⑥完善差别化土地供应政策，继续加大普通商品房用地的供给，优先保障民生用地的供应。

保障性住房的建设及其资金来源

我国房地产市场发展不稳定、住房价格过高的一个重要原因在于住房保障制度不完善，而保障性住房建设的瓶颈在于资金来源狭窄，政策性资金数量和持续度都是有限的。我国目前保障性住房融资政策还处于探索阶段，借鉴其他地区的成功案例，笔者认为当前解决我国保障性住房建设的资金问题，出路是在确保政策性资金（主要包括中央财政补助、土地出让净收益、公积金建房贷款和公积金增值净收益）到位的前提下，寻找商业融资的有效途径，多渠道筹集资金。

（1）增强公积金中心的商业色彩，提高公积金资产的运营、增值能力。公积金管理中心应从目前扮演的“政府部门”角色中脱离出来，逐渐转变为独立的政策性住房资金管理运营机构。

笔者认为公积金管理中心可以仿照社保基金管理模式，聘请第三方专业投资管理人进行部分资金的管理，拓宽公积金资金投资渠道，允许公积金有条件进入特定金融市场和资本市场。例如，投资于风险较低的银行理财产品、证券投资基金、信托计划等，提高资金的收益率和流动性，更好地为保障性住房建设和消费提供贷款支持。

（2）成立保障性住房建设中心，主要负责廉租房和公租房的建设与租金管理，其性质是政府扶持的自负盈亏的“房屋公司”。

保障性住房中心的资金来源主要分为四部分：一是中心成立时政府拨付的资金、土地并给予贷款支持作为启动的资产；二是廉租房和公租房的租金收益，政府对廉租房给予一定租金补贴；三是在廉租房和公租房社区建立商业楼宇，如街市铺位、商场、停车场等，获得商业楼宇的出租或出售收益；四是在有一定收益后，将闲置资金投资于金融市场和资本市场，提高资金增值能力，在中心运营稳定后，可以募集社会闲散资金，并以较高的收益率回报给投资者。

（3）将房产商吸纳到保障性住房建设体系中，形成无形的融资渠道。也就是要放宽经适房建设的渠道，通过土地、税收、信贷优惠，鼓励更多的房产商配建、代建保障性住房，形成“双赢”局面。

一方面，房产商可以在拿地、获得贷款、税收上省去大量人力、物力和财力，获得经适房出售后的较低利润，同时也可以在剩余的优惠土地上建造普通商品房，获得另一部分利润；另一方面，政府将保障性住房建设“承包”出去，可以缓解保障性住房建设的资金压力，提高保障性住房建设的效率，将精力专注于保障性住房建设的统筹规划和管理监督中。

（4）合理利用商业银行贷款、信托资金等，形成多渠道的资金来源。利用政策优惠鼓励商业银行和信托资金等非银行金融机构加大对保障性住房建设和消费的支持，对资信好的房产商和个人提供保障性住房开发建设贷款与住房消费贷款。

除融资政策外，政府还要制定合理的保障性住房土地政策和监管政策，保证保障性住房的用地供给，提高管理水平，提升透明度和公平性，确保保障性住房的建设质量和效率。

房价收入比多少才合理①

人们常常用“房价收入比”（房价与家庭年收入的比值）来衡量一个地区居民购房能力和房价的高低，并以发达国家房价收入比一般维持在3～6倍作为参照。但由于在数据的来源和选取、对计算指标的界定、不同国家和地区实际情况等方面的差异，国内外学者对房价收入比的应用价值始终存在争论。

以上海为例，2011年一手房成交均价约为每平方米2.2万元，套均面积115平方米，套均总价约为250万元；上海城市居民家庭人均可支配收入约3.6万元，三口之家年收入约11万元，由此计算的房价收入比在22倍以上，远超所谓的国际公认标准。若按房价收入比6倍计，目前的房价要下降超过70%才算合理，这显然是不可能的。

无疑，静态的房价收入比在分析一个国家或城市的住房具体情况时仍存在多方面缺陷。例如，由于区域经济发展不平衡，居民收入差距悬殊，用平均可支配收入计算得出的房价收入比难以准确反映各收入群体的具体购房支付能力。又如，可支配收入的统计不可避免存在误差。再如，没有考虑不同收入群体能负担的家庭住房面积及其新旧程度，还忽视了收入的增长性和房价的增长性，一旦居民购买房子，住房成本就被锁定，但随着收入增加，房价收入比会不断下降；如房价增长快于收入增长，房价收入比则会上升。另外，没有考虑居民的储蓄和银行住房贷款的支持等因素。所以，房价收入比的合理区间应根据一个地区或城市的具体情况来确定，并以动态的房价收入比来衡量居民购房能力和房价的高低。

依据这个思路，笔者以上海市统计局公布的历年人均可支配收入、平均住房单价数据为依据，并假设从1995年开始，人均购房面积在20平方米的基础上，每年递增0.5平方米，到2010年人均购房面积为27.5平方米，由此计算出这个时期静态的房价收入比。从中可看出，1995～2002年上海市居民人均可支配收入和人均房价一直保持同步增长趋势，房价收入比也趋于稳定，为6.24～7.46倍；2003～2010年平均住房单价增长显著快于人均可支配收入增长，房价收入比开始超过8倍，尤其是2009年比2008年上升42%，达到11.58倍，2010年进一步升到12.28倍，表明房价超过了居民的购买能力。

鉴于各个收入群体收入差别非常大，房价收入比指标细分到各个收入群体才更

① 发表于《上海证券报》2012年3月22日封6版。

有意义。据相关数据计算的结果，1995～2010 年，除个别年份外，各收入群体的房价收入比都呈现上升趋势。中等偏下户由 9.15 上升到 17.95，中等收入户由 7.51 上升到 14.22，均高于同期的平均值；高收入户由 4.94 上升到 6.26，低于同期平均值。说明对包括低收入户、中等偏下收入户、中等收入户在内的约 60%上海居民来说，房价收入比远高于平均房价收入比，因而都存在购房支付困难的问题。同时，鉴于各阶层居民收入分配差别呈拉大趋势，不同阶层之间房价收入比及购房支付能力的差距也在快速拉大。例如，中等偏下收入群体的房价收入比由 1998 年的 9.65 上升到 2010 年的 17.95，增长了 86.0%；而高收入群体的房价收入比则由 4.66 上升到 6.26，只增长了 34.3%。

如果根据购房面积计算房价收入比，又会出现另外的情况。以上海 2010 年户均人口、人均可支配收入和平均房价，计算出中等收入户购买 50 平方米、70 平方米、90 平方米、120 平方米一手房的房价收入比，分别为 7.38、10.34、13.29、17.72，而购买相同面积二手房的房价收入比，则分别为 4.92、6.89、8.86、11.81，说明中等收入户有购买 50 平方米一手房、70 平方米二手房的支付能力。

若再考虑居民可支配收入的增长及其隐性收入、房价变动、房贷优惠等因素，各收入群体的房价收入比又会有新变化。若将中低收入户、中等收入户、中高收入户、高收入户可支配收入系数分别扩大到 1.1 倍、1.2 倍、1.3 倍、1.45 倍，由此计算出的各收入群体的房价收入比都有所下降。其中 2010 年中等收入群体的房价收入比从 14.22 下降至 11.85，下降了约 16.7%；房价收入比下降的幅度也与收入高低成正比。

综上所述，在运用“房价收入比”的指标时，不能仅以静态数据去衡量居民未来的购房支付能力，而应把预期收入增长考虑进去；在计算房价收入比时，应以中等收入群体的收入而不是以平均收入为依据；在完善金融信贷体制的前提下，引导居民依收入水平在“经适房—二手房—中小户型商品房—普通商品房—高档商品房”的梯度住房格局中各就其位，而非所谓的一步到位；运用动态房价收入比能更准确测度哪些群体确实缺乏购房支付能力，对于这部分群体，政府要通过住房保障体系予以帮助。

高房价有碍城市化进程[①]

房价是否合理，在微观上要看房价与居民收入水平是否相适应、与房产开发的投入产出是否相匹配；而从宏观上讲，房价是否合理事关城市化进程，以及与城市化密切相关的经济结构优化、经济发展方式转变，城乡差异和社会公平等一系列重

① 发表于《文汇报》2012 年 5 月 22 日第 5 版。

大问题。因此，促进房价合理回归有着更深远的意义。

城市化有利于经济社会转型发展

城市代表着一种现代文明的生活方式，能大大提升人们的生活水平和生活质量，因而能吸引来大量农村人口。

在我国，城市化的积极影响是巨大的。首先，城市化能够大幅度增加内需，促使经济增长由外需拉动向内需驱动转变；其次，城市化使人口从农村流向城镇，有利于缩小城乡生活质量、公共服务等的差距，帮助相当一部分人获得更好的发展机会并提高收入；最后，城市化能促进第三产业发展，推动经济结构优化，创造更多就业机会。在一定程度上来说，城市化有助于解决我国的一些社会经济问题。

目前我国的城镇化率刚刚超过 50%，未来预计达到 70%～80%，两三亿农村人口会因此转入城镇。

高房价阻碍着城市化水平的提升

城市化以及城市居民收入水平的提高，必然导致住房需求增加和土地供给紧张，进而拉高房地产的价格，这在理论和实践上都已得到证明。但过高的房价将会阻碍城市化的进程，也会成为提升城市化水平的障碍。

（1）房价过度上涨，既会抬高农村人口进城的门槛，阻碍他们向城市转移，使城市化的种种好处落空；也会提高城市居民的生活成本，特别是降低对人才的吸引力甚至导致人才流失，影响城市人口整体素质的提高。

（2）高房价、高房租会增加企业尤其是中小型服务企业的成本，还会对工资水平上升形成压力。这将影响城市产业的聚集效应乃至竞争力，同时使城市对创新因素的吸引力下降，妨碍形成新的经济增长点和创造更多的就业机会。

（3）房价上涨造成的财富积累效应，使已拥有住房的居民尤其是房地产投机群体享受资产快速升值带来的巨大财富，无房户以及低收入人群则被排除在外，甚至因难以负担高房价而居无定所，从而进一步拉大贫富差距；还会制造“一套房子消灭一个中产”的现象，影响中产者的幸福指数，抑制他们的其他消费需求，并有可能引发其他社会矛盾。

需要指出的是，城市化有推动房地产价格上涨的效应，但高房价与若干不合理政策的关系更为密切，诸如金融政策、税收政策、土地政策；而投资投机、通货膨胀预期等因素对房地产价格也会产生很大影响。

高房价将抵消城市化对我国经济社会发展的积极影响，如任其持续恶化，将发展成为城市化进程的障碍，对城市的可持续发展也很不利。

城市提供住房的能力与可持续发展能力

我国城市居民的主体是中低收入者，难以负担起高房价；而大量农村人口向城市转移，面临的最基本障碍是就业和住房。可以说，一个国家和城市的住房政策，在很大程度上决定了其对人口的集聚力，进而决定了城市化水平和可持续发展能力。中华人民共和国成立以来，我国城市化水平与建立在城乡分割户籍制度基础上的住房福利分配制度的变迁呈现高度一致性，这就很好地说明了住房问题对我国城市化的直接影响。

未来我国城市化的进程，除取决于经济发展外，户籍制度的改革和住房政策的调整将是最重要的影响因素。打破城乡分割的户籍制度，将大大增加农村人口向城市转移的意愿，而促使这一意愿成为现实的决定性因素，是城市为他们提供住房的能力。同时，住房建设本身就是城市化进程的一部分。由于住房的民生性和房价对城市化的影响，制定科学合理的住房政策，抑制房价过快上涨，让房价合理回归是必然的选择。

值得一提的是，从保障城市化进程的角度考虑，对三线以下城市和城镇房价应给予足够关注，因为在人口众多的我国，需要引导农民“就近城市化”，而不是拥向少数几个大城市和沿海城市，否则这些城市将不堪重负。

我国住房政策设计的构想①

针对我国房地产市场存在的问题，人们对住房政策顶层设计的呼声越来越高。笔者认为，构建我国梯度住房政策体系不仅符合这一顶层设计的要求，而且能够实现房地产业的平稳发展和保障民生的双重目标。

住房政策顶层设计的依据

住房政策顶层设计的依据是由住房的固有属性决定的。首先，住房既是投资品，又具有消费品功能和民生性特点。住房作为投资品，不仅因其投资大、产业带动性强，对拉动经济增长具有重大的作用，而且因其价格受预期影响大，容易产生波动。这就要求政府只有保持住房政策的一贯性，才能实现房地产市场乃至国民经济的稳定发展。住房的消费品功能和民生性特点则突出表现在它是确保居民生存的基本物质条件，是人们最基本的生活资料和第一必需品。由此决定了政府在制定住房政策时，必须从维护和促进人们最基本的居住权出发，把改善广大居民的基本居住条件作为基本职能，以实现“居者有其屋”的目标。

---

① 发表于《中国国情国力》2012 年第 4 期。

其次，住房消费支出大，不同收入的居民对住房有不同的需求，因而要求制定不同的住房政策。国际上，衡量居民购房支付能力的通用指标是房价收入比。世界银行中国局首席经济学家黑马·恩德先生依据美国和部分西方发达国家的数据，认为3～6倍的房价收入比是可承受的范围。这种以平均可支配收入计算出的静态房价收入比虽然计算简单，可以用来大致比较不同地区居民的购房支付能力，但仍然存在很大的缺陷。具体表现在以下几个方面：①我国经济发展不平衡，不同区域以及同一区域内居民收入差距悬殊，用平均可支配收入计算出的房价收入比不能准确地反映出各收入群体的购房支付能力。②对可支配收入的统计不可避免地存在误差，我国居民目前除正常缴税的工资收入外，绝大多数都存在一定比例的灰色收入及其他收入。③应用房价收入比时往往只考虑刚上市的新房，而随着住房市场的发展，住房供应中二手房、经适房会占据越来越大的比重。④不同收入群体能负担的家庭住房面积显然不同。⑤忽视了居民收入的增长性，一旦居民买定房子，住房的成本就被锁定，随收入增加房价收入比会不断下降。也就是说，按揭还款额占可支配收入的比重会不断降低。

国内大量学者的研究数据也表明，中国房价收入比虽然远高于国际公认的标准区域，但居民仍然具有一定的购房能力，主要是就是因为中国大多数居民都拥有一定的储蓄存款和“灰色收入”，而且还能从亲友那里借到一部分款项以及存在较宽松的住房信贷政策等。也就是说，家庭购买住房除了与住房价格、住房面积和家庭可支配收入息息相关外，还会受到金融机构要求的最低住房首付额、住房贷款利率以及家庭可接受的还款比例的影响。基于这些因素计算出的房价收入比表明：①在取得最大额度、最长期限的购房商业贷款，即获得最大力度的银行等金融机构的购房信贷支持时，居民在保证不影响基本生活支出的合理还贷比例的基础上，对合适的住房类型有实际购买力的房价收入比要高于3～6倍的区间，房价收入比越靠近上限的居民，购房贷款的压力越大。②若低于该区间，可以考虑支付更高的首付额、缩短贷款年限或选择更好的住房类型；若略高于该区间，可以在考虑未来收入增长的基础上，理性选择住房消费；若高出上限很多，则不能超出自己支付能力盲目消费，其住房需求需要政府的支持。

可见，在计算房价收入比时，需要考虑居民的储蓄存款、可支配收入的增长、住房信贷政策等因素。以动态房价收入比作为依据，才能构建科学合理的住房政策体系。我国对房地产市场调控的目标是，实现房地产业的稳定发展，保障居民拥有住房的基本权利。为此需要针对不同的收入群体采取不同的住房政策，即建立起长效的、稳定的住房调控政策与住房社会保障政策相结合的梯度住房政策体系。

住房政策顶层设计的基本框架

基于保障居民拥有住房的基本权利和不同收入群体对住房的不同需求，会产生一种梯度的住房消费需求，即自发形成的“廉租房和公租房—经适房—中小户型商品房—二手房—普通商品房—高档商品房”的梯度住房需求格局。无收入来源和购房支付能力的低收入群体对应的是廉租房和公租房，收入有一定保障的低收入群体对应的是经适房，中等偏下收入群体对应的是中小户型商品房和二手房，中等偏上收入群体对应的是普通商品房，高收入群体对应的是高档商品房。为了实现房地产业的稳定发展和“居者有其屋”的双重目标，相应地需要分别实施廉租房和公租房政策、经适房政策、中小型普通商品房政策和高档商品房政策，即构建一个梯度住房政策体系。

高档商品房是用来满足高收入群体的住房需求的，主要应以市场自发调节为主，以房产税和住房用地政策调控为辅。其价格可以完全放开，没必要采取限购、限贷等政策抑制其发展。但要防止过度开发，以及由此带来的土地供给和金融风险。

中小型普通商品房主要是用来满足中等收入群体的住房需求的。对于中等收入群体来说，虽然当前购房确实存在一定的压力，但运用购房金融工具，他们愿意而且能够通过透支未来收入来满足自住型住房的需求。因此，政府应更多地通过优惠的金融信贷政策和税收政策，鼓励中等收入群体通过商品房市场来解决住房问题；或者鼓励他们通过购买二手房先解决住房问题，等经济条件变好后再置换新房或面积更大的住房。同时，对于中小型普通商品房还应采取限购政策，防止因投资投机拉高房价，增加这一群体的购房负担，并抑制他们对其他商品的消费需求。

经适房、廉租房和公租房是用来满足无购房支付能力的低收入群体的住房需求的。对于低收入群体，政府要通过住房保障体系给予帮助，以保证民生，实现“居者有其屋”。这部分人群比重不会超过20%，如果各级政府能把基本解决中国民众的住房问题作为一项基本职责，并以此调整楼市政策，应该不会有很大的财政负担。同时，政府要通过土地、信贷、财政等政策鼓励和引导房产商投资于经适房的开发，增加经适房的供给。当然，对经适房、廉租房和公租房的分配与使用要实现严格的监管，限制其流通和转让。

我国房地产市场调控政策效果不显著，重要原因就在于这些政策具有短期性和时效性，各市场主体都对放松调控政策存在预期。通过区分各收入群体的收入状况和对住房类型的不同需求，再考虑居民实际可支配收入、未来收入的增加和金融信贷支持，来对房价收入比进行修正，就能得出更合乎实际的动态房价收入比。以此作为划分不同住房政策实施对象的一个参照标准，无疑能够拓展决策的思路，从而更加科学合理地制定房地产业的发展和住房保障的政策，逐渐形成一套可持续的、长效的梯度住房政策体系。

梯度住房政策体系最大的特点是，针对不同类型的住房市场进行差别化的调控。结合当前的实际情况，梯度住房政策的重点是：①适度收缩货币政策，缓解通货膨胀压力，限制货币供应量和银行贷款的过快增长，防范金融风险；②坚持并强化差别化的信贷政策，鼓励并支持中小型商品房和保障房的建设与消费，抑制其投资投机性需求；③坚持并完善差别化的财政收税政策，细化保有税、个人所得税、契税中对于不同住房交易的规定，以满足不同收入群体对住房消费的不同需求；④调整“限购令”的适应范围，取消对高档商品房的限购，严格执行对普通商品房和经适房的限购；⑤完善多渠道的住房金融体系，充分发展住房金融二级市场，如专业化的住房抵押贷款机构、投资机构、担保机构和保障机构，活跃住房交易市场；⑥完善差别化土地供应政策，继续加大普通商品房用地的供给，优先保障民生用地的供应。

住房政策顶层设计要解决的关键问题

我国房地产市场发展不稳定、住房价格过高的一个重要原因在于住房保障制度不完善，而保障性住房建设的瓶颈在于资金来源狭窄，政策性资金数量和持续度都是有限的。我国目前保障性住房融资政策还处于探索阶段，借鉴新加坡、德国、我国香港等国家和地区的成功案例，笔者认为，当前解决我国保障性住房建设的资金问题，出路是在确保政策性资金（主要包括中央财政补助、土地出让净收益、公积金建房贷款和公积金增值净收益）到位的前提下，寻找商业融资的有效途径，多渠道筹集资金。

（1）增强公积金中心的商业色彩，提高公积金资产的运营、增值能力。公积金管理中心应从目前扮演的“政府部门”角色中脱离出来，逐渐转变为独立的政策性住房资金管理运营机构。笔者认为公积金管理中心可以仿照社保基金管理模式，聘请第三方专业投资管理人进行部分资金的管理，拓宽公积金资金投资渠道，允许公积金有条件进入特定金融市场和资本市场。例如，投资于风险较低的银行理财产品、证券投资基金、信托计划等，提高资金的收益率和流动性，更好地为保障性住房建设和消费提供贷款支持。

（2）成立保障性住房建设中心，主要负责廉租房和公租房的建设与租金管理，其性质是政府扶持的自负盈亏的“房屋公司”。保障性住房中心的资金来源主要分为四部分：一是中心成立时政府拨付的资金、土地并给予贷款支持作为启动的资产；二是廉租房和公租房的租金收益，政府对廉租房给予一定租金补贴；三是在廉租房和公租房社区建立商业楼宇，如街市铺位、商场、停车场等，获得商业楼宇的出租或出售收益；四是在有一定收益后，将闲置资金投资于金融市场和资本市场，提高资金增值能力，在中心运营稳定后，可以募集社会闲散资金，并以较高的收益率回报给投资者。

（3）将房产商吸纳到保障性住房建设体系中，形成无形的融资渠道。也就是要放宽经适房建设的渠道，通过土地、税收、信贷优惠，鼓励更多的房产商配建、代建保障性住房，形成“双赢”局面。一方面，房产商可以在拿地、获得贷款、税收上省去大量人力、物力和财力，获得经适房出售后的较低利润，同时也可以在剩余的优惠土地上建造普通商品房，获得另一部分利润；另一方面，政府将保障性住房建设“承包”出去，可以缓解保障性住房建设的资金压力，提高保障性住房建设的效率，将精力专注于保障性住房建设的统筹规划和管理监督中。

（4）合理利用商业银行贷款、信托资金等，形成多渠道的资金来源。利用政策优惠鼓励商业银行和信托资金等非银行金融机构加大对保障性住房建设和消费的支持，对资信好的房产商和个人提供保障性住房开发建设贷款与住房消费贷款。

除融资政策外，政府还要制定合理的保障性住房土地政策和监管政策，保证保障性住房的用地供给，提高管理水平，提升透明度和公平性，确保保障性住房的建设质量和效率。

以科学合理住房政策推进我国城市化发展①

住房问题几乎是所有国家在城市化进程中都会面临的难题，而住房政策决定了一个国家和地区住房市场的发展潜力，进而影响到城市人口集聚的规模、城市发展的格局，以及城市化水平的高低和质量。有鉴于此，推进城市化发展需要制定科学合理的住房政策。

城市化是解决重大经济问题的根本所在

城市的集聚效应能够“放大”生产力要素的作用，因而能够促进经济的发展；城市代表着一种现代文明的生活方式，能极大地提升人们的生活水平和生活质量，因而对农村人口具有很强的吸引力。这是世界城市人口迅速增长，城市化浪潮一浪高过一浪的重要原因。

城市化对我国带来的积极影响同样是非常巨大的。

（1）城市化可以大幅度地增加内需，促进我国经济增长方式由外需拉动为主向内需驱动为主转变，促进我国经济增长由工业化推动向工业化和城市化共同推动转变。原因在于，城市化带来的人口集聚会推动城市房地产投资、基础设施投资和城市相关产业的投资，由此会产生持续、巨大的投资需求；进城农民工及其子女的衣、食、住、行、医疗、教育等也会带来巨大的消费需求。尤其是在世界经济不景气，外部需求持续萎缩的情况下，推进城市化发展已成为我国扩大内需、拉动经济持续稳定增长的重要途径。这在理论界早已达成了共识。

（2）城市化有利于实现经济结构的调整与优化，促进第三产业的发展，创造更多的就业机会，维护社会稳定。我国经济结构不合理突出表现为第三产业落后。2011

① 发表于《上海证券报》2012 年 5 月 28 日第 2 版；《中国住房》2012 年第 6 期全文转载。

年，我国第三产业增加值占国内生产总值比重只有 43.1%，不仅低于发达国家 70%以上的水平，也低于发展中国家 50%左右的一般水平。从城市的功能及其发展来看，第三产业的发展与城市化具有高度的相关性。我国第三产业发展滞后，吸收就业人口少，就是源于城市化水平低。因为城市化是第三产业发展的需求基础，生产要素和人口聚集形成的规模和集聚效应，不仅创造了生产性服务和生活服务的强大需求，而且会通过降低服务业的成本，促进服务行业的不断产生和独立化。

（3）城市化带动人口从乡村流向城镇，从欠发达地区流向相对富庶地区，从而有利于缩小城乡收入差距和区域、行业差距，缓解社会不公带来的问题。中国是一个城乡、区域发展严重不平衡的人口大国，收入分配结构失衡、城乡贫富差距不断扩大，不仅会导致社会需求结构的失衡，而且还会激化社会矛盾。在我国农村人多地少、矛盾突出的情况下，如果继续把大量农民束缚在农业上，不仅会制约农业规模化、产业化的发展和农业劳动生产率的提高，而且会制约农民收入水平的提高，从而进一步拉大城乡贫富差距。而推进农村人口向城市转移，提高进城劳动力的就业水平和社会保障水平，是缩小城乡差距和贫富差距的最有效途径。

从收入水平看，按照世界银行的标准，我国目前已进入中等收入国家的行列。为了避免落入中等收入陷阱，无论是在促进经济增长由投资、出口拉动向由消费拉动转变，还是在合理调整收入分配结构，缩小贫富差距等方面，都需要通过推进城市化来实现。可以说，城市化是解决我国种种经济社会问题的根本所在。

从城市化发展水平看，目前我国城镇化率刚刚超过 50%，正处于世界城市化进程公理性曲线——诺瑟姆曲线的中期阶段，也就是城市化加速发展阶段。未来我国的城镇化率应该达到 70%～80%。这意味着我国还需要转移两三亿农村人口。如果我们能够做好充分的准备，迎接城市化带来的挑战与机会，将有利于我国经济社会的转型与发展，保障我国经济的持续增长。正因为如此，诺贝尔经济学奖得主斯蒂格利茨指出，21 世纪对全人类最具影响的两件大事，一个是新技术革命，另一个是中国城市化。

住房问题正成为城市化的一大障碍

城市化以及城市居民收入水平的提高，必然导致住房需求扩大和土地供给紧张，带来的负面效应就是拉高房地产的价格。这在理论和实践上都得到了证明。反过来，高房价带来的住房问题又会抵消城市化对我国经济社会发展带来的积极影响，并阻碍城市化发展和水平的提高。

（1）房价的上涨不仅会增加城市居民的生活成本，降低对人才的吸引力，导致人才的流失，影响城市人口的生活质量和素质的提高，而且会提高农村人口进城的“门槛”，阻碍农村人口向城市的流动。以上海为例，2011 年人均国内生产总值才 1 万多美元，同期纽约人均国内生产总值达到 6 万多美元，但上海的生活成本已超过纽约排在全球第 42 位。

（2）高房价、高租金不仅会增加企业尤其是中小型服务性企业的成本，还会形成工资水平上升的压力，进而引起商务成本的提高。这又会影响城市产业的聚集效应和城市竞争力，难以吸引其他创新因素加入进来，形成新的经济增长点，创造更多的就业机会，这将导致城市发展的停滞甚至衰退。

（3）房价上涨形成的财富积累效应，一方面会使原先拥有住房的居民或者通过其他渠道获得房地产的群体享有资产快速升值带来的巨大财富；另一方面又将无房户以及低收入人群排除在通过资产积累财富之外，甚至使其难以负担高房价而居无定所，从而进一步拉大贫富差距，还会使“一座房子消灭一个中产”变成现实，影响中产者的幸福指数，抑制中产者的其他消费，进而加快社会结构的分化速度，并有可能引发其他社会矛盾，影响城市社会的稳定。

需要强调的是，城市化确实具有推动房地产价格的效应，但高房价更是不合理的住房政策导致的结果，因而可以而且必须通过制定并实施科学合理的住房政策来化解。在这方面，一些国家的做法为我们提供了可供借鉴的经验。

例如，德国在城市化高速发展的过程中，始终把保障居民住房作为政府首要的政策目标之一，制定的所有住房政策都将流动人口纳入统一的管理框架下。政府每年拿出专款补贴国民住房，86%的德国人享有不同额度的购房补贴和租金补贴，低收入者还可以申请租金低于成本的“福利住房”。德国目前建成使用的“福利住房”超过 1000 万套，约占到家庭总数的 41%。德国的住宅金融也相当发达，除建立了以中央银行为核心、商业银行为主体，专业银行和其他金融机构并存、共同发展的住房金融服务体系，其特有的“合同储蓄”住房金融模式，以及房贷的固定利率机制，也为稳定房价提供了金融制度保障。

德国还鼓励自建房、合作建房，以打破开发商对房屋供应的垄断，政府对合作建房给予低息贷款、税收减免和补贴租金等多方面的政策支持，合作建房占每年新建住宅总数的比例超过 30%。正是通过房地产金融政策、税收政策、保障房政策以及相关法律制度，德国在城市化进程中保持了房价的稳定，使包括流动人口在内的居民都可以获得与其收入相适应的住房，从而有效防止了高房价带来的问题。自 1977 年至今 30 年多年来，德国平均房价仅上涨 60%，而同期个人收入增长 3 倍。过去 10 多年里，德国物价平均每年涨幅 2%，而房价每年上涨 1%，扣除物价因素，德国房价实际上在以每年 1%的速度缩水。

又如，美国、韩国、法国等主要通过税收政策来抑制住房的投资投机性需求。其中美国对房地产有偿转让获得的收益增值部分征收 15%～34%的累进税；韩国除对出售第二套房产的卖主征收 50%的资本收益税，对拥有第三套住房的卖主征收 60%的资本收益税外，在 20 世纪 70 年代后期还实行了严格的住房限购限价政策，加大了国家对住房供给的公共支持力度，建立了政府主导的住房公共支持体制；法国际除要求购房者缴纳高额地皮税外，还要求他们支付住房税或空房税。

总的来看，发达国家大都采取了鼓励人们购买自用住房、建造社会福利住房以及直接给家庭（尤其是低收入家庭）提供租房补贴等住房政策。而亚洲国家的住房政策大都将重点放在增加自用住房上，忽略了廉租房的提供和对困难家庭的住房补助，因而住房政策对城市化发展带来不同的结果，并对城市的可持续发展带来了不同的影响。

住房政策科学合理的标准及其实施措施

从微观角度看，科学合理的住房政策不仅要使房地产投入与产出相匹配，能促进房地产市场的健康发展，而且要从维护和促进人们最基本的居住权出发，实现“居者有其屋”的目标。从国家层面来看，科学合理的住房政策必须有利于推进我国城市化的发展，以及由此决定的经济结构调整与优化、经济发展方式的转变、缩小城乡差异、培育中产阶层、维护社会公平与稳定等。

中国城市居民的主体是中低收入者，他们难以负担起高房价，需要增加大量公共住房来解决他们的基本住房问题。而大量农村人口向城市转移首先要解决的是就业和住房问题。在进城农民工就业压力不大的现实情况下，能否提供与城市居民和农民工收入相适应的住房，就成为影响我国城市化进程和水平的重要因素。或者说，我国住房政策在很大程度上决定了住房市场的发展潜力及其对人口的集聚，进而决定了城市的发展水平和可持续发展的能力。中华人民共和国成立以来，我国城市化进程与建立在城乡分割的户籍制度基础上的住房制度的变迁具有高度一致性，就很好地说明了住房问题对我国城市化发展产生了直接的影响。

城市化是必然的趋势。未来我国城市化的进程除取决于经济发展水平外，户籍制度的改革和住房政策的调整仍将是最重要的影响因素。打破城乡分割的户籍制度必将大大激发农村人口向城市转移的意愿，而使这一意愿成为现实的决定性因素是城市为他们提供住房的能力。同时，住房建设将推进城市的综合开发，这本身就是城市化进程的一部分。基于住房的民生性和住房问题对城市化的影响，制定科学合理的住房政策，让房价合理回归是必然而又唯一正确的选择。

城市是人居住的地方，实现“居者有其屋”是城市发展的首要要求。基于城市不同收入群体对住房的不同需求和保障居民拥有住房的基本权利，相应地需要构建一个梯度的住房政策体系，对满足不同收入群体的住房市场进行差别化的调控。例如，对高收入群体的住房需求主要通过房地产市场来解决，以房产税和住房用地政策加以调控；对中等收入群体的住房需求，应运用金融信贷政策和税收政策，鼓励并刺激他们购买中小型普通商品房或二手房；对城市低收入群体和进城农民工的住房需求，则需要政府提供保障性住房来解决。

为了抑制土地财政模式和房地产投资投机对推高房价的作用，必须转换现有的土地财政模式，实现由单纯出让增量土地所有权向对存量土地征收物业税、房产税等方式创造财政收入的转变，同时通过增加居住用地的有效供应等其他政策措施来平抑地价。通过实行更为严格的差别化住房信贷政策，加强对不同类型住房建设的信贷管理，防止高档商品房的过度开发，鼓励保障性住房的建设。对中小型普通商品房应采取长期的限购政策，以抑制不合理的住房需求，引导个人的合理住房消费。要把改善小区的居住环境作为重点，通过扩大公共空间和绿化面积，完善基础设施配套和社区管理服务等来提高居民小区的质量和居住水平。

我国房地产市场发展不稳定、住房价格过高的一个重要原因是保障性住房建设滞后，没能解决城市低收入群体和进城农村人口的住房问题。

为此首先要制定住房保障法，完善保障性住房的相关法律法规，改变现行住房保障政策大多因以规范性文件形式发布而未能形成制度约束，以及政策边界不清晰、利益调节和退出机制不完善等状况。其次要克服保障性住房建设的资金瓶颈，在确保政策性资金（主要包括中央财政补助、土地出让净收益、公积金建房贷款和公积金增值净收益）到位的前提下，努力寻找商业融资的有效途径，多渠道解决资金问题。最后要建立公平、公正、公开的保障性住房分配机制和运行管理制度，规范保障性住房分配的操作流程，加强监督与管理。此外，政府还要制定合理的保障性住房土地政策和监管政策，保证保障性住房的用地供给，提高管理水平，提升透明度和公平性，确保保障性住房建设的质量和效率。

此房产税非彼房产税[①]

随着房产税改革试点范围的扩大，以及增量先行还是增量与存量联动讨论的升温，房产税已成为当前国人最敏感的热门话题之一。对普通百姓来说，能否认同并接受房产税有一个认识的过程，为此需要加强政策的解释力度，让百姓真正弄清征收房产税的必然性和重要性，房产税如何征收及其对房价、对经济转型与发展、对收入分配的影响等问题。

从理论渊源分析，房产税源于美国土地改革理论家和实践家亨利·乔治提出的“单一土地税”理论。他认为在一定时期内，土地增值并不能提高全社会的总体财富，但会通过剥夺他人财富的方式使少数占有土地的人得到财富，从而扩大贫富差距，因而有必要通过税收等手段对少数人取得的财富实行再分配。由于土地升值主要是集聚效应（城镇化）的结果，对地价征税并归社会所有就显得非常必要。有了地价税后，还可以废除一切其他税收，使社会财富趋于平均。这就是“亨利·乔治

① 发表于《上海证券报》2013年6月26日封12版。

定理”，即“土地涨价归公，私人就永远不用纳（别的）税”。后来诺贝尔经济学奖得主斯蒂格利茨有条件地证明了这个定理——总地租等于对纯公共物品的支出。孙中山也基于这个定理，提出了“土地涨价归公”的民生主义主张。

房地产税在中国其实早就存在，具体包括土地增值税、城镇土地使用税、耕地占用税、房产税、城市房地产税等。计税依据是，房产税是按账面价值征税，城镇土地使用税按占地面积征税。但这些都不能随着房地产的升值而相应增加税收收入，因而并不是真正意义上的房产税。典型的房产税，是对保有住房和储备土地升值所征收的税，而且是每年经有关部门评估后再征收，因此会随房产的升值而提高。这种房产税不仅为地方政府带来更稳定、更持久的财政收入，而且还能调节居民收入和财富分配，缩小贫富差距。因为房产越多，应交税也越多，还可降低住房的开发成本，提高投机性房产的保有成本，达到合理引导住房消费，抑制投机性购房，满足居民住房基本需求等目的。

在我国现有机制下，地方政府通过竞价拍卖土地，能轻易地获得巨额资金，形成对“土地财政”的依赖，所以总有推高土地价格，收取更多土地出让金的冲动。由于地价在房价中占比高，目前普遍达到40%以上，有的甚至超过60%，地价上涨也就成为房价上涨的重要推手。所以，要促使房价合理回归，地价非降下来不可。而要把地价降下来，就得为地方政府寻找到稳定的替代财源。相对于一次性收取今后50～70年土地使用权的收益，即土地出让金，对房地产征税可为地方政府带来更稳定、更持久的财政收入。在国外，房产税是许多国家地方政府财政收入的重要来源。例如，美国物业税占地方财政收入的30%，占地方税收收入的75%；澳大利亚房地产税占地方财政收入的比重为60%；日本固定不动产税占地方财政收入的比重为53.3%。从长远看，伴随着可供开发的土地的减少，房屋保有量会越来越多，城镇住房产权私人拥有率也越来越高，以房产税征税替代“土地财政”是大势所趋。

对普通百姓来说，最关心的是如何征收房产税。目前上海的试点方案是，对本地居民在合并计算的家庭全部住房面积超过人均60平方米时，对新购住房超出部分的面积征税；对非本地居民家庭的新购住房征收房产税，税率按房价高低分别暂定为0.6%和0.4%。重庆则是对独栋商品住宅、个人新购的高档住房、无重庆户籍未在当地工作人员所购第二套及以上住房征收房产税，税率为0.5%～1.2%。同时规定独栋商品住宅免税面积为180平方米；新购的独栋商品住宅、高档住房免税面积为100平方米。可见两地既不是对所有房屋征收房产税，也不是征收典型的房产税。这样做，虽然不会增加绝大多数业主的负担，但却有违房产税的本意，也难以得到业主的认同。因为这是在业主已缴纳土地出让金性质的“土地使用税”后的“税上税”。而典型的房产税主要是针对土地升值所征收的税。也就是说，只有当房地产价格上涨时才应缴纳房产税，目的是改变当下地方政府“土地财政”和房地产领域税收税制混乱、重复征税的状况，调节收入分配，遏制房地产市场的投资投机性需求。

由于开征房产税涉及范围广，操作过程复杂，还有一个让纳税人充分认识其性质和作用，提高认同度和纳税意识的过程，所以应论证充分、合理规划后再出台。

第二篇　新型城镇化理论与实践

以合理城镇化破解“中等收入陷阱”[①]

按照世界银行的标准，我国在21世纪初就已经由低收入国家进入中等偏下收入国家，在2010年人均国内生产总值超过4000美元后，又跨入中等偏上收入国家的行列，由此引出了中国是否面临“中等收入陷阱”风险的问题。笔者经过比较研究认为，我国确实面临着中等收入陷阱的诸多挑战，但可以通过合理推进城镇化来化解。

“中等收入陷阱”风险确实存在

“中等收入陷阱”概念是由世界银行在2007年发表的《东亚复兴：关于经济增长的观点》报告中首次提出来的。该报告按人均国民总收入（gross national income，GNI，与人均国内生产总值相当）把各国分为低收入国家、中等偏下收入国家、中等偏上收入国家和高收入国家四组，并指出当一个经济体达到中等收入水平以后，有可能因经济快速发展积累的各种矛盾集中爆发，而迟迟不能顺利进入高收入国家行列，陷入所谓“中等收入陷阱”阶段。

世界银行每年都会对收入分组标准进行调整，2009年的分组标准是：人均国民总收入低于995美元为低收入国家，996～3945美元为中等偏下收入国家，3946～12 195美元为中等偏上收入国家，12 196美元以上为高收入国家。

从国际经验看，第二次世界大战后，许多国家通过自身的努力先后进入中等收入国家之列，只有极少数国家能够顺利地实现经济转型、产业结构升级从而进入高等收入国家之列。

例如，日本的人均国内生产总值在1972年接近3000美元，到1984年突破1万美元，1988年超越美国，达到2.3万美元；韩国的人均国内生产总值在1987年超过3000美元，1995年达到11 469美元。几乎所有拉美国家和以亚洲“四小虎”（泰国、马来西亚、印尼和菲律宾）为代表的东南亚国家则深受“中等收入陷阱”的困扰，经济要么停滞不前，要么上下波动，持续时间截至2011年，平均在30年以上，有的长达四五十年。这说明，“中等收入陷阱”风险确实存在。

---

① 发表于《上海证券报》2012年8月23日第A8版。

从国内情况看，我国也确实面临着“中等收入陷阱”的诸多挑战。

首先，经济结构失衡问题始终没有得到很好的解决，经济增长也出现了减缓的趋势。我国当前的经济结构失衡是全方位的，需求结构失衡表现为内需与外需、投资与消费的失衡；产业结构失衡表现为三次产业发展不协调、农业基础薄弱、工业大而不强、服务业发展滞后，部分行业产能过剩；城乡和区域结构失衡表现为城镇化发展滞后、中西部地区发展滞后、城乡和区域之间生活条件与基本公共服务差距较大；要素投入结构失衡表现为资源消耗偏高，环境压力加大，资源环境的约束日益突出；等等。经济结构失衡影响了我国经济的持续稳定发展，加大了陷入“中等收入陷阱”的风险。

其次，居民收入分配差距扩大、贫富分化现象在我国表现得越来越突出。改革开放以来，随着经济的发展，我国居民的收入不断提高，与此同时，收入差距也在不断拉大，在 20 世纪 90 年代进入严重的收入分配不公时期，2000 年基尼系数超过 0.4 的国际警戒线，并呈现进一步上升的趋势，2004 年达到 0.465。

我国收入分配不公，贫富差距在城乡之间、地区之间、行业之间表现得尤为突出。收入分配不公、贫富悬殊一直是中等收入陷阱的重要表现症状，这不仅会导致社会严重分化，居民消费不足，内需不振，还会引发激烈的社会冲突，对经济社会发展造成严重的不良影响。

收入增长和合理分配同等重要

“中等收入陷阱”是以人均国民总收入来界定的。虽然人均国民总收入并不能准确反映产业结构、居民收入和生活水平的差距等，但可以肯定的是，国民收入水平不是一国经济发展或者停滞的原因，而是经济发展的结果，收入的增长必须依靠工业化和城市化来推动，同时，处理好城市化与产业结构升级和收入分配的关系，对化解“中等收入陷阱”至关重要。

日本在第二次世界大战后到 1970 年、韩国在 1960 年到 1990 年实现高度城市化（城市化率 70%以上）过程中，之所以能顺利地进入高收入阶段，原因就在于它们都抓住了当时世界产业结构调整的机遇，成功实现了经济发展方式的转变与产业结构的升级，同时大力提升人力资本的质量和创新能力，增加公共投资，保障民生，增加居民收入和缩小贫富差距，将基尼系数始终控制在 0.4 以内。

例如，韩国在 20 世纪 70 年代通过推行“新小区运动”来缩小城乡和居民的收入差距，使初次分配更趋均衡。当时，韩国的基尼系数为 0.36，到 90 年代末下降到 0.31，以后没有出现明显的变化。日本在 60 年代通过实施“国民收入倍增计划”，以及缩小城乡差距、最低工资制度、完善社会福利保障体系等措施，促进了社会财富的合理分配，实现了国民经济与国民生活均衡发展和社会的相对稳定。也就是说，这些经济体实现了城市化与产业结构升级、国民收入倍增、社会财富合理分配的同步发展，从而顺利地进入高等收入之列。

反观拉美和东南亚一些国家，自20世纪五六十年代全面推进工业化以来，经济突飞猛进，到七八十年代就实现了由传统的农业社会向现代工业社会的过渡，并成功突破“贫困陷阱”，迈入中等收入行列，但随后却陷入“中等收入陷阱”。对此，学者们分析指出，这些国家陷入“中等收入陷阱”的主要原因大致是相同的。

一是没能及时转变经济发展模式，实现产业结构的调整与升级。拉美国家在工业化初期实施进口替代战略后，大力发展本国工业，并取得了良好的效果，工业生产成倍增长。但是，这种自给自足、大而全的发展模式，不仅极易受到国际市场的冲击，而且失去利用比较优势参与国际竞争的机会，不利于提高劳动生产率，实现产业结构调整与升级。

结果是，拉美错过了20世纪50年代至1973年第一次石油危机带来的机遇，经济发展从80年代开始急转直下。与此相反，亚洲“四小虎”实行高度外向型经济发展模式，虽然利用当时有利的国际贸易环境实现了经济的迅速发展，但也因其高度依赖国际市场，内生经济增长动力缺失，而在1997年亚洲金融危机后没能将经济发展的势头延续下去。

二是城市化的发展速度大大超过工业化的发展速度，出现了过度城市化和首位城市的过度膨胀现象，由此带来一系列问题，给经济社会发展和现代化建设带来了诸多阻碍。拉美国家依托工业化强大的推力，城市化也取得了令世人瞩目的成就，城市化率由1950年的41.6%提高到1990年的72%，与发达国家的比重相当。

2000年，拉美的城市化率进一步上升到78%，阿根廷为89.6%，巴西为79.9%，墨西哥为75.4%，乌拉圭为93.7%，布宜诺斯艾利斯、墨西哥城、圣保罗、里约热内卢等跻身于世界级超大城市的行列。但由于城市化速度与经济发展水平相脱节，大大超过了工业化速度，由此造成的结果是，农业衰败、乡村凋敝，城市人口增长过快，失业率高企，城市用地紧张，交通拥挤，公共服务欠缺，环境污染严重，社会治安恶化。

过度城市化带来的另一个不良结果是，大量失地的农民和人口的失业造成收入分配两极分化、贫富差距加剧。20世纪70年代，拉美国家基尼系数高达0.44～0.66，巴西到90年代末仍高达0.64。由于拉美国家没有很好地解决收入分配问题，中低收入居民消费严重不足，消费需求的拉动力减弱，产业结构转型失败，对经济持续发展造成了致命的影响，并落入“中等收入陷阱”。

亚洲“四小虎”在第二次世界大战后坚持全面开放，充分利国际产业转移的有利时机，通过引进外资，优先发展工业，取得了很好的成效，城市化也得到很快的发展。但与拉美国家相比，其城市化水平相对比较低。到1990年，只有马来西亚、菲律宾的城市化率超过了50%，印尼则为35.4%，泰国更低，不到20%。而且同样存在人口和经济活动过分集中在大城市，特别是集中在以首都为中心的少数几个大城市，以及城乡发展不协调、贫富悬殊等问题，影响了经济社会的持续发展。

城镇化给我国带来的机遇

从国际经验来看，跨越“中等收入陷阱”的关键在于要及时实现经济转型、产业结构升级，同时要处理好各个社会阶层的利益关系，壮大中产阶层。由此看来，与拉美和东南亚一些国家相比，我国拥有破解“中等收入陷阱”的优势，那就是合理城镇化带来的机遇。无论是在促进经济发展方式的转变还是在合理调整收入分配结构、缩小贫富差距等方面，都可以通过推进城镇化来实现。

（1）我国城镇化空间还很大，为扩大内需、促进经济发展方式转变、保持经济的增长提供了巨大的消费潜力，避免出现经济长期徘徊甚至停滞的情况。目前我国的城镇化率刚刚超过 50%，正处于世界城市化进程公理性曲线——诺瑟姆曲线的中期阶段，也就是城市化加速发展阶段，不考虑水分因素，达到高度城市化水平还有 20～30 个百分点，有 4 亿左右农村人口将转入城镇。

研究表明，中国城镇化率每提高一个百分点，由此带动的城市基础设施投资和相关产业投资，以及进城人口衣、食、住、行、医疗、教育等的消费需求，至少可以维持中国 4%的经济增长水平；这些消费引发的国内生产总值增长将占据我国整体增长的 57%以上。城镇化无疑将成为中国经济持续增长的最大贡献因素。

（2）城镇化有利于合理调整产业结构，推动产业结构的优化。首先，城镇化是第三产业发展的需求基础，生产要素和人口聚集形成的规模与集聚效应不仅创造了生产性服务和生活服务的强大需求，而且会通过降低服务业的成本，促进服务行业的不断产生和独立化，从而改变我国产业结构中第三产业落后的状况。其次，消费结构的不断提升过程实际上就是产业结构不断提升的过程，中等收入阶段的消费需求对于产业结构转型与升级同样有着极为重要的作用。最后，城镇化有利于帮助相当一部分人获得更好的教育和发展机会，提高人力资本的质量和创新能力，为产业结构转型与升级提供高素质的劳动力和科研创新能力。

（3）城镇化带来人口从乡村流向城镇，从欠发达地区流向相对富庶的地区，有利于缩小城乡收入差距和区域、行业差距，提高居民收入水平，特别是中西部和低收入居民的收入水平，壮大中等收入阶层，缓解收入分配不公、贫富差距大带来的问题，维护社会稳定。这是因为，如果人均国民收入水平提高了，而大多数普通民众因为收入分配不公，生活水平和消费能力并没有得到显著的改善，那么这种收入水平的提高就难以释放内需潜能，以居民消费结构升级带动产业结构升级，“中等收入陷阱”的风险依然存在。

如果说中国进入中等偏下收入国家和中等偏上收入国家行列靠的是“市场驱动”和“要素驱动”，那么跨越“中等收入陷阱”、进入高收入国家行列就必须转变到依靠城镇化驱动来实现。这是我国跨越“中等收入陷阱”时期和城市化加速发展时期的一致性提供的机遇。

城镇化驱动的内涵，一是经济发展战略从依靠出口和投资驱动为主向依靠消费、投资与出口协调拉动转型，经济发展方式由粗放型向集约型转变，通过科技创新和产业升级提高竞争力。二是统筹工业化和城镇化、统筹城乡协调发展，是顺利跨越“中等收入陷阱”的必要条件。通过推进工业化，能够有效提升城镇人口的就业和收入水平，吸收更多的农村富余劳动力进城就业，进而推动城镇化发展，同时有利于通过以工哺农统筹城乡经济社会发展。反过来，城镇化的发展能够有效促进城市公共设施和社会公共服务平台的建设，从而为工业化提供重要的推动力量。

需要强调的是，我国潜在的城镇化空间虽然为实现经济转型与持续增长，避免落入“中等收入陷阱”提供了难得的机遇，但这是建立在合理推进城镇化的前提下的。中国的基础设施、政治经济制度的优势都要好于拉美和东南亚国家，这为依靠城镇化驱动来跨越“中等收入陷阱”打下了坚实的基础。但如果我们不能有效地防止城市化冒进，继续走粗放型城镇化发展道路，忽视城乡统筹协调发展，忽视城镇化对提高就业率、增加居民收入、改善居民生活水平和环境、提高居民参与城市治理的积极性、主动性等，那么就难免重蹈拉美和东南亚一些国家的覆辙。

人口城镇化的突破口①

公安部副部长黄明于2013年3月在全国政治协商会议召开的“积极稳妥推进城镇化着力提高城镇化质量”提案办理协商会上表示，公安部正着手多项工作，加快户籍制度改革步伐。另据报道，公安部将实施居住证制度，让长期在城市工作并连续居住、参加社会保险的流动人口公平公正有序地落户。

城镇化的本质，是农村人口向城市转移，即农民工市民化，与城镇居民共享城市发展的成果。近些年来，我国在土地城镇化、住房城镇化、劳动力城镇化等方面的进程非常快，而人口城镇化却相对落后。据国家统计局发布的数据，按常住人口计，2012年末我国城镇化率达到52.57%，其中人户分离人口为2.79亿。也就是说，按照户籍人口计算，我国城镇化率仅为36%左右，低于世界50%以上的平均水平和发达国家近80%的平均水平。这种农民工在城市就业，其劳动保障、人身权利和财产权利等却还留在农村的城镇化，有违城镇化的初衷，或许只能称为“伪城镇化”和“半城市化”。

为此，国务院2013年政府工作报告提出，要加快推进户籍制度改革，有序推进农业转移人口市民化，逐步实现城镇基本公共服务覆盖常住人口，“为人们自由迁

---

① 发表于《上海证券报》2013年3月18日第5版。

徒、安居乐业创造公平的制度环境”。

因为人口城镇化，涉及农民工的就业、住房、医疗卫生、子女上学等一系列城市福利方面的问题，而所有这些城市福利问题都与户籍制度密切相关，可见，中国要推进人口城镇化进程，就必须首先推进户籍管理制度的改革。而户籍制度改革牵一发而动全身，改革涉及面太广，由此形成的社会利益分配格局错综复杂，不可能全面而迅速地推开。鉴于这样的实情，让长期在城市就业并连续居住、参加社会保险的农民工落户，不失为实践人口城镇化必要而又切实可行的举措。

要想让城镇化真正成为拉动内需、促进经济增长和社会发展的强大引擎，就必须推动人口的城镇化。如果进城务工的农民不能市民化，身份不明、缺乏就业和其他社会保障，他们及其子女的衣、食、住、行、医疗、教育等的消费需求就会受到抑制。人口城镇化滞后还会影响城市基础设施建设等相关投资。一旦这些“巨大”的需求潜力得不到释放，依靠城镇化来扩大内需、转变经济增长方式的效果就会大打折扣。

人口的城镇化，对于国民经济发展和结构调整影响重大。一方面，城市经济和居民生活离不开农民工市民化。目前普遍存在的企业“用工荒”和大城市服务业季节性缺工，实际上都是城市人口和劳动力结构不合理造成的，与农民工不能市民化直接相关。城市高端人才多，从事一般制造业和服务业的劳动力少。如果说通过产业升级、技术进步可以减少制造业的用工量，那么这些措施对减少大多数服务业用工量的作用则是有限的。我国大城市中的服务行业，如餐饮业、家政服务等传统服务业和快递业等，绝大多数都是由农民工来承担的。所以，只要农民工不能市民化，城市的产业体系就无法健全，因重大节假日集中返乡带来的季节性缺工问题也将成为顽症。另一方面，我国的新型城镇化既要促成已进城农民工的市民化，也要解决农村经济和农业的发展问题。若农民工不能市民化，就不能完全脱离农村和土地。这将制约农村土地或承包经营权向专业大户、家庭农场、农业合作社等流转，进而制约农业的集约化经营和农业生产率的提高，制约农村经济和农业现代化水平的提高。另外，只有加快推进人口城镇化的进程，才能改变目前我国第一产业劳动就业比例高（近 35%），但创造的国民生产总值比例低（10%）的严重不对称局面。

我国人口城镇化的滞后带来了许多后遗症。例如，农村留守妇女、留守儿童和留守老人等越来越严重的社会问题。又如，新生代农村居民尤其是农民工，对农业活动和农村生活缺乏兴趣与感情，向往城市文明和城市生活方式。他们大多希望留在城市，并愿意为之奋斗。但他们虽然在城镇找到了工作，却因为农民的身份而无法成为市民，要想真正融入城镇仍然非常困难，由此滋生的身份等级、身份歧视只会加剧农民工和城市居民的矛盾、农民工对社会公平的不满。

当城乡二元分割的户籍制度已成为我国人口城镇化和经济社会进一步变革的最

大障碍时，以就业带动人口城镇化，把已在城市里稳定就业的人群尽快变成城市居民，不仅让他们进城，而且让他们落户，也许能起到倒逼机制的作用，推动与户籍制度相关的土地制度、社会保障制度、医疗卫生制度、教育制度等领域的改革和建设。例如，这将倒逼政府抓紧全盘规划，为农民工纳入属地公共服务体系提供财力保障；促进就业制度、教育制度、医疗社会保障制度的改革；加强保障房建设，为农民工提供住房保障，解决城市中“漂一族”的民生诉求问题；完善流动人口随迁子女入学方面的改革和与之配套的设施建设；等等。而所有这些，都将为最终提高我国人口城镇化水平和城镇化质量打下坚实基础。

城市化不等于城镇化①

对“城市化”与“城镇化”内涵的理解，在今天已不仅是学术问题，更是实践和政策导向问题。在国际经济学界，城市化是个使用了100多年、反映农村人口向城市转移的通用词汇，是城市经济学科的研究对象，而城镇化则是我国官方的提法，学界主张把“城镇化”等同于“城市化”，但实际上两者有很大区别。

城市化的本质是农业人口转化为非农业人口，并向城市集中的聚集过程，即大规模的镇发展成为城市的过程。“城市化”的英文单词“urbanization”的前缀“urban”指的是都市，日本和我国台湾地区将“城市化”译为“都市化”。从经济发展规律看，城市规模越大，密度越高，集聚效应就越大，同时节省的资源越多，对人口的吸引力也越大。这就是世界各国人口和经济产出都集中于少数大城市的原因。美国大城市人口占全国的80%，创造的国内生产总值占全美的84%；日本三大都市圈集中了全国68.7%的人口和73.6%的国内生产总值；韩国的人口和国内生产总值也集中在七大城市。我国改革开放以来，不论是技术型人才还是农民工，大多“孔雀东南飞”，尤其是向北京、上海和深圳这些特大城市流动。但是，城市规模过大又会带来城市病以及生产、生活成本上升等问题，导致逆城市化和城市圈的发展，即以大城市为中心带动周边中小城市发展。

而城镇化的含义似乎比城市化更广，既包含 “城市化”，又包含“乡镇化”。在实际应用中，城镇化不仅体现了城市化的主张，更突出了“乡镇化”的政策导向，即以小城镇为依托，实现农村人口就业和生活方式由农村向城市的转换。我国在城市化路径选择上，出现究竟是以发展大城市为主还是以发展小城镇为主的理论主张和政策导向的争论也源于此。

我国幅员广阔，地区经济发展很不均衡。以“胡焕庸线”（黑龙江黑河与云南

① 发表于《上海证券报》2013年5月23日封12版；《今参考》2013年第6期全文转载；《广东建设报》2013年8月2日第8版全文转载。

腾冲的连线）揭示的人口密度分布来划分，我国东南部土地面积占比为36%，人口和国内生产总值占比则均达到94%以上，具备了大中小城市和农村协调发展的必要性与相应的条件；而西北方地广人稀，经济基础差，不适宜搞分散式的小城镇建设和人口集聚，而需要通过提高密度即城市化来增强人口和产业的吸收力，获得聚集带来的规模效应和外部性。还应看到，我国无论是人口的集聚度还是经济的集聚度，在整体上都明显落后于发达国家，区域经济发展还比较分散。因此，在我国城市化路径选择上，提出“东南部城镇化，西北部城市化”，既比较科学，又符合国情。

从城市产生与发展的内生机制看，城市化强调市场机制的作用，通过集聚效应来吸引外来人口流入，并形成规模经济，进而促进整个国家城市化率的提高。城市提供的机会越多，就越具有吸引力；反之，城市的生产和生活成本提高，其吸引力就会降低，其发展规模就会受到制约。这都是市场选择的结果。

而城镇化强调政府的主导作用主要表现在：其一，城镇化体现了中国特色的发展模式。把县域、建制镇纳入城市范畴，目的是通过政府和体制的引导，依靠小城镇聚集人口，缩小地区和城乡差距，将全面建成小康社会落到实处。其二，我国城市存在行政等级，政府行政机构的设置和公共服务设施的建设都与城镇行政等级密切相关。所以，虽然有很多镇规模已非常大，人口达到十几万甚至几十万，但限于行政级别，这些镇的行政机构和公共服务设施如管理、规划、治安等，只能由上级县、市派出，不能单独设立。此外，城镇化还与我国现行的户籍管理、社会保障、医疗卫生和教育等行政体制相适应。从某种意义上说，建制镇纳入城市范畴，是“被城市化”了，人为地提高了城市化水平。过去“离土不离乡，进厂不进城”式的“乡村城镇化”，被证明效果并不理想。然而不可否认，“城镇化”是实现“城市化”不可逾越的阶段，只有加快小城镇的建设，才能提高城市化的水平和质量，这也是最切合我国基本国情的新型城镇化道路。这就要求我国在推进城市化进程中，既要遵循人口和产业流动的市场化潮流，充分发挥市场机制的作用，防止城市盲目开发；也要充分发挥政府的导向作用，尤其要发挥政府在地区间大规模转移财政支付的作用，加大对小城镇基础设施和公共服务的投资，赋予其更多的行政权力，提高其公共服务职能，以增强小城市尤其是建制镇对人口和产业的吸引力。

足见，城市不等于城镇，城市化不等于城镇化，城市化水平不等于城镇化水平。目前学术界和媒体普遍存在将这些概念混淆或通用的现象。笔者以为，为促使我国在城市化发展路径和政策取向上做出正确的选择，各方应正确理解和认识、区分这些概念的内涵及其理论主张和政策导向。

城镇化滞后：挑战与机遇并存[①]

各国经济发展经验表明，城镇化与工业化存在着一种互为联系、相互促进的关系。城镇化的每个阶段都要靠工业化来推动，反过来城镇化带来的各种集聚效应又会推动工业化向广度和深度发展。如果两者不能协调发展、同步推进，就会出现"过度城市化"，产生严重的"城市病"和"农村病"；或者出现"滞后城镇化"，延缓工业化的进程和社会的和谐发展。

印度是"过度城市化"的典型

从20世纪40年代起，拉美国家进入加速发展阶段，城市化水平迅速提高，平均只用25年就使城市化率从40%提高到60%，比欧洲实现这一过程快了近1倍。但由于城市化速度与经济发展水平相脱节，大大超过了工业化速度，造成农业衰败、乡村凋敝、城市人口增长过快、失业率高企、城市用地紧张、交通拥挤、公共服务欠缺、环境污染严重、社会治安恶化等一系列经济与社会问题。

印度的城市化率虽然不高，但由于实行自由迁徙和土地私有制度，大量身无一技的农民拥入加尔各答、孟买等一线大城市，在缺乏工业化和经济发展的前提下，同样导致了城市的畸形发展以及贫困、拥挤、环境破坏等问题。印度过度城市化带来的城市贫民窟，以及由此产生的贫穷、失业、不公平和城市生活的恶化问题更为严重。据联合国最新统计数字显示，印度的贫民窟人口达到1.7亿。孟买、加尔各答等大城市有1/3～1/2的人口居住在贫民窟中。

中国城镇化带来挑战

中国与拉美和印度不同，走的是一条工业化超前、城镇化滞后发展的道路。在积极推进工业化的同时，我国不仅通过户籍制度人为地阻止农村人口和劳动力向城市自由迁移，还曾采取了反城市化措施，动员甚至强制城市人口大规模向农村转移。这种违背城市化规律的政策，导致中国的城镇化从1961年到20世纪80年代末几乎停滞不前，甚至出现倒退。1980年中国的城市化率只有19.4%，比1960年还低0.3个百分点。直到改革开放以后，我国城镇化水平才开始出现持续上升的态势，2012年已达到52.57%。但仍然存在人口城镇化滞后的问题，表现为按照户籍人口计算的城镇化水平偏低，只有36%左右，远低于世界50%以上和发达国家近80%的平均水平。

中国城镇化滞后于工业化，以及中国特色的"伪城镇化"和"半城市化"带来

① 发表于《中国社会科学报》2013年7月8日第A7版。

的挑战是非常严峻的，已日益成为制约经济社会发展的突出问题。例如，人口城镇化滞后抑制了进城务工农民的消费需求和城市基础设施建设等相关投资，从而使依靠城镇化拉动内需、转变经济发展方式、促进产业结构调整与升级的效果大打折扣。农村人口和劳动力不能市民化，就业、住所不稳定，会使企业“用工荒”和大城市服务业季节性缺工常态化，影响制造业的发展和城市居民的生活。

城镇化滞后带来的社会隐患尤其值得警觉。除了已经出现的农村留守妇女、留守儿童、留守老人和城市农民工临时夫妻等社会问题越来越严重外，随着户籍制度约束及其功能的淡化，必将引发更多的农村人口和劳动力向城市迁移。尤其是对那些新生代农村人口，他们对城市生活和城市文明无限向往。然而，他们即使在城镇实现了就业，也难免存在身份等级、身份歧视。还会有许多人哪怕成为无业游民，也愿意滞留在城市，享受城市公共设施和服务，成为城市中的“漂一族”。数亿农民向城镇迁移，可能带来环境污染、交通堵塞、住房困难、文化破坏、丑陋街道等负面影响。这就不得不让人产生我国也可能再现拉美和印度过度城市化弊端的担忧。

我国非农产业可提供相应就业岗位

善于认识并勇于迎接挑战，就可以创造发展的新机遇。正因为我国城镇化滞后，工业等非农产业发展可以为转移出来的农村劳动力提供相应的就业岗位，进而能够有效地避免在城镇化快速发展过程中，拉美和印度曾经出现过的许多问题。数据显示，在 2003 年至 2012 年共 10 年中，我国城镇新增就业人数累计达到 1.1 亿，城镇登记失业率始终保持在4%左右的较低水平，实现了就业规模的持续扩大和就业形势的总体平衡。

尽管 2012 年我国农民工达到了 2.6 亿，企业“用工荒”却仍然出现愈演愈烈之势。如果能有序地引导这两亿多已实现稳定就业的农民工进城落户，给予他们平等的市民待遇，不仅能充分释放出他们及其子女在生活、教育、医疗等方面的消费需求和城市对安居、公共服务、基础设施等方面的投资需求，还有利于为工业化继续发展提供所需要的劳动力，包括劳动力的数量和质量，缓解企业用工成本上升的压力。此外，加快人口城镇化也有利于解决城镇化滞后所带来的上述社会问题。

这样，城镇化就会真正成为我国经济增长和社会发展的强大引擎，成为未来经济发展的重要动力。所有这些又会反过来极大地促进我国城镇化和工业化、农业现代化的发展。我国走出一条农业现代化与工业化和城镇化同步协调、共同推进的道路，享受“城镇化红利”就可以期待。

底特律故事会在中国上演吗[①]

底特律申请破产保护后，有人因为我国部分地方政府的高负债而担忧可能出现中国的“底特律现象”，果若如此，将会对我国的城镇化建设造成重大挫折。笔者以为，当前我国部分地方政府的债务风险的确不容小视，却不应将此与底特律破产混为一谈。底特律破产是产业结构单一、人口严重流失、税收基础遭到破坏等导致的，这与美国独特的城市制度设计有关。我国至今尚无城镇破产的相关法律制度，除产业发展规律外，影响城镇化的因素还与美国存在较大的差异，因而不会出现“底特律现象”。

凭借汽车工业迅速繁荣起来的底特律，曾牢牢主宰了美国汽车市场。可长期以来，“世界汽车工业之都” 除传统汽车产业外，基本没有发展出 IT（information technology，信息技术）、生物等新兴产业。由于缺乏多元的产业支撑，难以聚集多样的产业、人口和多样的文化，底特律失去了城市应有的多样性。随着其他国家低成本、高效率汽车制造业的迅猛发展，加上 2008 年金融危机的沉重打击，通用、福特、戴姆勒-克莱斯勒三大汽车巨头的市场份额剧降，致使城市税收骤减、经济恶化。底特律因经济转型而衰落的案例告诉世人，在推进城镇化的进程中，既要尊重产业发展和调整的规律，更要注重多样性发展方向，城市无论硬件建设还是内部功能，都要充分发挥“雅各布斯效应”，即《美国大城市的死与生》的作者雅各布斯所说的，“城市中没有某一个因素可以成为所谓的关键因素。城市里各种事物的混合本身就是一个关键因素，事物间的互相支持就是一种秩序和法则”。

城镇化是乡村人口和其他外来人口不断集聚的过程，与此相对应，城市的衰落首先表现为人口持续减少。美国实行公民自由迁移制度，公民的就业、教育、医疗、社会保障等制度都是独立安排的，所以美国的人口流动性很大，城市因此能依靠产业发展迅速集聚人口，同时也容易出现人口大量流失。底特律便是典型例子。20 世纪五六十年代，底特律依靠汽车制造业聚集了近 200 万人口，成为美国第四大城市。但以汽车产业链发展起来的加工制造业吸收的人口素质较低，大学以上学历的仅占 10%，这影响了企业的创新与发展。而加工制造业带动的第三产业也以中低档社会服务业为主，这又制约了金融等现代服务业的发展。底特律人口结构的另一个特点是以黑人为主，最高占比曾达 80%以上。大量黑人的到来及其地位的提高，引发种族矛盾，自 1967 年起不断出现黑人骚乱。产业萎缩或迁移，失业率增加，房屋因还不起贷款被银行收回拍卖，社会动荡以及不断上升的犯罪率，对中产阶级的生活构成了威胁，迫使他们选择“出逃”，底特律的人口因此剧降，城市焉能不衰落？

---

① 发表于《上海证券报》2013 年 8 月 20 日封 12 版。

比较起来，我国现在以及将来，不仅不存在尖锐的种族矛盾，也不存在大量人口快速流入或流出单个城市的市场机制和文化传统，所以并不存在出现“底特律现象”的基础。

导致底特律破产的直接原因是政府收不抵债，这也与美国独特的城镇制度设计和破产制度密切相关。美国法律规定，当城市收不抵债，政府与债权人谈判破裂，无法平衡预算缺口时，可申请破产保护；除自然灾害原因外，联邦政府不得对州和地方政府实施资金救援；政府破产只是财政的破产，而不是政府职能的破产；申请破产不是实行债务清算，而是让陷入债务危机的城镇进行债务重组，如减少公务员、压缩开支和延长还债期限等。同时，美国地方政府的财政具有独立性，其债权基本上由机构投资者拥有，债务违约和重组不会对所属州或区域内其他城镇以及老百姓造成很大的影响。所以，美国常常出现城市申请破产的现象。只不过底特律不仅债务非常庞大，已欠下 180 多亿美元的长期债务和数十亿美元的短期债务，而且城市规模大，成为美国最大的城市破产案。底特律的财务危机与产业单一造成的财政收入来源单一化有关。占财政收入 80%的汽车制造业的衰落，以及公司和人口外逃，房地产市场的崩溃，使底特律失去了税收基础，无法支撑债务偿还、继续承债和庞大的公共服务支出，加上强大的工会势力和资方的矛盾使政府很难裁员或削弱福利，造成财政上积弊深重。财政危机长期得不到解决，宣布破产保护也就成为唯一的选择。

与美国城市自治制度不同，我国的城镇不是完全自治的，中央政府对地方利益和治理拥有调控力，但这并不意味着我国城镇化的道路是平坦的。事实上，我国城镇化的可持续发展风险并不小。最大的风险在于，地方政府财政预算虽然独立，但缺乏硬性约束，容易产生为追求政绩过度和无序举债的冲动，可能引发财政危机和系统性金融风险，由此造成的危害更严重，影响的范围也更大。地方政府盲目举债的冲动来源于没有破产的忧患意识，不必承担破产风险。从这个角度看，美国的城镇破产制度，规定地方政府举债上限的做法，我们大可借鉴。

以新型城镇化破解“土地财政”沉疴①

2013 年 12 月 3 日举行的中共中央政治局会议提出，要走新型城镇化道路，出台实施国家新型城镇化规划。会议同时要求，用好第二次全国土地调查成果，积极稳妥推进土地管理制度改革，在全面考虑土地问题复杂性的基础上，进行周密周全的制度和政策设计，统筹谋划好土地管理制度改革。这意味着，改革箭在弦上，“土地财政”这一中国城镇化进程中的特有现象走到了尽头。

---

① 发表于《文汇报》2013 年 12 月 5 日第 5 版。

中国特有现象

“土地财政”不仅指地方政府对土地出让收入的严重依赖，还包括地方政府以土地为信用基础，依靠土地抵押设立融资平台而进行的各类融资活动。

从历史角度看，各国工业化和城市化都需要大量原始资本来启动。原始资本积累的方式不同，工业化和城市化的模式也不同。相对早期资本主义国家通过掠夺本国居民和海外殖民扩张来完成资本的原始积累，国际国内环境决定我国只能选择“计划经济”模式，通过农业为工业化提供剩余的方式促进经济的发展。到20世纪80年代，当农业为工业化资本积累提供剩余这一使命完成后，我国又通过市场化改革，赋予工业自身积累资本的能力，保持了工业化的顺利推进。

各国经济发展经验表明，工业化与城镇化存在一种互为联系、相互促进的关系，工业化是城镇化的加速器，城镇化是工业化发展的必然结果。但为了保证工业的优先发展，我国走了一条工业化超前、城镇化滞后发展的道路。不仅通过户籍制度阻碍了乡村人口向城镇的转移，还曾采取了反城市化的措施，动员甚至强制城市人口大规模向农村转移。这就导致我国的城镇化长期以来在低水平上停滞不前，越来越成为影响经济社会持续发展的主要矛盾和问题。

基于我国国情和经济社会发展态势，党和国家不失时机地提出了推进新型城镇化发展战略，这无疑是一个正确的决策。但与工业化相比，城市化快速推进需要更多的资金来启动，而这却是农业和工业无能为力的。这样，为城市化快速积累资金的重任就历史性地落在计划经济确立的城市国有土地和农村集体土地上。借助市场机制，不仅可以将土地直接转化为资本，而且开创了一条以土地为信用基础，服务于城镇基础设施建设和产业发展的融资渠道。这就是促使地方政府走向“土地财政”的制度基础和历史机遇。

“鬼城”带来警示

我国现行土地财政的实质是，地方政府把今后50年或70年土地使用权的收益，变成土地出让金一次性征收，以获得城镇公共服务建设投融资所需资金。由于通过竞价拍卖土地就能轻易地获得巨额资金，并带来地方国内生产总值和财政收入的增长，地方政府就会产生不断推高土地价格，收取更多土地出让金的冲动。1994年分税制改革则进一步强化了地方政府对“土地财政”的路径依赖。

资料显示，1999年至2011年全国土地出让收入达到12.75万亿元，年均近1万亿元，2011年迈入3万亿元大关，创历史新高。2003年到2012年，土地转让金与地方本级财政收入的比例平均为50%，2010年最高曾达到72%。2010年我国城市建成区面积比10年前增长了78.5%，而城镇常住人口仅增加了28.7%。至2010年底，地方政府性债务余额超过10万亿元，其中政府负有偿还责任的6.7万亿元，承诺用土地出让收入作为偿债来源的债务余额达 2.5 万亿元。

然而，我国“土地财政”模式在为地方政府带来巨大的预算外收入、促进城市扩张和经济增长的同时，也越来越成为土地或房地产城镇化、积累地方债务危机的重要推手。当前出现的种种矛盾和问题，如某些地方政府为获得更多的财政收入和政绩大搞“造城运动”，而置财政赤字、民生欠账于不顾；在住房和土地城镇化进程快速发展的同时，人口城镇化严重滞后；“地王”频出，房地产泡沫化严重；城市生活成本和商务成本因房价高企而不断提高，透支了居民的消费能力，影响了城市产业的聚集及其创造就业机会的能力；房企投资、银行信贷风险加大和地方政府债务失控；等等，都是这种“土地财政”的产物，都给城镇可持续发展、经济转型与升级带来巨大的挑战。近年来许多地方出现“鬼城”就是警示。

改革才有出路

党的十八届三中全会提出，坚持走中国特色新型城镇化道路，推进以人为核心的城镇化，推动大中小城市与小城镇协调发展、产业和城镇融合发展、促进城镇化和新农村建设协调推进。当城镇化进入新的发展阶段后，进行模式转换也就成为必然要求。无论从历史还是现实看，我国“土地财政”都到了转型的重要关口。而要推动地方政府从根本上摆脱对“土地财政”的依赖，就必须进行新一轮的改革。

改革“土地财政”，根本一点，要革新考核体系，去 GDP 崇拜。党的十八届三中全会《中共中央关于全面深化改革若干重大问题的决定》（以下简称《决定》）提出“完善发展成果考核评价体系，纠正单纯以经济增长速度评定政绩的偏向”，“更加重视劳动就业、居民收入、社会保障、人民健康状况”。

实现土地财政的全面转型，涉及政府政绩考核制度、土地制度、财税体制以及各方面的利益调整等问题，是一项系统工程。对此，《决定》也提出了解决之道：一方面，深化财税体制改革，完善地方税体系，逐步提高直接税比重。加快房地产立法并适时推进改革。建立事权和支出责任相适应的制度。另一方面，完善土地制度，建立城乡统一的建设用地市场。在符合规划和用途管制前提下，允许农村集体经营性建设用地出让，并与国有土地同等入市、同权同价。同时，建立兼顾国家、集体、个人的土地增值收益分配机制，合理提高个人收益。完善土地租赁、转让、抵押二级市场。这些都为限制地方对土地收益的攫取提供了制度安排。

新型城镇化规划的脚步声已近。作为新型城镇化的纲领性文件，规划将在人的城镇化方面浓墨重彩。与此同时，围绕土地管理制度改革，相关方面也在抓紧设计方案，未来改革红利可期。

底特律破产对中国城镇化的启示[①]

一向以“世界汽车工业之都”著称的底特律在申请破产保护5个月后，于当地时间2013年12月3日终于获得美国联邦法院批准，成为美国历史上规模最大的破产城市。这对正处在城镇化快速发展阶段的我国来说，具有很大的警示意义。

美国拥有成熟的城市破产制度

在美国，城镇宣布破产保护是司空见惯的现象，这与美国独特的城镇自治制度设计和破产制度密切相关。首先，美国是联邦制国家，地方政府在财政上是相对独立的，拥有许多自主权，包括独立的发债权，可以不经过联邦政府和州政府的批准或同意发行市政债券进行债务融资，用于城市建设和公共服务，包括教育、交通、住房、公共设施和社会福利等各方面，但不得用于弥补预算赤字。其次，美国法律规定，当城镇资不抵债，政府与债权人因谈判破裂无法平衡预算缺口时，可以申请破产保护；除自然灾害原因外，联邦政府不得对州和地方政府实施资金救援。最后，政府破产不同于企业破产，只是财政的破产，而不是政府职能的破产；申请破产不是实行债务清算，而是让陷入债务危机的城镇进行债务重组，如加税、裁减政府公务员、压缩公共支出、延长还债期限等。同时，地方政府的债权人主要是机构投资者，债务违约和重组不会对老百姓造成很大的影响。底特律就是因为欠下高达180多亿美元的庞大债务而申请破产保护的。这样可以暂时放缓还债期限，以得到喘气的机会，把精力集中在解决城市建设问题上。

我国的城镇制度不同于美国，也没有城镇破产的相关法律，但仍然存在城镇可持续发展的风险。例如，地方政府财政预算虽具有独立性，但缺乏硬性约束，没有破产之忧和破产风险。尤其是在允许地方政府通过发债等多种方式拓宽城市建设融资渠道后，更容易产生为追求政绩过度或盲目举债的行为，并因此引发财政危机和系统性金融风险。

不可忽视产业的多元化发展

底特律由盛及衰虽然是多方面原因造成的，但最致命的一点是没有对过于单一的产业结构进行调整与转型，违背了城市多样性发展的要求。

底特律市于1815年正式设立。20世纪初至50年代，底特律依靠汽车工业迅速发展成为美国第四大城市和世界制造中心。巅峰时汽车业在底特律经济构成中占比高达87%，吸纳了90%的劳动人口，提供了80%的财政收入。此后底特律一直以发

① 发表于《文汇报》2013年12月11日第5版；《大连日报》2013年12月13日第B2版摘要转载；《财会月刊：财富文摘》2014年第1期全文转载，题目改为“底特律破产启示录”。

展汽车和机床附件生产、内燃机制造、钢铁锻造等传统制造业为主，基本没有发展IT、生物、金融等新兴产业。单一的产业结构难以经受外部的冲击。在遭受20世纪70年代的石油危机、80年代美国经济的萎靡不振、2008年的金融危机，以及其他国家低成本、高效率汽车制造业冲击后，底特律的汽车和其他制造业一蹶不振，导致城市税收大幅减少，经济陷入危机。

以加工制造业为主的产业结构难以聚集多样化的人口，形成多样化的文化。而人口素质普遍较低的人口结构，不仅影响了企业的创新与发展，由此推动的服务业也以中低档社会服务为主，制约了金融等现代服务业的发展。加上汽车产业的萎缩，失业率的增加，房地产市场的崩溃，底特律的人口开始急剧下降，白人纷纷外迁。1960年底特律有160多万，其中白人占70%，到2010年白人只占10%，人口总数下降到71万。大量企业、工厂、精英人士离开。

我国一些城市长期依赖资源的开采或单一的产业结构，忽视产业的多元化发展和技术创新。有的已产生非常严重的后果，有的存在巨大的可持续发展风险。这些同样值得深刻反思。

坚持以人为核心的城镇化战略

从国内外发展历史看，城镇化带来的机遇和挑战是并存的。只有坚持以人为核心，实施新型城镇化战略，注重多样性发展方向，才能防范城镇化过程中带来的各种风险，实现经济社会持续健康发展。

（1）在经济发展方面，我国要吸取底特律政府缺乏对城市发展的长远规划，从而导致产业结构调整滞后的教训，在充分发挥市场作用的基础上，坚持多元产业结构发展方向，对主导产业的发展做出合理的规划，扶持关联产业的发展，发挥多元产业结构带来的综合效应，以提高产业结构的弹性和城市抵御非系统性风险的能力。

（2）坚持以人为核心，实施人口城镇化战略。来自不同地区和背景、有着不同兴趣爱好和专长的人才集聚于城市，有利于互相学习，在碰撞中产生新思想、新理论和新方法，促进知识和技术的交流，充分发挥知识溢出与共享效应，形成良好的创新生态，从而为城市可持续发展不断提供新的动力。为此要加快户籍制度改革，降低城镇化门槛，推进农业转移人口市民化，通过人口的自由流动，促进城市人口多元化和文化的多样化，实现城市人口和劳动力结构与多元产业结构的平衡。

（3）实施城市群发展战略，协调大中小城市发展。一般来说，大城市多样性效应显著，适合于服务业、非标准化制造业和研发活动的展开。中等城市适合于成熟产业而非新兴产业的专业化。小城市适合于专业化产业，制造产品并接受和重新安置多样化城市游离出来的产业。完善城镇化持续健康发展机制，要求推动大中小城市的协调发展及产业和城镇的融合发展，在充分发挥大中城市辐射带动作用的同时，发挥政府在地区间转移财政支付的作用，加大对小城镇基础设施和公共服务的投资，提高其公共服务职能，以增强小城市尤其是建制镇对人口和产业的吸引力。

新型城镇化的一揽子方案①

党的十八届三中全会通过的《中共中央关于全面深化改革若干重大问题的决定》（以下简称《决定》）和中共中央、国务院发布的《国家新型城镇化规划（2014—2020年）》（以下简称《规划》），提出了推进我国新型城镇化的一揽子方案，明确了未来城镇化的发展路径、主要目标和战略任务，为经济和城镇化可持续发展提供了强大的动力，也预示着我国城镇化将进入一个全新的发展阶段。

人口城镇化

新型城镇化的本质是人的城镇化，即农村转移人口市民化，与城镇居民共享城市发展的成果。但我国按户籍人口计算的城镇化水平偏低，即人口城镇化滞后于工业化的问题依然存在。2013年末，我国常住人口城镇化率已经达到53.7%，按户籍人口计算仅为36%左右。这种大量农民工在城市就业，但不能实现市民化的城镇化，只能称为“半城镇化”，其越来越成为经济社会发展的突出问题，制约着城乡一体化发展和社会公平体系的建立。

《决定》和《规划》提出，要加快户籍制度改革，推进农业转移人口市民化，逐步把符合条件的农业转移人口转为城镇居民；完善设市标准，严格审批程序，对具备行政区划调整条件的县可有序改市；全面放开建制镇和小城市落户限制，有序放开中等城市落户限制，合理放开和确定大城市落户限制与条件等，建立健全农业转移人口市民化推进机制。这些改革措施意味着在降低城镇化门槛方面取得了实质性、全方位的突破，将大大促进农村人口向城镇转移，提高人口城镇化尤其是市民化规模，使我国常住人口城镇化水平到2020年达到60%、户籍人口城镇化率达到45%左右，实现1亿左右农业转移人口和其他常住人口在城镇落户。而“单独二孩”生育政策的放开，也将每年为城镇尤其是二、三、四线城镇带来几百万的新增出生人口，并对城市人口结构产生一定的影响，有利于大城市人口结构的改善和中小城镇规模的扩大。

① 发表于《中国社会科学报》2014年4月2日第A6版。

从投资型财政向公共服务型财政转变

为了筹集工业化和城市化所需要的大量资金，我国地方政府开创了一条借助市场机制，将城镇国有土地和农村集体土地直接转化为国有资本，以土地为信用基础，服务于城镇基础设施建设和产业发展的融资渠道。这种由政府主导的、依靠土地财政推动的城镇化虽然在短期内促进了城镇的扩张和经济的快速增长，但也带来了种种矛盾和问题。如地方政府为获得更多的财政收入和政绩大搞“造城运动”，被置于财政赤字、民生欠账的困境；在土地和住房城镇化进程快速发展的同时，人口城镇化严重滞后；在中央政府不断出台严厉的楼市调控政策背景下，地价还在上涨，“地王”频出，房地产泡沫化严重；城市生活成本和商务成本因房价高企而不断提高，透支了居民的消费能力，影响了城市产业的聚集及其创造就业机会的能力；房企投资、银行信贷风险加大和地方政府债务失控等，都不啻是这种“土地财政”的产物，都对城镇可持续发展、经济转型与升级带来了巨大的挑战。推进以人为核心的城镇化战略，完善城镇化健康发展机制，必须实现“土地财政”的转型。

《决定》和《规划》不失时机地提出，要转变政府职能、完善税收制度、加快房地产税立法等改革措施的实施。这些措施有利于理顺中央与地方的财税关系，缓解地方财政收支倒挂的局面，为地方政府寻找稳定的替代财源，从而推动地方政府从根本上摆脱对“土地财政”的路径依赖，实现从投资型财政向公共服务型财政转变。正是这种转型在很大程度上决定了我国未来城镇化发展的方向。

城乡一体化

城镇化的本意不仅在于实现农村人口向城镇的迁徙，提高城镇居民的生活水平和质量，而且在于改变城乡二元结构，推进城乡一体化，使经济发展成果公平地惠及更多的国民，尤其是广大农村人口。我国长期以来形成的城乡二元结构，导致城乡居民收入差距不断扩大以及城乡居民权利不均等，城乡公共服务不均衡，已经成为制约城乡发展一体化的主要障碍。新型城镇化的关键就是要缓解或扭转城乡二元结构失衡的状况，以实现城乡共同发展。

从总体发展思路看，我国新型城镇化要“逐步建立以权利公平、机会公平、规则公平为主要内容的社会公平保障体系，努力营造公平的社会环境，保证人民平等参与、平等发展权利”。《决定》和《规划》则为实现这一目标提出了具体而全面的政策措施，如健全城乡发展一体化体制，形成以工促农、以城带乡、工农互惠、城乡一体的新型工农城乡关系；建立城乡统一的建设用地市场，缩小征地范围，规范征地程序，完善对被征地农民合理、规范、多元的补偿保障机制；建立城乡统一的建设用地市场，保障农户宅基地用益物权；地方政府财政支出的结构向统筹城乡基础设施建设和社区建设、促进人口城镇化和城乡基本公共服务均等化转变，提高城镇化的水平和质量，让广大农民平等分享现代化成果；允许农村土地流转，赋予农民更多的财产权利，提高农民的财产性收入，缩小城乡差距。这些政策措施为经济和城镇化可持续发展提供了重要的动力，将促进城镇与农村的良性互动、工农互惠，推动城乡一体化健康可持续发展。

推广街区制可提升效率与公平①

《中共中央国务院关于进一步加强城市规划建设管理工作的若干意见》发布后，文件中提出的“新建住宅要推广街区制”，“已建成的住宅小区和单位大院要逐步打开”产生了很大的反响，支持和反对的声音不绝于耳。不容否认，开放封闭式住宅区会带来安全、噪声扰民、产权保护等问题，但开放式街区制是世界城市规划的基本经验和城市居住区的主流模式。从城市发展规律和社会发展要求看，拆除的是围墙，获得的是效率与公平。

城市的产生与发展源于要素在地理空间上集聚带来的效应或外部性，包括单一要素集聚产生的专业化及经济规模效应，多样性产业、人口、文化、城市空间布局和形态功能等集聚产生的城市规模效应。城市的质量和运行效率需要通过提高密度、缩短距离、减少分割、增加多样性来实现。反映集中程度的“密度”可以用单位土地面积承载的国内生产总值、人口、路网等来衡量。这要求优化城市空间布局和形态功能，推动城市集约发展和紧凑发展；在城市道路布局上则要践行“小街区、窄马路、密路网”的理念，发展开放式街区。从实际上来看，中国人口众多，城市土地有限，更应如此。

欧美发达国家城市发展比较早，1977 年国际建筑师协会（International Union of Architects，UIA）制定的《马丘比丘宪章》，就强调城市规划应避免模块之间的阻隔，明确邻里与邻里、地区与地区之间以及城市结构单元之间的功能关系。自此以后，开放式街区成为发达国家城市居住区的压倒性主流模式。我国虽然很早就有建设开放式街区的主张和实践案例，但始终没有成为主流。虽然单个封闭式墙围小区具有安全、管理简单经济等优势，但对城市整体生态来说，众多超大型封闭式小区和各类机关大院的存在，占据了大量土地，并将城市空间割裂成一片片孤岛，不仅影响商业发展，浪费土地等资源，导致公共资源私有化，还增加城市居民的生活成本和城市运行维护的公共成本，降低城市的集聚效应和土地空间利用效率。此外，封闭式小区还容易造成人群的同质化和人际交往分层的固化，强化自我封闭意识，妨碍不同人群之间的沟通与交流，造成城市居民的隔阂和不信任，给社会公平、和谐、

① 发表于《中国社会科学报》2016 年 3 月 31 日第 1 版。

融合带来负面的影响，恶化城市的文化生态。因此，要治理解决城市规划建设管理存在的这些问题，促进社会公平，增进人民福祉，就必须转变城市发展模式和城市道路布局理念，提高城市治理能力。

一些人对禁止新建和打破旧的封闭小区、推广街区制可能带来的负面影响产生了担忧。这些担忧有其现实根源，但从长远发展来看，其实是封闭意识、冷漠意识、不信任感的反映，这些问题靠墙围、墙堵也是难以根本消除的。街区制只是为今后城市规划建设管理指明了方向，主要目的是增加城市公共道路面积，提高道路密度，解决“丁字路”“断头路”等交通问题，当然也会方便社区居民的生活与出行，增加城市景观和形态功能的多样性，增进居民之间、居民与城市的情感认同。但这绝不是要“一刀切”地拆除所有住宅小区的围墙，把小区所有的道路都变成公共道路。只有那些由多项目组成的社区围墙和地块规划中有市政代征道路的围墙，以及违章建造的社区围墙才会考虑被拆除。即使拆除，也是一个逐步实施的过程，也会分类实施、差别处置，尊重业主的意愿和选择。尤其重要的是，城市是所有居民共同生活的地方，每个市民都应提高对城市规划建设管理发展趋势和经验的认识，积极主动参与到实现城市健康运行与和谐发展之中。正如中国老话所说：“与人方便，自己方便。”

治理解决我国城市规划建设管理存在的问题是一个系统工程。除了需要依据城市独有的禀赋条件和城市发展的客观规律进行科学规划与建设，完善城市治理体系，提高城市治理能力外，还需要依靠每个市民的共同努力，提高自身的素质，才能创造怡人、和谐的城市生产和生活环境，让城市空间回归人性化，充满生机和活力。

以城市群的集聚效应化解资源环境压力①

将城市群作为推动我国新型城镇化的主要形态，不仅符合世界城市化发展趋势，也是在我国现有资源环境承载能力条件下实现区域均衡增长的有效途径。

2011 年国务院印发的《全国主体功能区规划》提出“培育新的城市群”。2014 年《国家新型城镇化规划（2014—2020 年）》中明确提出：“城镇化过程需以城市群为主体形态，推动大中小城市和小城镇协调发展作为指导思想。”“十三五”规划提出加大城市群建设步伐，将建 19 个城市群。具体而言，建设京津冀、长三角、珠三角世界级城市群，提升山东半岛、海峡西岸城市群开放竞争水平；培育中西部地区城市群，发展壮大东北地区、中原地区、长江中游、成渝地区、关中平原城市群，规划引导北部湾、晋中、呼包鄂榆、黔中、滇中、兰州—西宁、宁夏沿黄、天山北

① 发表于《上海证券报》2016 年 5 月 23 日第 6 版。

坡城市群发展，形成更多支撑区域发展的增长极。2016年，这些城市群发展规划都开始或已进入编制报批阶段。

鉴于我国城市群发展极不平衡、内部成员形聚而神散、协调和互动差等，需要以集聚效应指导城市群的发展，从城市群内外资源流动、功能定位和空间结构调整入手，提升城市群集聚的正外部性效应，降低负外部性效应，以形成更多支撑区域经济发展的增长极。

城市发展的内在动力源于要素空间集聚带来的正外部性效应。由于大城市拥有更多的学习和就业机会，对人口的吸引力更大。我国自改革开放以来，随着市场经济的不断发展，人口流动也越来越快，大城市和特大城市（人口100万以上）的数量和人口快速上升，由1978年的29座激增至2010年的140座，超大城市（人口1000万以上）也猛增至6座。但是，城市规模过大也会产生集聚的负外部性，不仅会增加基本服务和住房等方面的压力，带来“大城市病”，还会影响社会公平和经济增长。最有效的解决办法是在充分发挥核心大城市行政、服务、创新等中心功能的同时，实现大城市与周边中小城市基础设施建设和基本公共服务设施等的对接，引导、支持产业、企业和人口向周边中小城市分流，协同打造人居环境和投资环境优越、产业能力集聚强、民生质量高的城市群。

城市群具有合理规划和组织区域经济资源等功能，因而不仅是治疗“大城市病”的有效途径，也是实现非均衡发展、打造区域经济增长极、提升国家竞争力的主要空间载体。美国东北部和五大湖两大城市群集中了全美近40%的人口。东京、大阪、名古屋三大都市圈集聚的人口和经济规模占日本总量都在60%以上。大伦敦都市圈以不足1/5的国土面积聚集了英国一半的人口。

城市的集聚效应取决于资源的合理流动及利用效率，而城市群集聚效应的形成则有赖于城市群之间与群内成员之间的资源流动和经济协调与合作。现在，我国已把城市群作为推进新型城镇化的主体形态，而且也具备发展城市群的基础和条件。问题是发展太不平衡，东部沿海城市群经济体量显著大于内陆地区，大中小城市经济规模悬殊，核心联动不够。多数城市群在空间上相对集中，但内部成员却形聚而神散、产业协调和互动较差。

要形成城市群集聚的正外部性效应，首先得打破城市之间的行政壁垒，消除阻碍城市间合作的体制机制障碍，增加城市群之间和城市群内部成员的合作与交流。例如，建立统一的对外招商引资政策，创造公平的投资环境；共建共享的公共服务和基础设施体系，统筹协调资源开发利用和生态环境建设；等等。其次进一步加强城市群内外部物流、交通、通信等网络化和结构性设施建设，消除城市群内外部的空间壁垒，提高城市群对内对外的通达性，便利经济资源的流通和交换，进而缩小东西部差距，提升城市群的国际竞争力。最后从长计议，做好城市群产业的远期规划，增强城市之间的产业联系，把城市之间由产业竞争转变为产业互补。各个城市在制订产业的远期规划时，不仅要考虑城市内部的发展，更要考虑城市群内部的产业空间组织方式和产业布局，促进并提升城市群内部的产业联系，尽力减少产业的同质化和重复建设。

我国推进新型城镇化，受国土空间和资源环境承载能力的制约，与城市集聚一样，城市群一旦发展成熟，集聚效应也难免会逆转成拥挤效应，随之增加的社会成本、环境成本等均会削弱城市经济增长的动力，进而拖累城市群集聚效应的发挥。所以，政府在城市群发展过程中千万不能忽视拥挤的成本。

从提高空间利用效率、吸收更多劳动力、减少环境负外部性情况看，大城市多样化集聚正效应显著，适合于服务业、非标准化制造业和研发活动的展开，这能为创新、发明、培育新公司提供有利的环境，从而将大型制造业驱逐出去。中等城市适合于成熟产业而非新兴产业的专业化生产。小城市单一产业集聚效应显著，适合发展大型制造业，制造产品并接受和重新安置大城市驱逐出来的产业。足见，依据这种城市规模与产业集聚效应指导城市群的发展规划，能实现城市之间的互补，推动大中小城市的协调发展和产业的空间合理布局，有效避免城市间产业结构趋同带来的无效竞争和资源浪费。

如果在充分发挥城市群核心城市辐射带动作用的同时，能注重发挥政府在地区间转移财政支付的作用，加大对中小城市基础设施和公共服务的投资，增强中小城市对人口和产业的吸引力，那我们就能走出一条减轻区域资源压力和环境负荷压力，有效化解大城市病的新路。

制造业外迁倒逼城市经济转型①

继华为将部分研发制造业务外迁到东莞后，中兴公司也准备将手机生产装配业务转移至位于粤东的河源市。这种制造业撤离大城市的现象表面上看与高房价有关，实质上反映的是大城市产业空心化的客观发展趋势。对深圳来说，适应这种趋势要求其加快实施“创新驱动”的发展战略，实现城市经济转型与升级。

大城市产业空心化是客观趋势

城市的产生与发展源于集聚效应和溢出效应。同一产业在空间集聚可以共享专业化的劳动力市场、促进竞争和规模经济的形成，由此推动城市的生长与发展。但是，城市发展壮大到一定规模后，集聚效应难免会逆转为拥挤效应。这不仅会增加基本服务和住房等方面的压力，带来“大城市病”，随之增加的社会成本、环境成本等均会削弱城市经济持续增长的动力，阻碍经济转型与可持续发展。最有效的解

① 发表于《中国社会科学报》2016年7月13日第4版。

决办法是，在充分发挥大城市孕育新知识、提供公共服务和创新环境、推动产业走向成熟等功能的同时，引导、支持制造业企业和人口向周边中小城市分流，共同打造产业互补、空间利用效率高的区域经济体或城市群。

可见，城市的发展过程就是由制造业集聚再到产业空心化的过程。例如，纽约在城市发展与转型中，就表现为由制造业到服务业再到高端知识型服务业的演变轨迹。19世纪末纽约成为美国重要的制造业中心。但在第二次世界大战后，纽约的服装生产企业南迁到拥有廉价劳动力和土地的北卡罗来纳。1966～1991年，许多制造业企业的员工都减少了60%以上。同时，纽约通过发挥政府政策引导和市场激励的双向作用，促使以金融业为中心的服务业发展为城市的支柱产业，成为世界美元交易的清算中心，服务业就业人数占比由1970年的76%提升到2000年的90%，从而实现了城市的转型与复兴。上海在20世纪90年代也进行了重大的产业结构调整。纺织工业从业人数从1988年的55万调整到2004年的2.4万。这次产业结构的重大调整对上海从以轻纺工业为主向综合性工业基地转变，从“二、三、一”产业结构向“三、二、一”产业结构转型起到了积极的作用。没有一定程度的产业空心化，上海要建成国际经济、金融、贸易、航运中心是难以想象的。

不同规模城市适合发展不同类型产业

世界银行在《2009年世界发展报告》中指出，从提高空间利用效率、吸收更多劳动力、减少环境负外部性等情况看，大城市适合发展服务业、非标准化制造业和研发活动，为创新、发明、培育新公司提供有利环境，从而将成熟的产业“驱逐”出去。中等城市适合发展成熟产业而非新兴产业的专业化生产。小城市适合发展大型制造业，接收和重新安置大城市“驱逐”出来的产业。这是因为制造业尤其是大型制造业，占用的专业生产设施和空间较多，吸收的劳动力有限，对环境带来的负外部性比较大。即使投入大量资金去改善和保护环境，也不一定能避免破坏环境的风险。而为数众多的小型制造业和服务性企业，不仅因其服务面相对狭窄，受市场波动的影响大，需要更多来自城市内部的信息、技术和居民的支持，而且对于促进技术创新、繁荣市场、增加就业等都具有重要的作用。因此，将厂房或工业基地安置在中小城市或大城市城郊，通过产业内部的交换实现技术和设备的补给，更有利于节省土地租金和拥挤成本。对大城市来说，用有限的空间集聚更多的人才，有利于产生新知识、新思想，促进高新技术企业的孵化和成长，推动产业转型与升级。

在过去30多年中，深圳由一个贫穷落后的边陲渔村迅速崛起，发展成为经济总量位居全国第四、实际管辖人口1300多万、流动人口超过1000万的现代化大都市。其间，深圳产业结构先后经历了三次大的调整：一是在20世纪80年代初实现了从传统农业到传统工业为主的转变。二是在20世纪90年代中后期通过扶持高科技企业的发展，建立了以高新技术产业为先导的产业结构，高新技术产业增速维持在30%以上。三是自2000年以来，确立创新型城市发展战略，继续加快发展生物、新能源、互联网等战略性支柱产业。2008年，深圳高新技术产业产值已达到8710亿元，成为第一支柱产业。

实施“总部+战略基地”产业发展格局

随着产业结构调整的顺利展开，深圳市劳动密集型产业比重不断下降，知识和技术密集型产业比重不断上升，产业结构朝着多元化、高级化演进。目前，深圳已基本建成“以高新技术产业、先进制造业为基础，以现代服务业为支撑的适应现代化中心城市功能”的新型产业体系。深圳产业结构的调整升级和多元化发展，吸引了大量外来人口，不仅弥补了社会经济发展中劳动力资源的不足，也汇聚了各地优秀的人才和智慧，提高了深圳人口的整体素质和创新能力。

深圳的未来取决于第三产业尤其是高新技术产业的集聚及其人才队伍的壮大、第二产业对外依存度的降低、抵御外来风险能力的增强。这就决定了深圳要实现可持续发展，需要继续优化产业结构和人口结构。从这一角度看，深圳真正应该担心的不是华为、中兴等公司制造部门的外迁，而是其总部和研发部门的撤离及其对创新环境的不利影响。也就是说，支持部分制造业迁移到周边产业基地，实施“总部+基地”的产业发展战略，形成总部集群与产业基地的区域合作和价值链关系，才是深圳实现经济转型升级和可持续发展的正确选择。

第三篇　“一带一路”倡议与实践

“一带一路”不是中国版“马歇尔计划”①

“一带一路”倡议的提出，无论是对中国“走出去”还是对亚非欧新兴经济体和发展中国家经济的发展，都将起到巨大的促进作用，进一步加快区域经济一体化的进程。这一倡议与“马歇尔计划”在实施背景和目的等方面存在很大的差异。有人将“一带一路”称为中国版“马歇尔计划”，不仅有违客观实际，也将危害该倡议的实施及其效果。

“马歇尔计划”因由时任美国国务卿乔治·马歇尔将军首先提出而得名，其官方名称是“欧洲复兴计划”。该计划于 1947 年 7 月正式启动，在 1948 年 4 月至 1951 年底执行期间，美国为第二次世界大战后的西欧国家提供了包括金融、食品、技术、设备、原材料等多种形式、合计 130 多亿美元的经济援助。这对帮助西欧国家迅速重建并恢复经济，对美国转移过剩的产能、开拓新的市场、刺激出口、确立美元的全球性货币霸主地位都发挥了重要的作用。

在 2014 年亚洲太平洋经济合作组织（Asia-Pacific Economic Cooperation，APEC）会议期间，习近平主席系统地阐述了建设“丝绸之路经济带”和“21 世纪海上丝绸之路”的“一带一路”倡议，希望这一倡议构想成为构筑亚洲互联互通的坚实基础。该倡议被某些海外人士称为中国版“马歇尔计划”或“新马歇尔计划”后一夜走红，遭到舆论界的热炒。

中国的“一带一路”倡议在形式上确实与“马歇尔计划”有某些相似之处。一是都以消化产能过剩与“走出去”为核心；二是都将交通基础设施建设作为投资的重点；三是都重视金融货币上的合作，通过提供贷款、设立灵活性的基金来运作。“马歇尔计划”设立了“欧洲复兴基金”（也称“对应基金”），将援助资金转换成为由当地货币构成的资金。中国倡导并出资 500 亿美元成立亚洲基础设施投资银行，还承诺出资 400 亿美元建立丝路基金，欢迎亚洲内外投资者参与，等等。必须承认，历史其实是很难简单复制的。“一带一路”倡议与“马歇尔计划”在经济层面具有某些相似之处，即中国和美国都希望通过向海外投资来消化充足的资金、过剩的产能

---

① 发表于《中国社会科学报》2015 年 2 月 13 日第 A7 版。

和闲置的生产力，促进本国货币的国际化，但这些并不能掩盖两者的差异性。

（1）实施的背景和对象国不同。第二次世界大战结束后，大发战争横财的美国急需从战时经济向和平时期经济转型，欧洲则经济凋敝、百废待兴，迫切需要外界的援助。由此应运而生的“马歇尔计划”就是要帮助西欧发达国家恢复生产、重建家园，同时缓解美国产能过剩的问题，实现国内经济持续繁荣和对外经济扩张。“一带一路”倡议提出的背景是，中国经过30多年的改革开放，已经发展成为制造业大国，积累了大量外汇储备，具备了通过海外投资开展国际经济合作的条件。“一带一路”倡议投资对象主要是新兴经济体和发展中国家，包括亚洲、非洲和中东欧等国家和地区，比“马歇尔计划”涵盖的国家和地区更多，范围更广。

（2）参与方的角色和地位不同。“马歇尔计划”以美国为主导，由美国单独出资或输出产能，对欧洲的援助建立在不对等的关系上，受援国处于接受与附属地位，东欧社会主义国家被排除在外，这保障了“马歇尔计划”的执行效果和主导国的利益。中国的“一带一路”倡议建立在平等互利的基础上，共同出资开展互利共赢的商业活动，欢迎任何国家加入，包括与中国有岛屿争端的菲律宾等国家。但由于涉及的国家和地区非常多，增加了合作与协调的难度，也将带来一定的风险。

（3）最终目的不同。美国实施“马歇尔计划”不仅具有经济目的，更具有政治目的。美国为了获得世界霸主地位，在冷战中与东欧和苏联社会主义阵营抗衡，迫切需要西欧这一盟友。因此，“马歇尔计划”名义上是帮助欧洲重建经济，但其战略指向很明确，那就是要将西欧纳入美国的全球经济体系，使之成为其在欧洲的主要附庸，以巩固自身全球霸主地位。正如马歇尔所说，该计划的根本目的是“提供一个自由制度得以存在的政治社会环境”。只不过后来欧洲走向一体化，发展成为一支可以在经济、贸易和技术等方面与美国抗衡的重要力量，在不同领域形成了对美国的竞争优势。这是美国当初没有想到的。

古丝绸之路是中国与欧、亚、非各国友谊的见证，对东西方文明的交流做出了巨大贡献。中国推出“一带一路”倡议，目的在于续写古丝绸之路的新篇章，在平等、包容、合作、共赢的基础上，继承当年丝绸之路的美好愿景，加速与各国经贸往来，最终形成互利共赢的“利益共同体”和共同发展繁荣的“命运共同体”。

当前，欧、亚、非新兴经济体和发展中国家普遍处于经济发展的上升期，与之开展互利合作的前景十分广阔。中国利用积累的外汇储备作为资本金，通过“一带一路”倡议带动产能和资金输出，在承担很大风险的前提下，希望借此来缓解这些国家的财政压力，完善这些国家的基础设施建设，提高当地人民的生活水平。因此，决不能把“一带一路”倡议与“马歇尔计划”相等同，并坚决回应、反驳中国试图趁机向全球扩张、争夺话语权、控制那些亟待完善基础建设又缺乏资金的贫穷国家等谣言。

“一带一路”根本不同于“马歇尔计划”①

“一带一路”与历史上的“马歇尔计划”存在本质区别，把“一带一路”类比于马歇尔计划，称之为中国版“马歇尔计划”或“新马歇尔计划”，不仅不科学、有违事实，而且会给“一带一路”的价值认同及实施效果带来消极影响。

（1）设计构想不同。第二次世界大战结束后，欧洲经济凋敝、百废待兴，迫切需要外界援助。美国提出并实施“欧洲复兴计划”，也称为“马歇尔计划”，帮助西欧国家恢复重建、发展经济，并确立自己的全球经济霸主地位。美国实施马歇尔计划的本意是，通过援助欧洲恢复经济，使欧洲成为抗衡苏联的重要力量。这一计划对冷战的激化和两极格局的形成起了重要作用。

习近平主席提出建设“丝绸之路经济带”、建设“21 世纪海上丝绸之路”的倡议，即“一带一路”，是推动和平发展的大国方略，是一条合作共赢之路。亚洲是当今世界最具发展活力和潜力的地区，也是国际战略竞争和博弈的一个焦点。面对周边领土主权争端、大国地缘政治博弈、民族宗教矛盾等问题交织叠加的安全态势，中国坚持“亲、诚、惠、容”的理念，积极倡导共同、综合、合作、可持续的亚洲安全观，努力走出一条共建、共享、共赢的亚洲安全之路。“一带一路”有助于亚洲及其他地区相关国家通过合作促进共同安全，有效管控分歧和争端，走上和平发展之路。

（2）根本目的不同。美国实施“马歇尔计划”不仅有经济目的，而且有政治目的。美国为向全球扩张，与社会主义阵营相抗衡，迫切需要稳定和复兴的西欧盟友，并借拯救欧洲来发展自己。通过附加条件的援助，“马歇尔计划”也在事实上造成了美国控制西欧和西欧依赖美国的结果。

古丝绸之路是古代中国与亚、非、欧国家开展经贸往来、文化交流的通道，对东西方文明发展做出过重要贡献。中国提出并推动“一带一路”建设，就是要弘扬古丝绸之路和平友好、开放包容的精神，探索新形势下国际经济合作与发展的新模式。特别是推动实现互联互通，为沿线国家加强经贸往来创造物质基础和便利条件，在平等、包容、合作、共赢的基础上续写共同发展的新篇章，最终形成互利共赢的“利益共同体”和共同发展繁荣的“命运共同体”。正如习近平主席所强调的，这种互联互通是基础设施、制度规章、人员交流三位一体，是政策沟通、设施联通、

① 发表于《人民日报》2015 年 3 月 18 日第 7 版；《湖北日报》2015 年 3 月 23 日第 9 版全文转载；《宁夏日报》2015 年 3 月 26 日第 14 版部分转载。

贸易畅通、资金融通、民心相通五大领域齐头并进，是全方位、立体化、网络状的大联通。这与以帮助西欧重建为名、行巩固自身全球霸主地位之实的“马歇尔计划”有着本质区别。

（3）参与方式及参与国所处地位不同。“马歇尔计划”是以美国为主导、通过1948年美国《对外援助法案》单方面向欧洲国家投资和输出产能的经济援助计划。这种援助建立在不对等的关系上，附加诸多条件，受援国处于被动接受与附属地位，不能自主决定经济政策。这一计划还将苏联和东欧社会主义国家排除在外，所谓“欧洲复兴计划”实际上是“西欧复兴计划”。

中国倡导的“一带一路”建立在平等互利基础上，基于共商、共建、共享原则，共建发展共同体、利益共同体和责任共同体，谋求互利共赢。“一带一路”涵盖东亚、中亚、南亚、西亚、东南亚和中东欧等国家和地区，总人口约44亿，经济总量约21万亿美元，分别约占全球的63%和29%。“一带一路”提供的是一个开放包容的发展平台，坚持合作共赢，追求共同发展，倡导平等对话，尊重道路选择；既欢迎沿线国家自愿平等参与，也欢迎域外国家为本地区发展稳定发挥建设性作用。

“一带一路”：助推亚洲迈向命运共同体①

“一带一路”是2015年博鳌论坛的重要议题。论坛上有多个有关“一带一路”的活动，其中包括企业家和“一带一路”沿线有关国家领导人的对话，还有一场专门就“一带一路”的演讲。中国提出并实施建设“一带一路”倡议，是在国际国内新形势下，对构建全方位对外开放的格局和互利共赢的国际合作模式的新探索、新创举，将有助于推进亚洲迈向命运共同体。

全球经济再平衡要求创新国际合作模式

进入21世纪以来，国际金融危机的爆发使全球经济陷入严重失衡的境地。主要经济体为了尽快走出金融危机的阴影，纷纷从本国利益出发制定经济复苏计划和政策，导致各种保护主义抬头，合作与协调意愿下降。其结果是，发达经济体虽然开始走出经济危机，但违背了经济全球化发展的趋势，给新兴经济体的经济发展与稳定带来了新的威胁，使全球经济再平衡举步维艰。这就凸显了在全球范围内加强区域合作、探索共赢合作新模式的必要性和紧迫性。为此，欧盟早在2003～2004年就推出了“欧洲邻国政策”和联合行动计划；2009年3月又出台了旨在加强与6个原

① 发表于《文汇报》2015年3月26日第5版。国家社科基金重点项目“丝绸之路经济带建设研究”（14AGJ006）阶段性成果。

苏联加盟共和国合作的“东方伙伴关系”计划。美国分别在 2009 年 11 月和 2013 年 6 月主导启动了试图推动亚太经济一体化进程的“跨大西洋贸易与投资伙伴协定”（Transatlantic Trade and Investment Partnership，TTIP），谈判和建立欧美统一市场的“跨太平洋伙伴关系协定”（Trans-Pacific Partnership Agreement，TPP）。俄罗斯则从 2007 年开始加快了独联体经济一体化的进程，并在 2014 年 5 月与白俄罗斯、哈萨克斯坦签署了《欧亚经济联盟条约》，力争从 2015 年到 2025 年前实现商品、服务、资本和劳动力的自由流动。

中国在抵御国际金融危机冲击的过程中，对世界经济复苏做出了巨大的贡献，同时不断探索国际合作与共赢的新模式。2013 年 9 月 7 日，习近平主席在哈萨克斯坦的纳扎尔巴耶夫大学进行演讲时，第一次提出以创新模式共同建设“丝绸之路经济带”的倡议。在随后的 10 月 3 日，习近平主席在印度尼西亚国会发表重要演讲时，又首次提出建设“21 世纪海上丝绸之路”的倡议。在 2014 年 APEC 会议期间，习近平主席对建设“一带一路”的系统阐述，得到了许多国家的欢迎和支持。

“新常态”下需构建全方位开放新格局

中国自改革开放以来在各方面取得了举世瞩目的成就。在对外开放上，中国采取了由南到北，由东部沿海地区向沿江及内陆和沿边城市层层推进的政策措施，使得东部地区率先快速地发展起来。1999 年国家又提出并实施西部大开发战略，促进了西部地区经济社会的发展。但由于受特殊条件和自我发展能力不强的限制，西部地区经济落后、交通闭塞的状况没有得到根本改变，与东部的差距仍然非常大。2013 年西部地区人均国内生产总值不到全国平均水平的 3/4，仅为最高值的 1/3 多一点儿。为此必须从全局和战略高度出发，通过加快西部地区对外开放的步伐，来促进西部地区的繁荣、发展和稳定。

就全国经济发展阶段来说，中国经济发展正步入“新常态”战略机遇期。一方面，中国在装备制造、基础设施、电力设备等领域积累了雄厚的资本和技术实力，切合当下沿线各国的需求，具有“走出去”的巨大潜能。另一方面，中国面临着经济从高速增长转为中高速增长，经济结构调整与转型升级，经济增长动力由要素和投资驱动转向创新驱动等趋势性变化，这些都需要通过加快改革开放来适应。正是在这一背景下，党的十八届三中全会《中共中央关于全面深化改革若干重大问题的决定》提出要“加快与周边国家和区域基础设施互联互通建设，推进丝绸之路经济带、海上丝绸之路建设，形成全方位开放新格局”。这表明我国已经开始构建“新常态”下对外开放的新格局。

共赢模式源自对外开放和国际合作创新

建设“一带一路”至少在以下几个方面实现了创新。

（1）在对外开放和国际合作的理念上，基于平等互利、合作共赢原则，创造一个包容性的发展平台，打破领土纠纷、政治制度和宗教文化差异等各种合作障碍，让沿线任何有合作意愿的国家自愿平等地参与，共商、共建、共享经济发展之路，最终形成互利共赢的“利益共同体”和共同繁荣发展的“命运共同体”。这既与历史上完全由美国主导，以拯救欧洲经济为名、行对外经济扩张、巩固自身全球霸主地位、遏制苏联和共产主义势力之实的“马歇尔计划”存在本质区别，也不同于当代具有明显遏俄色彩的欧洲“东方伙伴关系”计划。

（2）在对外开放和国际合作的方式上，实现由东部沿海地区的率先开放与发展带动内地的开放与发展，由借江出海、借路出境向主动承建国内外交通、港口等基础设施，打造一条发端于中国各省市，贯通中亚、东南亚、南亚、西亚和欧洲部分区域的、世界上跨度最长、覆盖约 44 亿人口的经济大走廊，在互联互通的基础上创造全方位的对外开放新格局和沿线各国共同繁荣的新局面。

在对外开放和国际合作的内容上，赋予古丝绸之路新的历史使命，将经贸往来、增进友谊发展成为基础设施、制度规章、人员交流三位一体，政策沟通、设施联通、贸易畅通、资金融通、民心相通五大领域齐头并进的全方位、立体化、网络状的大联通。

“一带一路”彰显中国国家新形象①

国家形象作为一种“软实力”，能够带来政治、经济和社会等多重效益。“一带一路”倡议向世界传递中国和平发展、开放包容、和他国互利共赢的价值理念，因此也是一个构建国家形象的过程。

（1）“一带一路”践行和平崛起的理念。在新的发展机遇期，中国提出并推进“一带一路”倡议，是出于自身改革开放和经济持续发展的需要，也是对国际合作与共赢模式的新探索。“一带一路”建设坚持合作共赢，追求共同发展，本身就是践行和平发展、和平崛起的正确选择，也更好地诠释和传播了这种价值理念。目前，亚洲仍有部分国家经济发展水平较低，基础设施落后，现代化建设资金相对短缺。为此，中国利用外汇储备多、国民储蓄率高，以及对外承包工程建设管理经验丰富等优势，通过主导建立丝路基金和亚洲基础设施投资银行对接双方供求，在促进本

① 发表于《中国社会科学报》2016 年 2 月 16 日第 1 版，国家社科基金重点项目“丝绸之路经济带建设研究”（14AGJ006）阶段性成果。

国部分产业转移、谋求经济持续发展的同时，有利于全面提升沿线国家经贸合作水平，缓解沿线国家储蓄与贸易“双缺口”对经济发展带来的制约，改善沿线国家基础设施、医疗、教育、技术水平，提高民众生活水平。中国提出“一带一路”倡议，并不是试图借此进行对外政治经济和军事扩张，而是希望与沿线国家发展友好关系，实现基础设施、制度规章、人员交流“三位一体”的互联互通，以及政策沟通、设施联通、贸易畅通、资金融通、民心相通，共同带动世界经济的繁荣和政治的稳定。这是“一带一路”倡议的价值所在，充分彰显出中国勇于探索和平发展道路的新形象，因而得到了许多国家的广泛认同和积极响应。

（2）“一带一路”展示开放包容的形象。对外开放是我国的一项基本国策，也是改革与发展的成功经验。“一带一路”倡议正是中国在全球经济一体化和国内经济发展进入新常态的现实要求下，对构建全方位的对外开放格局和包容性发展的国际合作模式的新探索。

这种对外开放格局和国际合作模式，从国内讲就是要实现由“引进来”向“引进来”和“走出去”相结合转变，注重“走出去”，培育参与和引领国际经济合作与竞争的新优势；就是要在继续面向亚太地区开放的同时，实施向西、向南开放的战略，以促进西部地区的开放与发展；就是要顺应世界区域经济一体化发展趋势，以周边为基础加快实施自由贸易区战略，实现商品、资本和劳动力的自由流动。从国际合作模式讲，就是要共同打造开放型的经济格局，建立互信、包容、共赢的国际合作关系，以开放包容推动区域经济合作和一体化进程。“一带一路”不是国际性组织，也不谋求建立超国家机构，而是采取灵活多样的方式进行区域经济合作。“一带一路”建设目的在于创造一个包容性的国际经济合作新平台。它不限国别范围，不搞封闭机制，打破了领土纠纷、政治制度和宗教文化差异等合作障碍。既让沿线任何有合作意愿的国家自愿平等地参与进来，成为该倡议的支持者、建设者和受益者，共商、共建、共享经济发展之路，也欢迎域外国家为本地区的发展与稳定发挥建设性作用。

（3）“一带一路”打造亚洲命运共同体。和平与发展是当今世界两大主题，也是世界各国人民共同的要求和愿望。“一带一路”倡议顺应历史潮流，不仅展示了中国和平崛起的基本理念和开放包容的胸怀，而且将政治互信、地缘毗邻、经济互补等优势转化为务实合作，致力于推动亚洲各国迈向互利共赢的“利益共同体”和共同繁荣发展的“命运共同体”，传递出中国发展必须与世界共享的价值。

中国懂得，只有与世界共享，才能使自己走得更远，才能不断注入新的发展动力和活力。只为一己利益的民族和国家是不会获得世界认同与尊重的。中国尽管还是一个发展中国家，但在取得举世瞩目的经济成就后，仍然愿意通过“一带一路”倡议与其他各国分享发展带来的好处，把自身的经济成就转化成推动亚洲国家互联互通、经贸合作、金融支持、人心相通等能力，探索推动国际合作与共赢的各种可能，打造沿线各国共同繁荣的局面。这也充分展示了中国负责任的大国形象。

得道多助，失道寡助。谁赢得了民心和人心，谁就把握了未来。“一带一路”倡议向世界展现出中国和平发展、开放包容、互利共赢的价值理念和负责任的国家形象，必将赢得国人对中国未来发展的信心和支持，赢得国际社会对中国崛起的认同和尊重，并转化成为全面深化改革与发展的强大力量。

现代海上丝路助推自贸区建设①

通过建立国内自由贸易园区（Free Trade Zone，FTZ），以开放促改革、促发展，推进双边和多边自贸区（Free Trade Area）建设，积极参与经济全球化进程，是实现中国经济持续发展的重要途径。“丝绸之路经济带”和“21 世纪海上丝绸之路”虽然在对外开放的立足点上有所不同，但在助推自贸区建设与升级，构建全方位对外开放格局和国际合作共赢模式上却是一致的。其中的“21 世纪海上丝绸之路”对自贸区的建设与升级将发挥更大的作用。

中国自贸区战略逐步走向成熟

我国积极实施自由贸易区战略始于 20 世纪末。早在 2000 年 11 月，中国就提出了建立中国—东盟自贸区的设想，并于两年后签署了《中国—东盟全面经济合作框架协议》。此后，中国又提出了一系列以周边国家为基础的自贸区构想。2007 年 10 月，十七大报告第一次提出要“实施自由贸易区战略”。2012 年 11 月，十八大报告进一步提出要“加快实施自由贸易区战略，推动同周边国家互联互通”。2013 年 9 月，中国设立了首个国内自由贸易区——中国（上海）自由贸易试验区。同年 11 月，十八届三中全会在《中共中央关于全面深化改革若干重大问题的决定》中，正式确立了以周边为基础加快实施自由贸易区战略，形成面向全球的高标准自由贸易区网络，由此标志着我国自贸区战略逐步走向成熟。在这一战略指导下，中国自贸区战略的建设步伐不断加快，自贸区“朋友圈”也在不断扩大。至 2015 年 6 月，除国内的 4 个自贸区外，中国已经签署了 14 个双边或多边自由贸易协定，涉及 22 个国家和地区。此外，中国与哥伦比亚、巴基斯坦、斯里兰卡和挪威等国家的自由贸易谈判正在快速推进。目前来看，自贸区战略虽然硕果累累，但作为全球第二大经济体，中国的这一战略仍处于初期阶段，国内自贸区尚未形成网络，对外签署的国家也不多，未来还有很大的发展空间和潜力。

① 发表于《中国社会科学报》2016 年 4 月 15 日第 6 版，国家社科基金重点项目“丝绸之路经济带建设研究”（14AGJ006）阶段性成果。

国内自贸区与海上丝路有机对接

与“丝绸之路经济带”立足于中国中西部地区向西开放不同，“21 世纪海上丝绸之路”旨在中国东部沿海地区进一步向亚太地区开放。“一带一路”建设涉及国内外广大区域，需要以一些核心区域和重要节点作为战略支撑。东部沿海地区具有对外开放的前沿优势和改革先行优势，在这里率先建立自贸试验区，并与“21 世纪海上丝绸之路”对接，有利于探索全面深化改革和扩大开放、创新开放型经济体制的新途径和新模式。

当前的经济全球化进程，正推动着全球贸易和投资规则的演进与重构。其发展趋势是以高标准实现全面的贸易自由化，其中还包括金融领域在内的服务贸易自由化。这就给我国改革开放和“一带一路”建设带来许多新的议题。而国内自贸区建设是探索解决这些新议题的最有效途径。自贸区建设的核心是制度创新，通过对投资管理制度、贸易监管制度、金融创新制度和事中事后监管制度等方面的改革与试验，形成可推广的经验，有助于打造中国经济“升级版”，以及增强应对全球规则演变的能力。

目前，我国已先后设立上海、天津、广东、福建四大自贸区，使其成为“21 世纪海上丝绸之路”的核心或起点区域。国内自贸区尤其是上海自贸区在投资自由化、贸易便利化、金融国际化、行政管理简化等方面先行先试积累起来的经验，完全可以在后续批次建立的自贸区中复制和推广。这样，以国内各地积极寻求对接“一带一路”和自贸区建设为突破口，就可以加快推进经济体制改革攻坚的步伐，通过以点带面、由线到片，逐步实现国家层面与“一带一路”沿线国家和地区的“政策沟通、道路联通、贸易畅通、货币流通、民心相通”，从而促进经济社会的全面可持续发展。

构建基于互联互通的“一带一路”自贸区

从未来的发展趋势看，在互联互通的基础上促进双边和多边自贸区建设，落实推动双边投资协定谈判，将中国国内自贸区和以周边为基础形成的自由贸易区结合起来，加快形成面向亚欧的自贸区网络，就可以围绕“一带一路”倡议构想，形成除大西洋贸易轴心和太平洋贸易轴心之外、新的以亚欧为核心的全球第三大贸易轴心。

具体来说，“丝绸之路经济带”从中国西部地区出发，与中亚和东欧连接，涉及中、蒙、俄经济走廊和新欧亚路桥经济带，还可以向南亚、西亚延伸，打通印度洋的通道。“21 世纪海上丝绸之路”从东部沿海地区出发，往北与俄罗斯连接，可与已于 2015 年 1 月 1 日正式启动的欧亚经济联盟对接，往东和南延伸至太平洋、南亚地区、非洲东部，直至欧洲南部。在实现互联互通的基础上，“一带一路”形成了一个起于中国内陆和东部沿海，贯通中亚、东南亚、南亚、西亚、欧洲和亚太地区的新的经济圈，涉及 65 个国家、44 亿人口，其中绝大部分为新兴经济体和发展中国家。这些国家经济增长潜力巨大，对跨境贸易的依赖程度不断提高。据世界银行测算，1990～2013 年，“一带一路”相关 65 个国家贸易、跨境直接投资年均增长速度分别达到 13.1%和 16.5%，均高于全球 7.8%和 9.7%的年均增长速度。2010 年至 2013 年，“一带一路”相关国家对外贸易、外资净流入年均增长速度分别为 13.9%和 6.2%，比全球平均水平高出 4.6 个百分点和 3.4 个百分点。有专家预计，“一带一路”相关国家出口规模在未来 10 年的占比有望提升至 1/3 左右，成为中国的主要贸易和投资伙伴。

历史上，亚欧大陆曾经是世界经济中心，古丝绸之路将亚洲、非洲、欧洲连接在一起。15 世纪末 16 世纪初的“地理大发现”，开启了以西方为中心的全球化时代，西方国家很快发展成为世界经济的中心。从 20 世纪 60 年代到 80 年代，日本、“亚洲四小龙”和东盟、东亚一些国家和地区，通过大力发展外向型经济实现了经济腾飞。但随着劳动力成本和各国自然资源禀赋优势的变化，一些劳动和资本密集型产业开始由东向西转移，带动了亚欧大陆中部国家产业的转型与升级，进而构建起新的产业链、供应链和价值链体系。如今，“一带一路”倡议有望成为世界经济增长的新引擎。特别是“一带一路”建设不设任何门槛和标准，各国可以根据自身发展水平和需要，自主选择合适的模式进行合作。在互联互通和原有自贸区的基础上构建基于“一带一路”的自由贸易区，不仅具有较高的可行性，而且对促进亚欧区域经济和沿线国家经济的发展与转型将产生重大影响。

“一带一路”为民营企业“走出去”带来无限商机①

近年来，中国国家倡议“一带一路”进程的加速推进，为中国民营企业“走出去”，进行海外投资带来了千载难逢的机会。中国倡导并实施“一带一路”倡议，是在国际国内新形势下，对构建全方位对外开放的格局和互利共赢的国际合作模式的新探索、新创举，也得到了国际社会的广泛支持和响应，将对国际国内经济发展产生深远的影响。在国内产能过剩、需求不足的背景下，民营企业如果能适应这种趋势，加快布局海外市场，就有可能成为出海大军的重要力量，通过国际产能合作求得自身的转型与发展。

---

① 发表于《现代工商》2016 年第 12 期，国家社科基金重点课题“丝绸之路经济带建设研究”（14AGJ006）阶段性成果。

“一带一路”带来的商机

以创新模式共同建设“丝绸之路经济带”和“21世纪海上丝绸之路”倡议，是2013年习近平主席首先提出来的。同年党的十八届三中全会在《中共中央关于全面深化改革若干重大问题的决定》中，提出要“加快与周边国家和区域基础设施互联互通建设，推进丝绸之路经济带、海上丝绸之路建设，形成全方位开放新格局”。这是在我国“新常态”下构建全方位对外开放格局和国际合作共赢模式的新举措，也得到了沿带沿路国家和地区的普遍认同与支持。特别是在我国主导建立的亚洲基础设施投资银行和丝路基金投入运作后，“一带一路”已进入实施阶段，并取得了越来越多的成就。

“一带一路”是一个横跨亚欧大陆、连接亚太地区，由铁路、公路、航空、海上运输、油气管道、输电线路和通信网络组成的综合性立体互联互通的地理区域，共有60多个国家和地区，约44亿人口，经济总量约为21万亿美元，分别占全球的63%和29%。“一带一路”将世界经济引擎亚太地区与世界最大经济体欧盟联系起来，并形成东亚、西亚和南亚经济辐射区，实现该区域国家之间资金流、物流、人流和信息流等方面的合作，实现政策沟通、道路联通、贸易畅通、货币流通和民心相通，推进贸易投资便利化，深化经济技术合作，从而激活新的经济增长点，促进该区域经济繁荣、社会和谐发展。有专家认为，亚欧大陆是全球经济实力和经济增长潜力最大的区域，估计到21世纪中叶，世界前七大经济体中有3个在亚欧大陆。

对于中国民营企业来说，“一带一路”将带来以下商机。首先，“一带一路”沿线国家大多是新兴经济体和发展中国家，普遍处于经济发展的上升期，具有开展互利合作的广阔前景，契合了国内企业“走出去”的要求，为进行海外投资带来了非常广阔的市场。据商务部统计数据，2015年中国企业共对“一带一路”相关的49个国家直接投资合计为148.2亿美元，同比增长18.2%，其中对东盟的投资同比增长60.7%。2016年1～6月投资增长速度加快，同比增长37%。其中非公经济类企业对外投资首次在数量和金额上超过了公有经济类企业。2015年，中国同“一带一路”沿线国家进出口贸易总额9955亿美元，同比增长25%。其次，中国与“一带一路”沿线国家在资源禀赋和产业结构上互补性较强，除了基础设施外，还有很多都是民营企业擅长的民生项目。这些投资项目品种多，可选余地大，不仅收益率好于国内，还为推动民营企业经营的国际化、产业结构优化升级、创立品牌带来了机会。因为这些国家要求的不是简单的建设项目，还包括设计、规划、融资、建设和运营等综合服务要求。最后，相对国内市场，国外消费市场在品牌消费方面更具理性，企业之间的竞争也更加公平。民营企业和国有企业可以在同一条起跑线上展开竞争，有助于获得更多的市场机会和份额。此外，“一带一路”是中国的国家战略，民营企业可以获得更多的资金，如丝路资金就有400亿美元，亚洲基础设施投资银行的资本金有1000亿美元等。

民营企业“走出去”的优势

相对于国有企业，民营企业对市场环境的敏感和熟知高，经营方式较为灵活。民营企业胆大敢闯，过去30年多来已经积累了不少资金技术和管理经验，“走出去”的意愿及其发展空间更大。国有企业 “家大业大”，在国内能够获得较多的资源、市场和利润，加上监管趋严，影响了海外投资的意愿和积极性，导致其海外投资从2006年以来持续10年出现下滑。

我国大量民营企业集中在纺织服装、箱包皮具、五金机械、建筑、商业批发零售等传统优势产业。这些传统优势产业符合“一带一路”国家工业化进程初期的经济发展特点和居民消费需求。正是国际市场上的需求，民营企业的生产经营能力，加上政策的支持，为民营企业“走出去”提供了动力和机遇。

国内外政府的支持也使民营企业具有“走出去”的比较优势。我国政府一直支持民营企业的发展，不断放宽个人和民营企业海外投资的限制；地方政府参与“一带一路”项目建设时会优先考虑民营企业。国外政府在对投资来源的规定中，一般对中资民营企业投资开放程度比较高，对国有企业投资审查则比较严格，或明确要求国有企业投资占比不能太大。这些政策为民营企业“走出去”提供了发展的空间。

如何防范“走出去”带来的风险

“一带一路”倡议的推进虽然给民营企业“走出去”注入了新的动力、提供了新的机遇，但与经验丰富的老牌跨国公司和实力雄厚的国有企业相比，民营企业大多缺乏国际投资和经营的经验与能力，在“走出去”过程中面临的风险更多更大。这些风险包括政治风险、法律风险、文化风险、经营风险和汇率风险等。如何有效识别和规避风险成为民营企业“走出去”要考虑的首要问题。

（1）民营企业要善于搭国有企业“走出去”的便车，争取政府和金融机构的支持。国有企业已有几十年“走出去”的经验，而且资金雄厚，管理和技术水平都较高，但不愿意投资一些传统、低端的产业，而民营企业“走出去”还基本处于探索阶段，不要和国有企业争市场和资源，而要善于“搭便车”，争取得到国有企业的支持，和国有企业建立分工合作、和谐发展的关系，发挥各自的长处。例如，前几年中亚遭遇罕见寒流，对油气资源的增产需求非常迫切。国有企业为克服自身制度烦琐、决策协调缓慢的制约，支持经营灵活的民营企业投资生产，实现了互利共赢。此外，民营企业还要努力争取政府和金融机构的支持，包括获得东道国的法律法规、风俗习惯、安全状况等信息，获得更多的金融服务，以在获取投资机会的同时规避投资风险。

（2）民营企业尤其是中小民营企业可以采取抱团出海，或入驻产业园区的方式。目前，中国企业已在“一带一路”沿线国家建设了46个境外合作园区，共吸引400家中资企业入驻，总投资约213亿美元。例如，以纺织服装享誉全国的大型民营企业红豆集团，就在柬埔寨建成西哈努克港经济特区。目前这个当地最大的经济特区占地5平方千米，吸引了103家企业入驻，包括88家中资企业。中小企业入驻实力较强的中资企业牵头投建的境外产业园，有利于降低国际化经营面临的不确定性和风险。

（3）民营企业“走出去”要立足长远，主动承担社会责任，争取当地社会的认可，防止出现负面形象和影响。民营企业在“走出去”的过程中，要主动与当地政府和民众沟通，了解并尊重当地文化习俗。在开拓业务时，不要做一锤子买卖，只出口不进口，吸收熟悉当地状况的员工，为当地创造更多的就业机会，还要注重保护当地的自然环境。否则难以融入当地社会与文化，甚至遭到当地政府和民众的强烈抵制，导致投资失败。中国电力投资集团投资建设的缅甸密松水电站项目，在很大程度上就是因为缺乏与民众的必要沟通而搁浅，中缅双方因此都遭受了巨大的损失。这种损失是民营企业难以承受的。

此外，民营企业海外投资还面临市场竞争日益加剧、融资成本高等经营风险。这些风险虽然是不可避免的，但只要制定长远发展战略，充分考虑东道国的法律、经济和文化环境，建立全面、灵活、长效的评估机制，聘请国内外专业的中介机构对项目进行必要的法律、财税等尽职调查，就可以将这些风险降到最低。

“丝路经济带”的历史厚度与现实高度①

根据世界银行的报告和新经济地理、新贸易理论，经济地理的革命性变化会对区域经济和城市发展产生重大的影响。我国倡议建设“一带一路”，就是引发世界范围内经济地理巨大变化的实践，必将在构建国际区域利益共同体、责任共同体和命运共同体的同时，重塑世界经济和城市发展的格局。

世界银行《2009年世界发展报告》认为，经济增长和城市繁荣在地理空间分布上是不平衡的，密度（density）、距离（distance）和分割（division）是导致区域经济发展、城市繁荣或衰落的“3D黄金法则”。这也是新经济地理和新贸易理论的主要观点。这里的“密度”指每单位土地面积的经济总量，反映经济的集中程度或经济活动强度、经济产出、全部购买力。“距离”包括经济距离和地理距离，指商品、服务、劳务、资本、信息和观念在地区之间流动的难易程度或成本。“分割”指对

① 发表于《上海证券报》2016年12月24日第8版。

商品、服务、资本和知识跨城、跨国流通的限制性因素，包括国界、行政边界、对内外开放度、贸易保护、资本流动管制、移民的限制等。世界城市化的过程本身就是城乡之间、城市与城市之间、国内与国际城市之间距离缩短、减少分割、提高密度的过程。缩短距离，是为了鼓励生产要素的流动与集聚。为此要建设便利和快速的公路、铁路、航空、内河运输、信息网络等硬性基础设施，以最大限度地减少运输和通信成本，形成高效的贸易网络，同时还须减少或破除文化、语言、政策等方面的障碍，从而缩短资本、货物、服务和劳动力自由流动的“无形距离”。减少或消除各种分割要求，缩减国家经济边界，融入世界市场，促进资本、人口等要素的流动，以实现生产的规模化和专业化及区域经济一体化。无疑，只有提高密度才能使城市由小变大，提高要素集聚的效率。“丝路经济带”的建设，有利于缩短亚欧国家之间的距离、减少亚欧国家之间的分割，加快经济要素的流动和集聚。正是从这个意义上说，它将重塑世界经济和城市发展的格局。

基于经济发展水平、交通条件和工具的限制，人类历史上最早出现的是大陆文明。这种文明一般产生在大河流域，以农业和手工业为主，较少依赖对外贸易，作为政治经济文化中心的城市也大多诞生在内陆地区。古埃及（尼罗河）、古巴比伦（两河流域）和古代中国（黄河流域）就是典型的例子。中国西汉时期，农业和手工业的发展促进了商业的繁荣，出现了长安（今西安）、洛阳等许多内陆大都市。为了联合西域各国共同抗击匈奴，汉武帝派遣张骞打通了前往西域的南北两条通路，后来发展成以长安为起点，联结欧、亚、非大陆的陆上古丝绸之路。依靠骆驼和马匹等运输工具，古代的陆上丝路不仅促进了中西经贸文化交流和友好往来，而且促进了沿路地区大量驿站和城镇的兴起。到盛唐时期，我国天山南北出现了安西四镇等重要商业城镇，长安和巴格达成了当时陆上丝路两端最重要的世界性大都市。据考证，汉代长安城规模是古罗马城的 3 倍，唐代长安城是汉代长安城的 2.54 倍、明代南京城的 2.03 倍、明清北京城的 1.45 倍、古罗马城的 6.39 倍、拜占庭的 7.29 倍、巴格达的 2.87 倍。

唐中期以后，造船、罗盘、火炮等技术的发展及运用，为大规模远洋航行和贸易创造了条件。尤其是 15 世纪奥斯曼土耳其帝国崛起并阻塞了陆上丝路后，中国和西欧国家开辟了海上丝绸之路。与海上航运相比，通过陆上丝路进行远程贸易，存在运量小、时间长、成本高、安全性低等局限。至明永乐之后，陆上丝路就彻底衰落了。伴随而来的是沿线内陆城市的渐次式微、衰败甚至消失，如我国的楼兰、伊拉克的哈特拉等。各国经济重心不断向沿海转移，并带来了港口城市的繁荣与发展。宋元时期，我国的广州、扬州、泉州等已成为对外贸易的大商埠，印尼的三佛齐（今苏门答腊）、印度的故临（今奎隆）、波斯湾地区的尸罗夫（已毁于地震）、吉什姆岛、亚丁等也因作为海上丝路的贸易中转站而得以繁荣。到了近现代，万吨巨轮的出现适应了发展大规模传统加工贸易的要求，又使沿海港口城市不断兴起。

进入21世纪以来，各领域的科学技术都取得了巨大突破，新材料、新能源的使用大大减少了生产过程物质的消耗及其对运输的需求，高铁、高速公路、现代通信技术等基础设施的建设，则有利于提高各国经贸交流的效率，降低其成本，为促进亚欧内陆欠发达国家经济和城市的发展提供了极好的机遇。在这样的背景下，我国倡议建设“一带一路”，就是要赋予古丝绸之路新的历史使命，将中西经贸文化交流和友好往来发展成为基础设施、制度规章、人员交流三位一体，政策沟通、设施联通、贸易畅通、资金融通、民心相通齐头并进的全方位、立体化、网络状的大联通。“一带一路”架构折射出的是，在继续推进海洋战略的同时，以重建陆上丝路为切入点，打通亚欧大陆的地缘隔阂，实现亚欧经济体的全面深度融合。这将促使经济和城市发展由港口导向转为高铁导向，从而彻底改变世界经济地理版图，搭起沿线城市新一轮规划建设的框架，进而促进亚欧内陆地区经济和城市的崛起。

“一带一路”产业园区探索共建共赢新模式①

我国提出“一带一路”倡议构想三年多来，不仅在经济全球化遭遇诸多挑战、经济全球化进程出现减缓迹象的情况下开创了共商共建、合作共赢的经济全球化新模式，而且探索或移植了许多具有中国特色的国际合作模式，如共建经济走廊、创新开发性金融、搭建商业交易平台模式、地方合作等。其中，通过建设产业园区的方式推进国际制造业合作，是“一带一路”倡议的主要内容之一。产业园区模式不仅为制造业提供必要的基础设施，还助力创建贸易与商业网络，能较快地带动中国的产能、资本、技术乃至标准出口，并给所在国带来很好的经济和社会效益，体现出多方面的优势。随着“一带一路”区域产业链的形成，“一带一路”倡议下的贸易关系也从传统的基于比较优势的产业间贸易升级为更加动态的、基于直接投资的现代产业内贸易。

据商务部统计，截至2017年3月，我国企业已在“一带一路”沿线20个国家建有56个经贸合作产业园区，累计投资超过180亿美元，为东道国创造了超过10亿美元的税收，超过了16万个就业岗位。

在“一带一路”沿线国家建设产业园区，是完全按照市场化模式建立与运作的。这可以根据企业自身发展的需要，并结合所在国家的资源禀赋、市场需求和发展战略等因素开展经贸合作，实现技术、产业和人才的集聚，整合当地及周边土地、劳动力和市场等生产要素，在推动我国输出富裕和优质产能的同时加强与当地的产能合作，促进沿线国家经贸合作、经济发展、产业升级，推动所在国家工业化和城

① 发表于《上海证券报》2017年5月15日第8版。

市化的进程。由于减少了政府行为，也更能得到东道国的认同和参与。因为国外政府在对投资来源的规定中，通常对中资民营企业投资开放程度比较高，对国有企业投资审查则比较严格，或明确要求国有企业投资占比不能太大。

在“一带一路”沿线国家建设产业园区，具有建设主体、投资规模、建设模式和园区功能等方面的灵活多样性。目前“一带一路”产业园区的类型主要有加工制造类、资源利用类、农业产业类、商贸物流类、科技研发类和综合开发类等，投资规模从几亿美元到几百上千亿美元不等。投资建设主体可以是东道国及其企业、我国国有企业和民营企业等。例如，由埃及泰达投资公司负责开发、建设、管理和招商的苏伊士经贸合作区旨在为中国企业赴埃及投资搭建良好平台，规划面积 10 平方千米，起步区面积 1.34 平方千米。目前已累计投资 7.8 亿美元，生产总值超过 6 亿美元。由民营企业红豆集团主导，联合中柬四家企业在柬埔寨唯一的国际港口城市建立的西哈努克港经济特区，根据当地农业人口过剩、劳动力密集、教育素质和工作技能相对偏低及劳动力成本低廉的特点，发展中低端的产业集群和出口加工型、劳动密集型企业，现在已成为柬埔寨重要的纺织产品生产基地，对西哈努克省的经济贡献率超过了 50%。红豆集团还在西哈努克省实施了一个百人培训计划，为当地培养专业技术人才。由烟台国有控股公司万华实业直接运用中国经济技术开发区的发展模式建设的宝思德经贸合作区，已经成为匈牙利借鉴中国发展经验的一个典型案例。由浙江民营企业华立集团利用当地工业体系比较发达、汽车制造业先进、丰富的橡胶资源和素质较高的劳动力资源，在泰国打造的泰中罗勇工业园，吸引了汽车、机械、家电等上百家中外企业入园，创造了“泰国工业唐人街”的奇迹，等等。

在“一带一路”沿线国家建设产业园区，更有利于打造经贸合作平台，引导我国企业尤其是民营企业“抱团式”“集群式”走出去。我国民营企业集中在纺织服装、箱包皮具、五金机械、建筑、商业批发零售等传统产业，切合“一带一路”沿线国家工业化进程初期的经济发展特点和居民消费需求。与经验丰富的老牌跨国公司和实力雄厚的国有企业相比，民营企业虽然缺乏国际投资和经营的经验与能力，但对市场环境的敏感和熟知度高，经营方式较为灵活，尤其是在过去已积累了不少资金技术和管理经验，“走出去”的意愿及其发展空间更大。“一带一路”建设进程的加速推进，为我国民营企业“走出去”，投资海外带来了千载难逢的机会。民营企业采取抱团出海的方式入驻“一带一路”产业园，有利于降低国际化经营面临的不确定性和风险。许多民营企业正是适应并利用和顺应了这种优势与趋势，加快布局海外市场，通过国际产能合作实现了自身的转型与发展。红豆集团、华立集团就是典型的例子。

“一带一路”沿线产业园区建设不仅是简单的项目建设，还包括设计、规划、融资、建设和运营、技术和人才培养等综合服务要求。3 年多来的探索实践表明，通过产业园区参与“一带一路”建设，中国不但给发展中国家带去了大量自有知识产权、技术创新和独特标准的产品、先进甚至独创的技术和标准，还培养了大量人才，并致力于推动技术、管理和经验人才的本地化，对推动我国企业尤其是民营企业经营的国际化、产业结构优化升级、创立品牌发挥了重要作用。

“一带一路”建设不仅是我国探索共建共赢经济全球化新模式的全新实践，也是我国移植、创新和拓展国际经济合作模式的过程。因此，如果能够充分发挥我国企业、东道国企业、第三方企业各自的优势，加强规划引导，推动产业融合，完善合作机制，那么“一带一路”产业园区建设将能进一步推进国际经济合作。此外，制造业合作既需要基础设施建设完善，更需要政策调整、贸易促进、双边贸易协定和投资协定等。因此，“一带一路”计划也应包括一些制度性安排，如落实双边投资保护协定，为境外园区提供法律保障，并推进自由贸易区的谈判，等等。

第四篇　互联网技术带来的影响

互联网如何改变企业的边界[①]

互联网和电子商务的迅速发展与运用，使企业的发展不再取决于资本规模的大小，而取决于对互联网技术的充分使用。

2010 年 8 月，仅淘宝网在线商品数量就超过 5 亿件，并且每天新增 1000 万件。这样的数据伴随着互联网和电子商务的迅速发展与运用，正在改变着我们对企业边界的认识及其生产经营方式。企业的发展不再取决于资本规模的大小，而是取决于对互联网技术的充分使用。只有准确把握这一趋势，企业才能在新的竞争格局中调整战略，求得生存与发展。

企业边界的传统认识

企业为什么会出现？是什么因素限制着企业的边界（规模和范围）？对这些问题的认识关乎企业发展目标的确立及其实现途径的选择。但由于企业是一种创新能力极强的组织，其存在形式和本质会随着创新发生不同程度的变化，又使得这些问题一直难以得到很好的解决。

传统西方经济学对于企业边界的认识可以追溯到古典经济学创始人亚当·斯密。他认为企业的存在及其边界与劳动分工密切相关；生产技术使劳动分工进一步深化，引起报酬递增和规模的进一步扩大。新古典经济学则把企业看作完全同质的追求利润最大化的生产者，认为在给定技术条件的最优化决策下，企业的规模边界是清晰而简单的。

与古典经济学和新古典经济学不同，新制度经济学则把交易费用（成本）作为企业存在与规模边界的决定性因素。罗纳德·科斯认为，企业和市场是两种不同又可相互替代的协调生产和资源配置的手段。在企业之外的市场中，价格机制调节着生产，在企业内部市场中交易被取消，由管理者通过行政组织机构来协调生产。这两种协调生产的手段都是需要成本的，包括相对价格的搜寻成本和市场交易的谈判与签约费用等。奥利弗·威廉姆森进一步从资产专用型、不确定性和交易频率三个维度对交易费用进行了定义。当企业内部的组织管理费用低于市场的交

① 发表于《法人》2010 年第 11 期，第一作者是蔡晓芬。

易费用时，企业作为一种替代市场的、更有效的资源配置方式就产生了。同样，企业规模扩大虽然可以降低生产成本，增加利润，但同时增加了组织管理的成本和市场交易费用。当规模扩大节省的交易费用的边际好处被组织管理成本上升的边际坏处相抵消时，企业的规模不再改变，否则就会出现总成本上升，利润反而下降的状况。

可见，在新制度经济学看来，企业的存在及其边界取决于企业管理费用与市场交易费用的比较，因而应该是明晰的；企业规模与市场规模存在此消彼长的关系，企业规模的扩大意味着市场规模的缩小。但实际上决定企业边界的因素非常多，包括外部的生产技术条件、交通通信环境、资本数量、信用制度、市场结构、产业结构、政府政策和法律法规等，以及内部的企业目标函数。这些因素都会影响企业的成本与收益状况，从而影响企业的发展和规模程度。尤其是在互联网络迅速发展的条件下，企业的边界变得更加模糊不清。

现代企业的边界及经营方式

互联网对企业边界和经营方式的影响是多方面的。首先表现在它既能使企业的有效边界扩大，又能使企业的有效边界缩小。利用互联网和电子商务平台，再小的企业也可以通过网络直销和外包形式把产品的生产与销售规模做得非常大，而不受资本的限制；大型企业则可以大大降低从订单的获取、原材料的采购、生产管理到产品销售各个环节的成本，从而使生产规模和销售渠道无限扩大。

其次表现在企业规模与市场规模可以同步扩大。在传统经济模式下，受生产要素可得性的制约和管理效率下降的影响，存在规模报酬递减规律，使得企业的规模与市场的规模存在此消彼长的关系。但在网络经济模式下，极低的网络使用费用和极其广阔的市场，加上定制化生产众多的产品和服务能分摊固定的初始成本，就可以实现规模报酬递增。充分利用网络传播和零售渠道，即使是满足需求曲线中那条长尾末端的需求，其销售规模也是相当大的。“长尾理论”告诉我们的就是这个道理。

互联网和电子商务对企业生产经营方式的影响更具有革命性，它创造了新的商业模式。这种模式能实现低成本迅速地开拓营销渠道。不管是大企业还是中小企业，只要进入电子商务平台，其产品就可以克服传统渠道的重重阻碍而在一夜之间推向全世界，完成传递产品和服务的信息、实施促销、进行销售等功能。有数据资料显示，目前互联网上的商品已经达到数十亿件。

此外，互联网也改变了传统工业时代大生产、大零售、标准化消费的典型模式，在市场细分进入微型化阶段仍可进行大规模的定制化生产，满足全球客户的个性化需求，并可以通过外包的形式实现从创意的形成、市场调研，到产品研发、生产与销售的外部化，将企业的重点转移到产品的服务、品牌和创新上，从而提升产品的附加价值。例如，经营枕头的“适之宝”枕工坊，就是通过互联网进行个性化定做，设计和生产了 12 大类、1500 多个规格的枕类产品，并采取加盟模式和电子商务将产品畅销到海内外 20 多个国家和地区。还有许多企业借助互联网和电子商务超越了空间界限，在全球范围内开展从原材料采购到产品开发、生产、宣传、销售、货款结算等各个环节的业务，不仅打开了外贸出口的新蓝海，还实现了企业的转型与升级。

加快向数字化企业转型

目前，互联网和电子商务已经广泛渗透到人们的生活和社会生产、流通、消费等各个领域中，对丰富人们的生活、改变企业传统的经营管理模式、有效降低交易成本、提高经济运行效率都起着越来越重要的作用。电子信息和互联网技术的升级，“手机淘宝”、电信网、计算机网和有线电视网“三网融合”、物联网的发展，以及其他移动终端接入互联网，将进一步打开电子商务更加广阔的发展空间。这意味着加快向数字化企业的转变，将成为企业在新的竞争格局中发展壮大的必然要求。

数字化企业是指那些将所有营销活动以数字化信息方式描述与再现，并通过互联网、电子商务、物联网等进行生产经营的企业，用公式表示就是：数字化企业=IP宽带网+ERP+电子商务。作为一种新的企业模式，数字化企业的重要特点是，充分利用互联网资源，借助电子商务开展个性化、精准化营销，为强大的客户群体进行定制化生产、柔性化管理，通过快速、有效地满足消费者的需求创造利润，以求得自身的发展。数字化企业跳出了传统企业的边界，其规模取决于数字化程度及其与电子网络的融合，甚至还可以实现企业的虚拟化。

由传统企业向数字化企业转化，是一个复杂而又系统的变革过程，不仅涉及数字技术问题，还涉及经营管理理念和方式等问题。为此要加快企业内部信息系统的建设，实现数字化技术、现代管理技术和制造技术相结合。同时要实现商务运营的电子化和网络化，充分利用互联网保持与外部客户、供应商的信息沟通，满足消费者的个性化需求。此外，鉴于网络传播的快速性和广泛性，尤其要加强对企业信誉的管理，有效防止或迅速化解企业的各种负面影响，避免出现“成也萧何败也萧何”的结局。

数字化企业的建立与运营还有赖于外部环境的完善。如计算机的普及和居民消费习惯的转变，互联网技术的发展与应用，上网、电子支付、物流配送的便捷与安全性，政府对网络直销、社会信用体系的规范化监管，相关法律体系及其配套政策的建立和完善，等等。这需要政府的推动和全社会的参与配合才能达到。

未来商机尽在“移动”中[①]

当人们还在沉湎于桌面电脑之间的互联互通时，移动互联网又扑面而来。移动互联网技术的发展及其应用，在进一步改变或颠覆传统产业的同时，也为改造传统产业、提高其竞争力提供了难得的机遇。对企业来说，如何应对未来“移动就是一切”“移动无处不在”带来的机遇与挑战，或将是一场生死的较量。

移动互联网时代已经到来

移动互联网是将智能手机、平板电脑等移动终端、移动通信和互联网三者结合为一体，实现 24 小时随身在线的一种技术和互联互通方式。移动互联网作为新一代互联网，不仅继承了传统互联网分享、开放、互动的优势，而且实现了随时、随地、随身、更快、更方便的互联互通，因而具有更广泛的市场和应用领域。随着 4G、5G 通信技术的广泛应用、智能手机的普及和网民使用习惯的改变，我国移动互联网的发展条件已经成熟，并以超乎大多数人的想象而得到迅速的发展。

中国互联网络信息中心（CNNIC）发布的报告显示，截至 2012 年 6 月底，我国网民数量已达到 5.38 亿，其中手机网民达到 3.88 亿，首次超越台式电脑网民的数量，网民中用手机接入互联网的用户占比由 2011 年底的 69.3%提升至 72.2%，手机已成为中国网民的“第一上网终端”。到 2013 年 9 月底，我国网民数量继续增加到 6.04 亿，其中移动互联网用户达 8.28 亿，3G 上网用户的规模不断扩大，达到 2.50 亿，占移动互联网用户的比重达到 31.7%。这些现象和数据表明，我国移动互联网迎来了高速发展的时期，即将进入移动互联网时代。移动互联网的应用正在改变人们的生活、休闲和工作方式，正如中国移动广告语说的那样——“移动改变生活”。越来越多的人在购物、用餐、出行、工作时，都习惯性地掏出智能手机，搜索信息，查看位置，分享感受，聊天交流，协同工作。每天有数以亿计的用户登录移动互联网，在上面停留数 10 分钟乃至 10 多个小时。如今，“移动”已经成为很多人日常生活的一部分，他们的生活方式和消费习惯也都因“移动”正在发生很大的变化。

移动互联网带来了无限商机

移动互联网的发展及其应用，在给人们的生活方式带来巨大变化的同时，对人类的生产经营活动也产生了巨大的影响。

移动互联网向诸多行业渗透对生产经营活动带来的影响，首先体现在催生了许多新的产业和新的商业模式，促进了传统产业的转型与升级。例如，O2O 模式

---

① 发表于《现代工商》2014 年第 4 期。

（Online to Offline，即线上订购，线下消费）由于具有价格便宜、购买方便等优势，可以运用于电子商务、租车租房服务、个性化产品设计、产品直销、线上促销等领域。如果说阿里巴巴、淘宝、eBay、易趣等桌面平台式电子商务的发展，给传统线下零售业带来了巨大冲击，那么，移动互联网则推动了传统电子商务的转型与升级，使电子商务有望迎来发展的第二个“春天”。调查数据显示，至 2013 年 9 月，我国电子商务销售额中有 37%来自移动端；43%的智能手机用户在购物时会使用移动端查询信息，而且这些比率还在快速上升中。又如，移动支付的产生与发展，催生着金融业的改革和创新。随着移动支付技术的发展与应用，出现了手机支付宝、微信支付、京东白条等移动支付产品，以及移动钱包、移动理财等新型金融服务产品。这些产品迅速蚕食着传统金融业务。艾瑞咨询机构调查数据显示，2013 年中国第三方移动支付市场交易规模达到 12 197.4 亿元，同比增速 707.0%，未来还将保持快速增长态势。传统银行业如果不充分利用互联网的优势，加快与移动互联网的融合，将丧失竞争力，甚至被市场所淘汰。

此外，移动互联网的兴起可以使物流业供需双方轻松地达成交易，解决信息沟通不对称等诸多现实问题，还可以节省大量人工成本，提供个性化的服务，有利于物流业开拓全新的营销推广渠道和市场。可穿戴设备技术的应用和普及，将使移动医疗行业呈现爆发式增长。借助移动互联网产生的移动营销、移动阅读、移动娱乐、移动教育、移动信息服务等，则将对广告、传媒、娱乐、教育等业态产生巨大的冲击，并带来新的财富增长点。

除商业模式创新外，移动互联网的发展及其应用还有利于提高传统行业竞争力。例如，旅游、酒店、餐馆、交通运输业等，可以通过提供免费 Wi-Fi 的方式吸引更多的客户，还可以借助移动互联网平台发布消费信息，让客户参与点评、体验、分享等活动，以降低营销成本，改善服务等。一些传统的制造企业和销售商也可以推出自己的移动商店，进行产品的宣传、推广和销售。

移动互联网之所以能改造成颠覆原有工商业运营模式，创新出各种各样以人为本的商业模式，不仅在于它拥有移动性、便利性、私密性等优越于传统互联网的特征，成为对传统产业链进行冲击、拆解、重组和融合的有效工具，而且在于它拥有无限的想象空间，可以变幻出无限的商业机会。作为当前和今后推动产业升级乃至经济社会发展最强有力的技术力量，移动互联网确实是一座亟待挖掘的大金矿。它的实际应用价值必将大大超过传统互联网。可以说，企业未来的商机尽在“移动”中。

企业如何抓住移动互联网带来的机遇

面对移动互联网给人们的生活和生产方式带来的巨大甚至是颠覆性的影响，企业只有及时转变经营理念，注重移动互联网的商务应用，才能从容应对各种挑战，进而捕捉到进一步发展的商机。也就是说，企业如果不去积极布局移动互联网，做好产品的创新，笼络移动客户群的话，就可能被移动互联网浪潮所淹没。

具体来说，企业首先要做的是尽可能实现生产经营活动的“移动化”，尽快向基于移动互联网的商业模式转型。在这一过程中，企业要充分了解移动互联网技术，并根据自身情况选择自建移动服务客户端，与有实力的电商移动平台进行合作，实现资源共享。例如，在微信已经成移动互联网最大应用平台的现实下，企业既可以自己做 APP 客户端，也可以通过设立微信账号等来扩展销售或推广渠道，提供客户服务。靠极致服务声名大噪的“海底捞”，就是通过试水移动订餐 APP 提供订座、点菜等服务来提高运营效率、吸引客户的。还有许多企业通过扫描二维码或者微信等方式来拓展销售渠道，与用户开展互动，结果获得了市场的广泛好评。

其次，企业应提高挖掘大数据的能力，及时了解并满足客户的需求。新技术的推广和应用改变的不仅是商业运营模式，而且会改变消费者的需求和消费习惯。因此，企业要善于利用移动终端诸如定位、浏览记录等技术，来获取客户的各种数据，揭示数据之间隐藏的关系、模式和趋势，把握客户的购买行为、消费偏好等信息，然后提供有针对性的贴心服务，这样才能有效发掘新客户群，拓展自身业务，创造新的业务，占领更多的市场。

最后，创立自己的 O2O 模式也是企业实现“移动化”的重要途径。O2O 模式是移动电子商务未来发展的主要模式。许多企业布局电子商务的动力，就是来自 O2O 概念和应用带来的市场机会。企业创立自己的 O2O 平台虽然是比较好的“移动化”路径，但需要从长计议，努力创立新的品牌。需要强调的是，任何一个企业与移动互联网融合，都一定要熟悉移动互联网技术，了解自身的优势和劣势，做好市场调研和消费者行为分析，始终把提升客户体验及满意度，增强服务的便利性、快捷性作为主攻方向，并坚持“内容为王”“质量为王”的原则。因为这才是提升企业竞争力和价值的根本。

“互联网+”天地无限①

看网上网下的一些评论，不少人将李克强总理在 2015 年政府工作报告中提出的“互联网+”理解为互联网与传统产业相结合，以实现对传统产业的改造与升级。例如，互联网加金融变成互联网金融，互联网加教育变成互联网教育，等等。笔者认为，如此理解“互联网+”未免太狭隘了，“互联网+”具有更广泛的意义和运用领域。

完整意义上的“互联网+”，在于把互联网当作一种通用技术或生产手段，运用

① 发表于《上海证券报》2015 年 4 月 1 日第 A2 版。

到经济活动各方面，使之转化为现实生产力。例如，当互联网技术（包括移动互联网、云计算、大数据技术等）和智能感知、识别技术与物相结合，就产生了“物联网”，实现了物与物的互联互通。当互联网技术和智能感知、识别技术与路相结合，就产生了“路联网”，实现了智能化道路交通管理、智能动态信息服务和智能化车辆控制的一体化。

又如，互联网与人结合，可望推动大众创业，打造大众创业、万众创新的新局面。我国人力资源丰富，蕴藏着无穷的创造力。但创业除了需要好的创意外，还需要成本投入和广阔的市场需求。互联网具有开放、共享、使用费用极低等特点，可为中小企业迅速打开市场提供“快车道”，这就为大众创业提供了便利、低成本的创业条件，既可让创业者们在创造财富的过程中，更好地实现精神追求和自身价值，又能扩大就业，让国民经济充满生机与活力。尤其对那些信息不透明、信用体系不健全、集中度低、发展不成熟的“心塞行业”来说，运用互联网工具有利于改善原有行业的痛点，获得更多的创业机会。在我国，阿里巴巴、京东等企业就是借助互联网创业并发展壮大起来的典范。

再如，互联网与城市结合，就会重新定义城市的一切，由此催生智慧城市。如今，互联网尤其是移动互联网正在迅速改变城市居民的生活、沟通、学习、休闲娱乐和消费方式，也在改变城市生产和服务的商业模式。互联网技术的发展及其应用正在使城市变得更加智慧，使城市生活变得更便利，更人性。

对中小企业来说，与互联网相结合能实现企业的创新与发展，甚至能使企业的能量呈指数级放大。这是因为以下几个因素。

其一，互联网为重建银行与中小企业的信用关系创造了条件，有利于化解中小企业融资难、融资贵的大难题。中小企业的信息基本是内部化的，信息不透明，难以赢得银行的信用。中小企业除了通过互联网金融获得信贷资金外，还可以利用互联网技术，定期向银行等利益相关者提供财务信息和经营信息，积极主动完善征信体系，方便银行对本企业信用信息的查询、交流与共享，由此有效解决信息不对称的问题，提高银行对企业的信用度和资金支持。

其二，互联网能帮助中小企业有效降低经营成本。除了融资难、融资贵外，中小企业的创新与发展还面临经营成本不断提高的压力。这种压力主要来自原材料价格、用工成本、资金使用成本，以及用地成本的不断上涨。由于互联网具有改变企业运营模式和方式的能力，中小企业充分利用电子商务的优势，就可减少原材料采购的中间环节，降低原材料采购成本，提高采购的效率和质量。借助互联网平台，中小企业还可获得消费者需求信息，重整销售渠道，以较少费用推介和销售产品，以极低的成本开拓市场，使产品和服务的定制化生产与销售具有可持续性。

其三，互联网为企业创新提供了技术支持。创新是企业发展的根本动力。中小企业在创新与发展过程中，尤其要突破集中、封闭、自上而下的传统经营理念，树立开放、共享、互动、融合的互联网思维，善于将自身的资源与互联网融合起来，提高创新能力，以实现经营管理方式、生产技术、产品和市场的创新。

例如，企业大可利用互联网制造粉丝效应，以实现市场的创新。在互联网经济下，市场的主动权已从生产者转移到了消费者手中，企业拥有了粉丝，就拥有了客户。所以，中小企业要充分利用互联网平台来培养、壮大粉丝群体，利用热情的粉丝免费为企业推广产品，扩大市场的影响力，实现市场创新。

又如，中小企业还可利用互联网平台随时捕捉消费者的需求信息以及对产品的评价，让消费者参与产品的研发、设计与生产过程，实现产品的创新。小米推出的 MIUI 操作系统，就是 60 多万“米粉”参与设计和开发出来的。另外，海尔让用户设计云电视的外形，匹克让客户通过网络定制跑鞋，都是充分利用互联网的力量实现产品创新的典范。

此外，中小企业运用互联网思维和精神可赋予企业经营管理以新的生命力，实现经营管理模式的创新。海尔开创性地提出“人单合一”的管理模式，就是基于对互联网时代用户、营销和制造三个方面观念的转变，让员工与用户融为一体，以经营每个用户的价值去经营企业，以适应互联网时代的要求。企业还可以利用互联网创立自己的 B2B（企业对企业）、B2C（企业对消费者）、O2O（网上与网下相结合）等商业模式，实现经营管理和营销模式的“移动化”、网络化，提高企业的竞争力和生存发展能力。

“互联网+”大数据提升中小企业竞争力①

早在 1980 年，美国著名思想家、未来学家阿尔文·托夫勒就预言，大数据将成为第三次浪潮的华彩乐章。如今，互联网技术的发展与应用，不仅使大型企业依托大数据实现转型与升级成为可能，而且为中小企业利用大数据进行创新、提高竞争力提供了有效的途径。

互联网的发展催生大数据时代的到来

大数据又被称为巨量数据或海量数据，指由大量结构复杂、类型众多的数据构成的数据集合。大数据能帮助企业深入了解市场和客户，提高经营管理决策水平和竞争优势，因而成为一种重要的信息资产。近年来，随着互联网尤其是移动互联网的跨越式发展，以及以平板电脑、智能手机和传感器为代表的移动智能设备的广泛普及，数据生成呈现出惊人的增长趋势。国际数据公司（International Data Corporation，IDC）的研究表明，2011 年全球产生的数据量高达 1.82ZB（1ZB=1024EB，

① 发表于《现代工商》2015 年第 6 期。

1EB=1024PB，1PB=1024TB，1TB=1024GB），相当于全球每人产生 200GB 以上的数据。国际商业机器公司（International Business Machines Corporation，IBM）2015 年的研究显示，过去两年全球产生的数据占整个人类文明所获得的全部数据的 90%，到 2020 年，全世界所产生的数据将增长到今天的 44 倍。人类社会已进入大数据时代。

大数据具有在线、多样化、海量、快速、灵活和复杂等特征。数据在线是指所有数据能随时调用和计算，这是大数据区别于传统数据最大的特征。互联网的快速发展产生大数据，大数据反过来驱动互联网的应用和商业模式的创新。借助互联网和现代信息收集与处理技术，原本很难收集和使用的数据就能很容易地被利用起来，并释放出巨大的潜能，可以为企业创造更大的价值。在“互联网+”大数据时代，中小企业也因此将面临新的机遇和挑战。一方面，数据将成为一种信息资产，数据开放将成为一种潮流，互联网将最终演变成智能的数据网。由此带来的“数据民主”，有利于中小企业像大企业那样高效地使用数据，与大企业展开竞争。另一方面，中小企业在探索“互联网+”模式和大数据应用方面存在资本、技术和人才缺乏等问题，如果盲目、不切实际地追随大企业布局互联网和大数据平台，难免陷入不进行转型是等死，进行转型是找死的尴尬境地。

“互联网+”大数据对提升中小企业竞争力的作用

互联网和大数据正在改变人类的生产与生活方式。对中小企业来说，大数据不是大企业拥有的特权，中小企业如果能结合自身优势和特点，通过各种手段因地制宜地收集和利用大数据，就能更好地把握“互联网+”带来的机遇，改善其产品和服务，提升客户和受众的体验，进而提升自身的竞争优势。

（1）“互联网+”大数据有利于提升中小企业的创新能力。首先，产品创新对于突破中小企业基础薄弱、装备水平差等瓶颈，提高产品档次和附加值等具有重要意义。大数据则有利于中小企业深入了解消费者的偏好和行为，精准地定位产品，研发创新出满足消费者需求的产品。其次，大数据有利于调整企业的经营管理模式，实现管理创新。为了充分发挥大数据所蕴含的价值，中小企业必须重视对数据的分析与应用，树立大数据思维，从产品供应、营销模式到竞争策略主动适应大数据时代带来的机遇与挑战，进行相应的改革与创新，让大数据成为企业的关键竞争力。

（2）“互联网+”大数据有利于中小企业建立完善的用户体验与反馈机制。企业产品售后信息的反馈可以使中小企业变被动为主动，及时改善产品和服务，使产品和服务更好地满足消费者的需求。因此，产品售后反馈的信息，是企业数据分析的重要内容之一。通过对用户评价大数据的分析挖掘，企业能够更有针对性地改善用户体验，促进产品营销。

（3）“互联网+”大数据有利于中小企业实施产品个性化、定制化生产和营销。

中小企业具有生产规模小、产量低等特点，只有提供个性化、差异化的产品和服务才能脱颖而出。但为单个客户或小批量多品种市场定制任意数量产品的生产模式，需要达到一定的规模才能降低成本，获得更多的利润。通过互联网让用户介入产品的生产过程，就能够低成本地提高定制生产的规模和速度，满足用户个性化需求，甚至在商品或服务上匹配用户的心情。通过分析来自消费者行为的大数据，能够帮助企业设计生产个性化产品，进行个性化产品营销。此外，企业还可以根据数据平台及时收集价格数据，实现自动定价，甚至可以对具有不同购买能力的消费者进行量身定价，将折扣信息一对一地反馈给消费者。

（4）“互联网+”大数据有利于中小企业建立信用体系。长期以来，中小企业与银行之间存在信息不对称，在发展过程中经常遇到融资难、融资贵等问题。中小企业融资难主要是因为其会计信息不充分与不规范、缺乏信用记录，很难用常规方法评估其还款能力。因此，运用互联网平台，建立“大数据信用”有助于打破以财务信息为核心的传统信用评价思维，通过对企业留存在电子交易系统和政务平台的客观信息进行全自动、大批量的客观信用评价，解决中小企业融资问题，使得企业更加注重管理运营，建立良好的社会信用。

中小企业如何挖掘并利用大数据

基于互联网平台和大数据可以为中小企业创造巨大的优势，提升企业竞争力，中小企业如何利用互联网收集、挖掘并利用大数据就显得尤为重要。

（1）实现互联网在线。大数据主要来源于互联网，尤其是移动互联网。大数据的收集在于实时在线。这要求中小企业充分利用互联网平台，将数据收集从线下拓展到线上，及时收集与反馈消费者和用户的信息，以此作为企业调整经营策略、提升市场竞争力的依据。

（2）数据收集要从“小”着手。“小”意味着数据小、技术难度小。中小企业要充分认识自身技术、人力和财力等方面的不足，依据对数据的需求，善于灵活使用现有 Tableau、IBM 大数据平台、大数据魔镜等收集与分析软件工具，缩小数据收集范围，找准切入点，选择技术难度小、具备一定商业价值的领域作为大数据应用的试点，通过不断地测试和验证，积累经验，节省数据收集的时间和成本。

（3）与社会媒体建立联系，以获取所需要的数据。一方面，中小企业通过与社会媒体建立联系可以加强数据的获取能力，解决数据匮乏的问题；另一方面，中小企业可以建立自媒体，如当下非常火的企业微博、微信等，促进企业与消费者的交流和互动，培养忠实的会员和粉丝。通过社会媒体和自媒体收集与分析优质客户的各项数据，不仅能形成优质的大数据资源，提高企业决策水平，还能通过不断地互动、分享和体验，引导、强化会员消费者对企业及其品牌的认同，实现产品销售的可持续性增长。

（4）切实提高数据的分析和处理能力。大数据的战略意义不仅需要掌握庞大的数据信息，而且要对这些数据信息进行专业化处理和商业价值分析。为节省成本，企业在利用大数据进行决策之前，要做好数据需求和价值的分析，并确认核心数据的属性，建立海量数据与核心数据、内部数据与外部数据间的关联标准，选择最具商业价值的数据。

（5）产业联盟与互联网融合是中小企业分享“互联网+”大数据红利的理想选择。中小企业通过组建产业联盟，依靠数据资源整合，大平台的构建以及商业模式的创新，就能更加便捷有效地利用大数据资源，帮助自身完成技术创新、管理创新和转型升级。例如，国内首家 PVC 中小型管材企业产业联盟——“PSA 联盟”的成立，就开创了“大数据+电商+互联网金融”模式，对促进入盟的中小型企业更好地享受互联网时代给传统制造业企业带来的盛宴和机遇发挥了积极作用。

移动互联网的力量①

2015 年 6 月 5 日，继创业板、中小板指数屡创新高后，上证指数也在 7 年后再次突破 5000 点，创下 2008 年 2 月以来的新高。在经济增长速度放缓，上市公司估值得不到基本面支撑的背景下，沪深股市高歌猛进，确实令国内外众多分析师倍感困惑，不知如何从学理上来解释。以笔者的观察，除了货币宽松、杠杆融资等因素带来大量增量资金外，移动互联网技术的发展及其应用对推动本轮大牛市功不可没。

移动互联网由于能随时、随地、随身、更快、更方便地实现互联互通，因而被广泛应用于其他领域，尤其适合个人投资者参与股市交易。只要拥有一部智能手机，人人都可随时随地看盘并交易股票。随着移动互联网的发展，我国目前智能手机的普及率已经超过 70%。据工业和信息化部统计，至 2015 年一季度末，全国移动互联网用户总数达到 8.83 亿。这成为个人投资者开户数和入市资金大量增加，进而助推股市持续上涨的重要原因。

20 多年来，沪深股市的中坚力量始终是散户。这与以机构投资者为主的发达国家股市完全不同，与我国香港股市的构成也有很大不同。在西方成熟资本市场，机构投资者大多占 70%左右，美国机构投资者（养老保险基金、投资公司、保险公司、银行和共同基金、对冲基金等）占比更是高达 90%，美国人很少自己炒股。而据香港证券交易所调查资料显示，2012～2013 年度，我国香港股市中机构投资者的交易

① 发表于《上海证券报》2015 年 6 月 9 日第 A2 版。

占市场总成交金额的61%（2011～2012 年度为63%），个人投资者交易占比为22%（2011～2012 年度为 21%）。而沪深股市以散户为主、机构投资者占比过低的格局始终没有改变。目前，沪深两市股票账户数超过 2 亿，至 2015 年 5 月 15 日持仓 A 股账户数为 6595.57 万，其中自然人投资者开户数及交易量都占到 80%以上。机构投资者以证券投资基金为主体，基金、保险、社保、合格的境外机构投资者（Qualified Foreign Institutional Investors，QFII）四大类长期资金持股市值只占总市值一成左右。随着股市赚钱效应的扩散和移动互联网技术的发展及其应用，个人投资者开户数及其交易量还在进一步提高。仅在前周，沪深两市新开股票账户就达到 440 万，再度创下新纪录。虽然绝大多数单个散户的资金都在 10 万～50 万元，但由此形成的资金和交易规模却非常大，导致成交量屡创新高。2015 年 5 月，沪市成交量达到 2.6 万亿美元，高出纽约证券交易所 5 倍，上海和深圳市场的成交量加起来则是纽约证券交易所的 10 倍。2015 年 6 月 5 日，沪深两市成交量在高企数周后达到 2.3 万亿美元，超过 100 日平均交易额 74%。

由于散户贡献着不可忽视的佣金量，券商也在充分利用移动互联网技术推出非现场开户、APP 客户端信息推送、移动转账等新型业务，并通过降低佣金吸引更多中低净值客户参与到股票交易中来，利用自身所拥有的大数据资源，针对不同类别高净值客户提供差异化产品和服务。这就进一步扩大了股票市场个人投资者队伍，给股市带来更多的增量资金。

对个人投资者来说，移动互联网技术的发展及其应用可以降低交易成本，方便看盘和买卖股票。如今，移动互联网大大方便了股市投资，使炒股不再是少数人的“专利”。有新闻报道说陕西省出现了一个“炒股村”，全村 100 多名农民边种地边炒股，体验着股市的涨涨跌跌。据《新华每日电讯》记者调查，有 31%的大学生也在炒股，其中投入 5 万元以上的占 26%。对上班族来说，用手机看盘并交易，则可以克服桌面电脑及其互联互通对炒股的限制，“偷偷”地分享股市盛宴。此外，微信、QQ 等移动网络社区也为股民提供了及时的信息交流、讨论工具，可以加速并扩大信息交流与传播。这对股民学习股票投资知识、获取股票投资信息、交流股票投资经验、把握投资选股机会都起了莫大的作用。

当然，和其他科技创新一样，移动互联网也会“放大”其功能——无论是优点还是缺点。在对股票交易和信息传播与交流产生革命性突破的同时，移动互联网也给人们的生活工作以及股市的健康发展带来许多负面影响。例如，上班族和大学生在上班与上课时忙于用手机看盘和交易，就难以专心工作和听课，势必影响工作和学习效果。又如，手机买卖股票的便利性吸引了大量毫无投资经验、从来没经历过熊市、对风险毫无意识的投资新人，他们频繁操作，推高换手率，加上移动互联网在信息传播与交流方面的开放、及时、成本低、效果好、风险小等特点，也给造谣、传谣提供了方便，这又难免造成市场大震荡，产生“肥尾效应”。因此，基于沪深股市在相当长时期内还是散户占绝对优势的情形，为了股市的长远健康发展，证券交易所和证券公司需要主动适应移动互联网在证券市场的发展趋势，提升证券交易系统，利用互联网、移动互联网加强对个人投资者股票投资知识与风险教育，培养长期投资理念。管理层则应从保护个人投资者利益、维护股市健康稳定发展的大局出发，推动各类机构投资者长期资金入市，不断完善对互联网的监管。

大数据为中小企业插上创新翅膀①

35年前，美国著名思想家、未来学家阿尔文•托夫勒在风靡一时的《第三次浪潮》中预言，大数据将成为第三次浪潮的华彩乐章。如今，互联网技术的发展与应用催生了大数据时代，大数据正释放出巨大的潜能。“互联网+大数据”不仅为大企业实现转型与升级创造了条件，也为中小企业的创新与发展带来了新机遇。

大数据是由大量结构复杂、类型众多的数据构成的数据集合。在现实世界中，各种各样的数据以碎片化的方式不断地产生。随着互联网尤其是移动互联网的发展，移动智能终端、智能家居、传感器、物联网设备等的广泛普及，人类活动在互联网留下的数据更呈现出惊人的增长趋势。IBM的研究显示，过去两年全球产生的数据占整个人类文明所获全部数据的90%，到2020年，全球产生的数据将是今天的44倍。

数据的产生与存在是一回事，收集、处理与利用则是另一回事。当互联网和现代信息收集与处理技术的发展及应用使原本难以收集和处理的数据变得极为便捷并释放出巨大潜能，人类社会才真正进入大数据时代。可见，互联网的快速发展加速了数据的产生，而大数据的利用价值又驱动了互联网的广泛应用和商业模式的创新。同时，大数据区别于传统数据最大的特征就在于互联网在线。互联网在线使所有数据能随时调用和处理，并可用来帮助企业深入了解市场和客户的需求与行为，提高企业经营管理决策水平和竞争优势，为企业创造更多价值，因而成为一种重要的信息资产。加上互联网的开放性与共享性带来的“数据民主”，为中小企业创新提供了有效途径。

在企业竞争演变为如何有效利用互联网和大数据竞争的时代，中小企业若能结合自身的优势和特点，善于挖掘和利用大数据，就能更好地把握“互联网+”带来的机遇，提高自身的核心竞争力。

中小企业融资难、融资贵主要源于其自身规模小，可供抵押资产少及信用等级偏低而受到银行歧视。运用互联网平台和大数据则有助于中小企业积累日常资金与货物往来、交易、客户等大数据信用资产，提升自身的信用等级，改变以财务信息

---

① 发表于《上海证券报》2015年6月17日第A2版。

为核心、以实物担保为基础的传统银行融资模式，以较低成本获得银行和其他互联网金融的融资。

随着原材料、用工用地和资金等成本的上升，中小企业经营成本越来越高，获利空间越来越小，甚至陷入生产经营难以为继的境地。为此，中小企业若能利用互联网和电子商务技术建立电子化采购系统，在收集和分析众多供应商的相关数据的基础上筛选，就能大大减少中间环节，在降低原材料采购成本的同时，提高采购效率和质量。借助“互联网+大数据”分析市场和消费者的需求与行为，中小企业还能以较少的费用重整销售渠道，推介和销售产品，降低营销成本。通过收集和分析优质客户的数据，加强互动、分享和交流，还可以引导、强化会员消费者对企业及其品牌的认同，实现产品销售的可持续增长。

“互联网+大数据”有利于提升中小企业的创新能力。首先，“互联网+大数据”可以帮助中小企业深入了解消费者的偏好和行为，精准地定位产品，提高个性化、定制化产品生产和营销的规模与速度，满足用户个性化需求，并获得更多的利润。其次，“互联网+大数据”有利于中小企业建立完善的用户体验与反馈机制，通过对用户评价大数据的挖掘与分析，能够更具针对性地改善用户体验，让消费者参与产品的设计，促进产品创新。最后，中小企业为了让互联网和大数据成为核心竞争力，从产品创新、生产和营销模式到竞争策略就需相应改革与调整，由此必将推动企业经营管理方式与模式的创新。

中小企业提高利用互联网收集、挖掘并利用大数据的能力，先要实现互联网在线。大数据主要来源于互联网，尤其是移动互联网。大数据的收集在于实时在线，这就要求中小企业充分利用互联网平台，将数据收集从线下拓展到线上，及时收集与反馈消费者和用户的信息，以此作为调整企业经营策略、提升市场竞争力的依据。数据收集要从“小”着手。中小企业要充分认识自身技术、人力和财力等方面的不足，依据对数据的需求，善于灵活使用现有大数据收集与分析软件工具，缩小数据收集范围，找准切入点，选择技术难度小，商业价值大的数据进行收集、测试和验证，积累经验，节省数据收集的时间和成本。

另外，积极探索获取所需数据的新模式和新方法。例如，中小企业可通过微博、微信等自媒体，强化和消费者的交流与互动，培养忠实的会员和粉丝。通过与社会媒体建立联系，可以加强数据的获取能力，解决数据匮乏的问题。通过组建产业联盟及其数据资源整合，构建“大数据+电商+互联网金融”的创新商业模式，更加便捷有效地利用大数据资源，帮助自身完成技术创新、管理创新和转型升级。

中小企业还要建立海量数据与核心数据、内部数据与外部数据间的关联标准，提高数据的专业化处理和商业价值分析能力，在充分发挥大数据所蕴含的价值的基础上，实现企业的创新与发展。

跨境电商重塑外贸格局[①]

近年来，我国在传统对外贸易下降之际，跨境电子商务逆势增长，2015 年增速高达 30%，成了外贸发展新增长点。据商务部数据，2013 年我国各类跨境平台企业已逾 5000 家，通过平台开展跨境电子商务的外贸企业超过 20 万家，总交易规模达 3.1 万亿元。商务部预测，2016 年我国跨境电商进出口贸易额将达 6.5 万亿元，未来几年跨境电商占我国进出口贸易比例将会提至 20%，年均增速 30%。若果真如此，就像电子商务极大冲击了零售业一样，跨境电商很可能重塑我国对外贸易格局，引发对外贸易的巨大变革。

跨境电子商务也就是“互联网+外贸”，它借助互联网技术实现商品和服务的跨境交易。因具有开放、高效、便利、进入门槛低等优势，跨境电商不仅冲破了国家间的障碍，拓宽了进入国际市场的路径，使国际贸易走向无国界贸易，成为发展对外贸易的新模式、新引擎之一，而且还能带动产业和就业发展、增加收入、满足居民需求，为经济发展提供新动力。

目前，跨境电商模式有海淘（B2C）、海代（C2C）、直发/直运平台模式（B2C）、自营模式（B2B2C）、海外直采（B2C）、闪购模式（第三方 B2C）等。海淘是通过国外网站或淘宝上的代购店跨国交易，并通过转运或直邮送达商品。海代是通过海外代购平台或朋友圈代为购买并通过跨国物流送达商品。淘宝全球购、京东海外购、美国购物网都是比较大的海外代购平台。直发/直运平台模式是电商平台将消费者订单发给批发商或厂商，再由批发商或厂商零售，如天猫国际、洋码头、跨境通、苏宁全球购等。自营模式是自建网络平台、备货、跨国销售，如亚马逊、1 号海购、中粮我买网等。海外直采是从国外市场直接采购、运回、存储商品后，再通过线下店或网店销售给终端消费者，如京东全球购、绿地全球商品直销中心等。闪购模式是在互联网平台以限时特卖的形式，定期定时推出国际知名品牌的商品，供专属会员限时抢购。如蜜淘、天猫国际、环球闪购、聚美优品海外购、唯品会全球特卖等。这些模式的发展状况取决于语言沟通、支付手段、物流方式及其速度、价格竞争力、退换货及其成本、假货仿货风险等状况。相对来说，那些能满足个性需求和情感，中间分销环节少，价格、信誉和物流等方面具有竞争优势的模式，将成为跨境电商的主流模式。

我国跨境电商得到迅速发展有多方面原因。首先，互联网技术的发展及应用，为跨境电商提供了技术支持。相对传统国际贸易，跨境电商通过互联网发布商品信息、交易和支付，能有效打破渠道垄断，降低进入门槛，节约交易成本和交易时间，

① 发表于《上海证券报》2016 年 2 月 5 日第 7 版。

开拓营销渠道，这不仅提高了营销方式的灵活性，还为中小企业创建品牌、提升品牌知名度提供了有效途径，尤其能给一些“小而美”的企业创造新的发展空间。我国正因为具有互联网技术和市场规模的比较优势，才抢得先机与美国一道成了全球跨境电商中心。其次，跨境电商实现了小订单与小需求的对接，符合消费模式转化的新特点，满足了多元化需求。随着收入水平的提高，消费需求和消费观念的升级，我国居民对食品安全和商品品质、品牌、品类、价格等方面提出了新要求。我国传统中低端消费品制造能力非常大，供给严重过剩，但同类高品质消费品却供给不足，跨境电商为这部分需求涌向海外提供了渠道。最后，政府的支持为跨境电商创造了良好环境。在全球经济前景不佳，国际贸易增长速度下降的背景下，我国政府希望跨境电商成为发展对外贸易的新路径和增长点，应对跨太平洋伙伴关系协定的冲击。2014 年 7 月海关总署发布《关于跨境贸易电子商务进出境货物、物品有关监管事宜的公告》，确立了跨境电商的合法地位以及对跨境电商的监管框架，认可了业内通行的保税模式。国务院 2015 年 3 月批复设立全国首个跨境电子商务综合试验区——杭州综试区后，又在 2016 年 1 月批复同意在天津、上海等 12 个城市设立跨境电子商务综合试验区。加上大多数国家尤其以美国为代表的发达国家对国际电子商务免征关税，这些将为跨境电商的发展带来更多政策红利。

未来我国跨境电商的发展空间极大。从国内需求看，艾瑞咨询发布的《中国跨境网络购物研究报告》显示，在 2014 年网购用户中，跨境网购比例仅 15.3%，以 80 后、90 后为主，这意味着跨境电商的市场潜力还很大。从国外需求看，“一带一路”相关国家和我国经济互补性强，对外贸易增长快，尤其越来越多的洲际铁路运输线建成，运输时间和成本大大降低，有利于突破跨境电商发展的物流瓶颈。从产业发展看，跨境电商涵盖营销、支付、物流和金融服务的完整产业链。跨境电商的发展有利于优化外贸产业链，帮助传统外贸企业转型升级，增强外贸企业竞争力，有利于帮助创业创新和中小微企业快速进入外贸市场，捕捉市场新变化，打造更多国际品牌。

此外，在资本和技术支持下，各路玩家纷纷进入跨境电商领域，大型跨境电商企业和平台、全球物流供应链服务商的出现，为行业发展提供了坚实的后盾。这将重塑我国的对外贸易格局。

跨境电商让中小企业脱胎换骨①

跨境电子商务也就是“互联网+外贸”，它是借助互联网技术实现商品和服务跨境交易的新兴贸易业态。近年来，在全球经济复苏和国际市场需求增长乏力，对外

① 发表于《上海证券报》2016 年 2 月 24 日第 A2 版。

贸易增速放缓的情况下，得益于互联网技术的发展及应用，消费需求和消费观念的升级，以及政府的支持，我国跨境电子商务却保持了年均30%以上的增长速度，成为对外贸易增长最快的领域。中小微企业如能准确把握这一新趋势带来的机遇，充分利用跨境电商开放、高效、便利、进入门槛低等优势，或将开辟直面全球市场的新渠道，加快“走出去”的步伐，实现全面转型与升级。

对外贸易由于需要应对各国错综复杂的环境，贸易线长面广、风险大，所以成为大企业的专属。中小微企业受制于资金、成本、人才、经验等条件的限制，在对外贸易中始终处于劣势。而跨境电商平台可提供专业服务，使复杂的国际贸易变得简单、透明，为中小企业开辟了参与全球经济贸易的有效渠道，大大降低了企业进入国际贸易的门槛，使中小企业能与大企业平起平坐、公平竞争，开拓营销渠道，提高营销方式的灵活性。

随着我国人口数量红利逐步消退，劳动力成本不断上升，劳动密集型出口产业竞争力下降，出口订单和产能快速向周边国家转移。在这种情况下，继续通过向贸易公司开展进出口业务，又进一步压缩了利润的空间。相对于传统贸易来说，跨境电商通过互联网发布商品信息、交易和支付，可大大降低进出口成本和交易时间，创造效率和成本优势，提高企业效率和利润率。这大大有利于提高中小企业竞争力和利润率，进而求得生存与发展。

跨境电子商务还为中小微企业“走出去”，利用国际市场和国际资源实现转型升级提供了有效途径。外贸发展受资源能源供给、市场发育、环境支撑、进出口渠道等因素约束。改革开放以来，我国主要依靠生产要素投入逐渐发展成了制造大国，并通过欧美等先进国家成熟的贸易体系向全球销售产品。但面对资源紧张、环境污染、国际竞争加剧、高标准贸易新规则等的挑战，加上海外市场规范化程度高，知识产权保护制度比较完善，我国原有的经济发展模式和对外贸易模式难以为继。跨境电商不仅有利于激励中小企业创新与研发，通过进入外贸市场捕捉市场新变化，为创建品牌、提升品牌知名度提供了有效的途径，而且有利于促进企业由外延式生产方式向内涵式生产方式转变，并打造自身的贸易体系和网络，实现由内销向外贸转变，由单纯的制造向工贸一体转变。

跨境电商有赖于全球互联网、现代物流和支付以及电商平台的发展。中小微企业利用跨境电商开展对外贸易，实现转型升级，除需要转变观念，加强对跨境电商的正确认识，进行战略规划外，最重要的是找到合适的实施方式。

2014年被认为是我国跨境电商的元年。眼下跨境电商以进口为主，属贸易逆差。未来我国跨境电商的发展空间非常广阔：2014年我国网购用户中，跨境网购比例仅占15.3%，以80后、90后为主，增长潜力可观；跨境电商的出口贸易增长点集中在拉美、非洲、“一带一路”沿线国家和地区等新兴市场。欧亚大陆洲际铁路运输线的建成将大大降低运输时间和成本，突破跨境电商发展的物流瓶颈，促进跨境电商的发展；跨境电商涵盖营销、支付、物流和金融服务的完整产业链，有利于优化外贸产业链，助推传统外贸企业转型升级，增强外贸企业竞争力，实现可持续发展。

移动互联网催生“零工经济”就业模式①

继 18 世纪末蒸汽机革命、19 世纪末电气化革命和 20 世纪 50 年代计算机革命之后，以数字技术、物理技术、生物技术有机融合的第四次科技革命正席卷而来，从根本上改变着我们的生产、工作和生活方式，尤其给就业市场带来了翻天覆地的变化。其趋势是，传统类全职工作越来越少，大量就业岗位将被机器人所替代，工作保障不再是人们关心的重点。

新科技革命给就业市场和工作方式带来的冲击是巨大的，有些是具有颠覆性的。许多机械性、重复性和手工操作的工作将被机器人代替，如农场工人、工厂工人、汽车司机、厨师等。生物技术、移动互联网、物联网、云计算、大数据等的运用，使很多工作变得非常简单，工作量剧减。例如，基因检测技术的运用及其成本的下降，使健康保险公司预测健康风险的工作大幅减少，直接影响保险公司的经营业绩，保险精算师和保险代理或将消失。又如，由于生物技术、大数据和计算机处理技术能大大提高对相关事务的预测率和解读能力，许多大病可提前预知，证券投资更可以程序化操作，部分法律服务可由机器人取代，这会让有些医生、投资咨询人员和律师助理等陷入无用武之地的尴尬。而企业经营的互联网化、3D 制造技术的运用等将削减更多的工作岗位，由此引发的下岗潮或在银行业表现得最为突出。近几年来，许多银行每年削减约5%的工作职位。如果这种趋势持续下去，那么未来几年银行职位总削减量将接近 40%。基于此，哈佛大学 Carl Benedikt Frey 和 Michael Osborne 预测，发达经济体中不久会有 40%～50%的工作要么转型、要么消失。

新科技革命在给就业市场带来巨大冲击的同时，也使有些职业成了受益者。例如，计算机软件与应用开发人员、中学教师、全科医生、企业高级管理者等，以及将来被新技术创造出来的其他新工作。

可喜的是，移动互联网、APP、移动支付等新技术为“大众创业，万众创新”提供了低成本、大市场、收效快的机会和共享平台，这使得各种新业态、新经济层出不穷，带来了大量新的就业机会，也改变了传统的就业和工作方式。大家现在就能感受到的是，自谋职业、短期合同类工作、季节工和非全日制工作渐成就业主流，即使全职就业也出现了兼职化倾向。个人的工作和职业的边界、私生活和工作之间

① 发表于《上海证券报》2017 年 7 月 18 日第 11 版；《山西日报》2017 年 7 月 19 日第 15 版全文转载；《电子技术与软件工程》2017 年第 15 期全文转载。

的边界变得越来越模糊。不是许多有正式工作的人利用空闲时间开网约专车，兼职经营淘宝网店吗?

随着就业形式越来越多元化，“零工经济”催生出了个人工作和雇佣相分离的新型工作模式。“零工经济”是一种门槛很低的“U”盘式就业方式。它打破了工业时代以来形成的劳动雇佣模式和朝九晚五的工作方式，解放了人的时间和创造力，增强了劳动者就业的灵活性，提高了劳动供求的匹配效率，激发了千千万万的个体通过灵活就业实现自身价值的热情，这对改变劳动力资源配置、产品供给、市场结构、企业组织（初创企业不微型化）等都将产生深远影响。

“零工经济”具体有两种类型：第一种是利用互联网平台从事各类自由职业的新型就业方式。例如，通过网络直播获得虚拟礼物和流量广告收入，通过发表网络文学获得读者打赏，通过猪八戒网等把自身的智慧、知识、能力和经验转换成实际收益，通过网约车平台承揽专车业务，通过爱彼迎（Airbnb）等网络平台分享资源，获得收入等。据公开或报告数据，微博打赏功能开通后，2015 年 1 月到 11 月微博打赏收入总计 4454.1 万元，参与打赏的用户超过 50 万，接受打赏的微博作者达到 20 万。截至 2016 年 6 月，我国网络直播用户规模达到 3.25 亿，占网民总体的 45.8%。到 2016 年 4 月，滴滴出行平台已为 1330 万名司机提供了就业机会。目前国内领先的服务众包平台猪八戒网，注册用户超过 1600 万，服务品类涵盖平面设计、动画视频、网站建设、装修设计、文案策划、工业设计、工程设计、营销推广等。网站日均交易量在 5000～10 000 笔，日均访问量 4500 万余次，年均复合增长率超过 200%。第二种是被新技术革命“淘汰”或应用新技术革命被动或主动成为自由职业者。他们主要进入快递、建筑、交通、家政、个人服务、医疗、法律和创意产业等领域。截至 2016 年初，全国快递员有 203.3 万，比 5 年前增长约 3.4 倍。从世界范围看，2016 年麦肯锡的研究报告显示，“零工经济”从业者与劳动人口占比从 2005 年的 10%增长到 2015 年的 16%，如今有 20%～30%的人或多或少从事独立非传统的工作，美欧自由职业者高达 1.62 亿。从 2017 年到 2025 年，这些独立非传统工作产生的年均收益将达 1.3 万亿美元。

正如诺贝尔经济学奖获得者罗伯特·索洛所说，数字时代是一场科技与教育的赛跑。为了适应新科技革命下就业市场和工作方式的巨变，对国家和个人来说，当前和今后的首要任务是加大对教育的改革与对再教育的投资。例如，坚决抛弃传统填鸭式学习模式和那些可能被科技替代的技能的培养，加大与科技互补技能的训练，设计和学习短小精悍、针对性强的课程，注重全面提升学习能力、数字技术和社交能力等。

互联网正在改写传统经济学理论①

科学技术正以前所未有的发展势头，将人类带入互联网和 ABC（人工智能、大数据、云计算）时代。移动互联网、ABC 等技术的应用，缓解了信息不对称带来的问题，促进了经济模式和商业模式的创新，便利了社会资源的利用和整合，正不断改变着我们的生产和生活方式，进而对经济学理论带来了巨大挑战，甚至提出了改写经济学的要求。新时代需要新的思想和理论来解释与指导，这是时代赋予中国经济学家的历史任务。否则，落后于现实需求的经济学必将失去与时俱进的生命力。

传统主流经济学是工业化时代的产物。在产权上，传统主流经济学是建立在私有产权基础上的市场经济，强调产权（所有权、使用权、收益权、处置权等）的可分割性和转让性（交易性），尤其强调产权的排他性。即某经济主体在行使对资源的某项权利时，排斥了任何其他主体对该资源行使相同的权利。相应的，传统主流经济学主要研究产权合一下的“我的财产我使用”的经济模式，即独资企业经营模式，以及产权不完整条件下的“我的财产你使用”（产权具有排他性）的分享经济模式，即公司企业经营模式和租赁经济等。依靠现代信息网络技术建立的共享平台，分享、利用和整合国内外社会资源的共享经济模式，其使用权不具有排他性，不同经济主体可同时拥有，形成了“我的财产你们共享共用”（产权不具有排他性）的分工经济模式，由此实现了由“拥有”向“同有同用”的消费模式乃至消费社会的转变，因而在一定程度上颠覆了传统的产权理论。例如，苹果公司应用商店（App Store）里有大量供用户下载使用的应用软件，阿里巴巴、滴滴出行等互联网平台也都实现了真正意义上的共享共用。

在竞争理论上，无论是传统微观经济学的完全竞争理论，还是后来的不完全竞争理论、可竞争理论和迈克尔·波特的竞争战略理论，主要研究的都是产业内或同一产业链的竞争，企业很清楚谁是自己的现实竞争者或潜在竞争者。而互联网时代的竞争是跨界竞争，是资源整合的竞争，是全方位的竞争。因此，互联网技术引发的商业模式及其盈利模式的创新，打破了原有的产业链及其竞争格局，通过不同产业的跨界渗透和发展，进而对产业链内外的行业都将产生巨大的挤出效应乃至颠覆效应。换句话说，在互联网时代，企业事实上已很难辨别自己的竞争对手，甚至不知道自己的竞争者究竟是谁。例如，智能手机成为数码相机的竞争者；微信抢占了中国移动、电信和联通的通信市场；电子商务的爆发式发展引发传统零售业的大海啸；等等。趋势已经很明朗，“未来商机尽在移动中”。移动互联网、大数据、云计

---

① 发表于《上海证券报》2017 年 8 月 29 日第 11 版。

算的发展，必定会使许多传统产业推倒重来。谁的 Wi-Fi 覆盖率高，谁就可以占据终端消费者的心。很显然，对互联网时代的竞争，传统经济学理论在许多方面已失去了应有的解释力和现实指导力。

传统主流经济学有三个假设，即完全理性（经济主体追求利益最大化）、完全竞争和完全信息，并证明在这三个特定的假设条件下，市场机制像一只“看不见的手”，能使资源配置达到帕累托最优，并使经济体获得良好的绩效。其中的完全信息假设在传统经济学中占有重要的地位。因为只有市场的参与者都能获取充分的、对称的信息，价格才能真实地反映出市场供给关系，进而达成资源的最优配置。但在现实中，这些假设条件几乎难以完全满足。例如，现实经济生活中的各种信息就是不完全、不对称的，因而常常导致市场失灵和效率损失。所以，经济学家们尝试用不完全信息理论来修正传统市场模型中信息完全和确知的假设，由此产生了信息经济学。而今，互联网、大数据、云计算技术的应用，大大提高了信息和数据的收集与处理能力，降低了信息收集和甄别的难度与成本，这大大有利于提高风险的界定、控制和定价能力，有利于重建信用体系。从这个意义上说，现代信息网络技术为缓解甚至消除经济运行中的信息不对称障碍创造了条件。果真如此，完全信息将不再成为经济学的假设之一，这也为金融等产业的发展提供了难得的创新与发展机遇。

雇佣关系是经济学中的一个重要理论问题。传统主流经济学中的雇佣关系研究的是作为雇主的企业和被雇用的员工之间存在的不完全契约关系，以此帮助我们理解劳动力市场的运行和企业内部劳动力的管理等问题。如今，移动互联网的发展、ABC 技术的应用已使传统劳动力市场和雇佣关系有了翻天覆地的变化。其趋势是，一方面，企业经营的互联网化、3D 制造技术和机器人的使用等，致使大量从事机械性、重复性和手工操作的工作岗位减少甚至消失；另一方面，移动互联网共享平台、APP、移动支付等新技术又为创新创业提供了低成本、大市场、收效快的条件，带来了大量新的就业机会，这也大大改变了传统的就业方式和雇佣关系，催生出了不存在传统雇佣关系的“零工经济”模式和各类自由职业者，如网约专车司机、个人经营的网店店主、网络作者、快递小哥等。全职就业也出现了兼职化倾向。

可以预期的是，互联网还将改写传统经济学中企业组织、企业管理、产品定价等理论。

谁说有了电商实体零售业就将消亡[①]

随着阿里巴巴成为市值超过2000亿美元的巨无霸企业，网上零售额不断增长以及“双十一”成交额屡创新高，国内外非议阿里巴巴及其淘宝网店的声浪也越来越大。有人说淘宝使大量实体店破产倒闭，有人说阿里平台垄断市场。英国有位爵士甚至说，中国允许电商快速发展是社会经济管理的严重失误。正所谓树大招风，对阿里巴巴这样具有颠覆性的大企业，出现一些争议之声原本也很正常，但要说实体零售业已死，则未免太过夸张，以此攻击电子商务，不过是不思创新的托词而已。

自设立之初直至今天，阿里巴巴着眼的就是为消费者和中小微企业而非大企业提供基本的互联网基础设施以及营销平台，借助互联网的力量创造了一种全新的普惠经济模式，拓展了“新经济”版图，因而赢得了亿万“剁手族”和不少国家政府的支持。通过提供电商平台、完善物流以及蚂蚁金融服务，阿里巴巴不仅使草根创业成为现实，创造了大量就业机会，帮助中小企业降低了运行成本，还满足了消费者的不同需求，提高了社会效率。迄今，阿里巴巴集团创造了超过3300万个就业机会，千万中小企业受益于阿里巴巴互联网电商平台、电子支付、大数据、云计算等高科技互联网商业基础设施，并逐渐惠及全球的中小企业和消费者。而马云还有更大的雄心，想要使阿里巴巴成为能服务20亿消费者、在全球范围内创造1亿个就业机会、为1000万家企业创造盈利的平台。

作为一种商业模式创新，电子商务发展确实对传统实体店产生了巨大的挤出效应，导致的直接结果就是大量城镇实体店的倒闭。但如果转换思维来看，电子商务这种创造性的破坏，不仅不会扼杀实体零售业，反而为传统实体店的创新与转型创造了条件和机会，实体店甚至变得比以往更加强大。只要实体店不忘客户所需，充分利用互联网数据提高个性化服务和体验感，跟客户建立好情感联系，就有存在与发展的意义。例如，沃尔玛对网上购物、实体店取货的消费者实行折扣优惠，刺激了“附带”购物。百思买通过提供智能家居方面的专家建议等更高级服务而赢得了客户。为到店客户提供积分和消费返还也是培养客户忠诚度、让人们进入实体店的重要手段。

同时，电商模式也不是一成不变的。随着市场竞争的升级和新技术的应用，传统“看得见、摸不着”的电商也在向线下体验门店转化。为此，阿里巴巴已经提出了全面拥抱新零售、新金融、新制造、新技术和新能源的“五新”升级战略，并推出了盒马鲜生这种一体化线上线下业务相结合的门店，吸引了众多消费者，活跃了

① 发表于《上海证券报》2017年11月28日第8版。

市场。再看社会消费品零售总额，虽然网上零售增势强劲，但2015年和2016年我国实物商品网上零售额分别只占社会消费品零售额的10.8%和12.6%；2017年1～9月，全国实物商品网上零售额在社会消费品零售额中的占比也只有14.0%。

电子商务也对传统购物方式产生了巨大冲击。有人因此指责电商不是拉动社会消费的好办法，反而是在毁灭消费。持这种看法的人认为，商业的作用不只是买卖商品，还能把人吸引到大街上去。逛街会产生“随机消费”。这种逛街行为使城市产生了巨大的活力。其实，生活方式在变，社会心理也在变。逛网店没有时空限制，方便快捷，购物效率更高，等快递带来的快感更强，因而更容易产生“随机消费”。大量“剁手族”的出现、2017年“双十一”网店成交额再次创纪录，不都是很好的证明吗？网店确实会导致为纯粹购物而逛街的人减少，但这并没有妨碍人们为交往、聚餐、旅游、娱乐而逛街，因此仍会有大量消费者去实体店感触商品、开展社交活动，去获得网购无法复制的经验。

电子网店招来指责最多的是存在假货、“垃圾货”。就像实体经济和实体店也存在造假售假一样，网店出现假货也是难免的，尤其在电子商务发展不成熟阶段。随着物联网技术的发展与运用，凭借大量交易信息构建的芝麻信用的完善，网商平台和社会打假力度的加强，以及消费者消费水平的提高，网店售假现象也会越来越少，出售国内外品牌产品会越来越多。始于2009年的“双十一”淘宝商城促销，已从当年27个品牌加入发展到2017年有14万个海内外品牌、1500万件商品加入销售战之中，吸引了全球235个国家和地区、近6亿消费者。热销商品从前几年的进口纸尿布、乳胶枕、洗脸仪，到2017年新出现的医美产品安瓶、解放双手的扫地擦窗机器人，从以前老牌口碑品牌苏泊尔、奥康，到近几年的英国黑科技家电品牌戴森、德国高端奶粉品牌爱他美等新锐纷纷上榜，更多迎合消费升级洪流的品牌产品被主流消费者所接纳。

无论是零售、金融服务等领域的新业态，还是个人诚信体系的建立，电商模式的目的都在于打造一种普惠的经济模式，建立一种运用大数据、人工智能等先进技术手段，将线上线下和物流结合在一起的新零售模式，促进传统实体零售业的转型与发展。这是一种新旧零售业的竞争和转型，而不是也不会从根本上消灭传统实体零售业。何必将两者对立起来呢？

第五篇　互联网金融创新与监管

商业银行将因互联网金融而再生①

近年来，以第三方支付、网络信贷机构、P2P 贷款平台为代表的互联网金融模式飞速发展，互联网在改变着我们生活的同时，也在不断蚕食着传统商业银行业的版图。如果说，加入世界贸易组织（World Trade Organization，WTO）没有给我国商业银行带来大的外部冲击，那么，互联网金融很可能会从内部倒逼商业银行改革。正如有电商所言，“如果银行不改变，我们就改变银行”。

互联网金融给商业银行带来的冲击

互联网金融是互联网企业利用大数据、云计算、移动支付、智能搜索等现代信息科技结合金融资本后提供的金融服务。在互联网金融模式下，金融资源的可获得性较强，交易成本相对较低，交易信息相对对称，资源配置趋向于去中介化。这至少将给传统商业银行带来以下影响。

1. 弱化商业银行的支付功能

互联网金融模式下的支付方式主要分为互联网支付和移动支付。目前，支付宝、财付通、易宝支付和快钱等能够为客户提供收付款、自动分账以及转账汇款、代购机票与火车票、代缴电费与保险等结算和支付服务，并已经占有相当的市场份额，对商业银行形成了明显的替代效应。

近年来，我国互联网支付总额以高于 300%的年增长率迅猛增长，2012 年超过了 10 万亿元。随着互联网和电子商务的发展，互联网第三方支付平台交易量、虚拟货币的发行和流通量还将越来越大，涉及的用户也越来越多，第三方支付已经成为一个庞大的金融产业。

2. 冲击商业银行的信贷业务

信贷是商业银行最重要的资产业务，也是商业银行的主要盈利手段。基于对企业审核要求的限定和规避风险等原因，小微企业往往难以获得商业银行的贷款支持。而互联网金融凭借其快速性、广泛性、低成本等特点，以及对数据信息积累与挖掘的优势，可以直接向供应链、小微企业信贷等融资领域扩张，抢夺银行客户资源、

① 发表于《上海证券报》2013 年 11 月 29 日第 A3 版，第一作者是李炎琰。

替代银行物理渠道，冲击传统商业银行的核心业务及其盈利。

例如，专注于小微企业融资服务的阿里信贷，无须人工审批，其淘宝商户申请只需要3分钟，贷款到账只需要1秒。据有关资料显示，阿里金融自2010年成立以来，已累计为超过13万家中小企业提供融资服务，贷款总额达280亿元，2012年上半年累计发放贷款130亿元，新增获贷企业4万家，不良贷款率仅为0.72%。

2013年7月深圳证券交易所发布公告，由东方证券资产管理有限公司与阿里小微信贷合作推出的“东证资管—阿里巴巴专项资产管理计划”正式获得中国证券监督管理委员会批准。这一举措将进一步提高信贷企业的资金流动性，使小微企业和个人创业者将间接地获得资本市场的融资支持。

互联网金融在小额信贷等领域的尝试与发展，正在不断地分享商业银行贷款业务的规模，弱化其收入来源；同时通过相关措施吸纳资金，对商业银行的货币流动性也将产生相应的影响。

3. 加速金融脱媒

金融脱媒指的是在金融管制的情况下，资金供给绕开商业银行体系，直接输送给需求方和融资者，完成资金的体外循环。在传统金融业务往来中，主要由银行来充当资金中介。在互联网金融模式下，互联网企业为资金供需双方提供了金融搜索平台，充当了资金信息中介的角色。新信息技术的开放性和共享性大大降低了信息的不对称性，使信贷业务具有更高的参与度和透明度，强化了资金信息中介的功能，还通过节约交易成本降低了金融中介的门槛。这将加速金融脱媒，使商业银行的资金中介功能边缘化。

从融资角度看，资金供需双方利用搜索平台寻找交易对象，之后的融资交易过程由双方自己完成。从支付角度看，第三方支付平台已能为客户提供收付款、自动分账以及转账汇款等结算和支付服务，与传统银行支付业务形成替代。

金融脱媒是中国金融市场走向成熟的标志和必经之路。随着多层次资本市场的不断完善，各种类型的专业机构投资者陆续进场，银行贷款在社会融资总量中的比重将不断下降。而互联网金融的出现，第三方支付以及由此衍生的社会福利、差旅、资金归集等现金管理业务、中小企业网络贷款业务、P2P 贷款业务等的发展，使得金融脱媒不仅以不可逆的方式延续下去，而且还将大大加快这一进程。

传统商业银行为何还难以颠覆

互联网金融迅猛发展的势头，虽然对商业银行传统的经营模式和盈利方式带来了一些冲击，但要彻底颠覆传统金融业还为时尚早。这是因为商业银行依然具有许多比较优势。商业银行在发挥自身优势、规避劣势的基础上，通过改革就能够促进自身的转型与持续发展。

商业银行的优势之一是资金雄厚、认知和诚信度高。截至2013年7月末，银行业金融机构总资产达到140.45万亿元，其中大型商业银行总资产达到60.22万亿元，股份制银行达到25.60万亿元，城商行达到13.47万亿元，三者总占比达70.7%。另外，互联网金融的主要客户是年轻人和中小企业，由此决定了互联网金融机构发展势头虽然迅猛，但无论在总资产还是在交易规模上都比较小，在对大型企业业务竞争上难以与商业银行相抗衡。

商业银行的优势之二是拥有结算、清算、信贷等领域完善的信息基础构架，以及覆盖全国范围的庞大物理网点，能够帮助其有效应对互联网金融中第三方支付、小额贷款机构等新兴金融业态的冲击。尽管互联网金融机构扩张很快，但网点分布主要集中在沿海大城市，数量仍然有限。

商业银行还具有经营能力和人才上的优势。传统商业银行除提供存贷业务、财富存管业务和为支付结算提供媒介外，还为社会提供流动性保险，支持正常经济活动。互联网金融涉足支付、结算、信贷和理财等领域还不深。对照银行资产负债表上的所有业务，阿里巴巴等互联网金融企业要做到像银行一样保证流动性、安全性和营利性，目前的能力尚显不足；此外，一些金融业务需要专业人士的经验性判断，难以被信息技术完全替代。

最重要的是，监管部门对互联网金融的严格管制和市场进入的限制减少了商业银行的竞争压力。从根本上说，互联网金融对商业银行的致命冲击不在技术层面，而在于法律许可，即能否获取银行牌照。事实上，因为第三方支付机构具有沉淀资金、信用卡套现、洗钱、欺诈和冲击实体货币等风险，行业内加强对其监管的呼声很高。

互联网金融虽然还难以革传统商业银行的命，但商业银行的致命弱点值得警惕。例如，商业银行的数据挖掘能力相对较弱。跨界于信息科技和银行之间的互联网金融企业，天然比银行更具有数据挖掘方面的优势。除资金流信息以外，互联网金融公司还留存了海量的结构和非结构化交易信息，包括订单数量、销售增长、仓储周转，以及客户交互行为、行业排名、广告投放等，可为精准营销和定制服务提供数据支撑，进一步增加对客户的黏性，而这些正是商业银行所缺乏的。

又如，商业银行经营观念相对落后、业务流程僵化，不利于扩大信贷对象的范围。目前中国中小企业超过5000万家，已占全国企业总数的99%以上，创造的最终产品和服务价值相当于国内生产总值的60%左右，在繁荣经济、推动创新、扩大出口、增加就业等方面发挥了重要作用。而僵化复杂的银行内部业务流程阻碍了中小企业的融资，使服务中小企业的承诺难以兑现，进而阻碍实体经济的发展。这不仅与中小企业发展的大趋势是相违背的，而且影响商业银行的信誉和创新与发展。

商业银行：用互联网思维和技术做金融

任何事物都具有两面性。互联网金融在给商业银行带来冲击和挑战的同时，也蕴藏着机遇。商业银行在关注互联网金融发展动向的同时，如果能借助互联网思维和技术实现金融互联网化，就能提升自己的优势，弥补自身的不足，化解互联网金融带来的冲击，在更好地支持和服务实体经济的基础上，求得自身的转型与发展。

1. 加强数据的挖掘和积累，实现金融互联网化

金融行业比拼的是看谁能够通过数据挖掘发现具有高附加值和低风险的增值业务。互联网金融的优势就在于对数据的挖掘和积累，即通过特定的网络技术构架对海量数据进行自动分析，从而揭示数据之间隐藏的关系、模式和趋势，再提供相应的服务。

如阿里金融从隶属于集团内部的电商服务平台发展到为消费者和小微企业提供网络化信贷的金融创新平台，最关键、最核心的就是注重客户数据的积累和挖掘，逐步建立信用评价体系和信用数据库，以及应对贷款风险的控制机制，据此为 10 多万家小企业提供“订单贷款”和“信用贷款”。所以说，如果银行业当初能够主动适应网络与数字化时代，那就没有互联网金融的机会了。

其实国内许多银行都有着庞大的客户基础，尤其是大型银行的客户数量甚至过亿。这其中蕴含着海量数据资源，只要运用得当，就能有效促进业务营销和产品创新。商业银行可以利用社交网络和云计算等信息技术，建立分层次的客户数据收集、积累和运用机制，不断适应并创造客户需求，促进自身的完善和发展。

目前已经有部分银行采取了相应的措施来加强数据的积累和挖掘。例如，建行推出的善融商务，目的是提供一个有竞争力的平台，以加大对信息的捕获力度，占据数据制高点，构建自己的商业信用体系，并以此对接传统金融服务，形成竞争优势。又如，华夏银行绍兴分行将其总行资金支付管理系统与核心企业的销售系统或企业资源计划财务系统有效对接，以此了解企业现金流、信息流和货物流等数据信息，实现了金融服务与企业日常经营的整合和实时交互，显著提高了客户的黏合度。

2. 提升客户体验及满意度，增强服务的便利性

互联网金融异军突起的另一个重要原因是提供了更加便捷和个性化的金融解决方案。利用互联网技术，可以将金融产品“关注用户体验”“致力界面友好”等设计理念发挥得淋漓尽致。

例如，支付宝可以方便地为消费者提供水费、电费、煤气费等交费服务，免除了老百姓排队的烦恼；小额快捷支付就使用户摆脱了 U 盾等安全防护产品的烦琐操作；二维码扫描、语音支付等近距离无线通信（Near Field Communication，NFC）和“无磁无密”支付方式的应用，大大简化了交易程序，为客户提供了方便、快捷的服务。阿里金融以商家在淘宝或天猫网上的现金流和交易额作为放贷评估标准，建立了无担保、无抵押、纯信用的小额信贷模式，只需要几秒就能完成贷款从申请到发放的过程。

随着移动通信技术的发展及应用，金融服务简便易用将成为金融业发展的方向。

如何在为客户提供更方便服务的同时获取相应的收益，是商业银行急需思考和解决的问题。商业银行要充分利用互联网技术，提高掌控支付终端和提供增值信息服务的能力；积极与监管部门沟通，参与并力争主导用户习惯的培养和跨行业标准的制定，并将之体现在产品设计理念中，提升客户体验。

3. 加强与互联网企业合作，实现资源共享

在现实中，互联网企业需要商业银行，商业银行需要互联网企业，由此决定了这不是一场生死较量，反而存在合作的必要性和可能性。

商业银行和互联网企业合作，可以共享商户资源、客户信息和跨界人才，还可以实现优势互补，创造共赢的局面。对商业银行来说，借助互联网企业积累的海量交易数据库，发挥自身的风险管理优势，可以打造在线融资平台，为中小企业提供在线融资服务，有效发掘新客户群，降低零售成本，提升经营效率和收益。对互联网企业来说，可以拓展自身业务，并创造新的业务，增加利润来源的渠道。

最重要的一点在于，商业银行与互联网企业的合作，适应了现在信息技术发展的趋势，有利于促进金融业的改革与发展，甚至可能为中国经济未来发展创造一种崭新的金融服务体系和服务模式。

移动互联网时代商业银行遭遇挑战①

当许多人还在沉湎于桌面电脑之间的互联互通时，移动互联网已扑面而来。移动互联网技术的发展及应用，在进一步改变人们的生活、消费方式的同时，也为改造甚至颠覆传统产业、提高传统产业竞争力提供了难得的机遇。这一机遇同样适应于我国商业银行的转型与发展。商业银行如何应对未来“移动就是一切”“移动无处不在”带来的机遇与挑战，或将成为一场生死的较量。

移动互联网的发展及其影响

移动互联网是将智能手机、平板电脑等移动终端和移动通信、互联网三者结合为一体，实现24小时随身在线的一种技术和互联互通方式。移动互联网不仅继承了传统互联网分享、开放、互动的优势，而且实现了随时、随地、随身、更快、更方便的互联互通，因而具有更广泛的市场和应用领域。随着4G、5G移动通信技术的广泛应用、移动设备的普及、无线网覆盖面的扩大，以及网民使用习惯的改变，我国移动互联网的发展条件已经成熟，并以超乎大多数人的想象得到快速的发展。

中国互联网络信息中心（China Internet Network Information Center，CNNIC）发布的统计报告显示，截至2012年6月底，我国网民数量已达到5.38亿，其中手机

① 发表于《上海证券报》2014年7月10日第A3版。

网民达到 3.88 亿，首次超越台式电脑网民的数量；网民中用手机接入互联网的用户占比由 2013 年底的 69.3%提升至 72.2%，手机已成为中国网民的“第一上网终端”；至 2013 年底，中国网民规模进一步发展到 6.18 亿，其中手机网民规模达到 5 亿，网民中使用手机上网的人群占比由 2012 年底的 74.5%提升至 81.0%。

工业和信息化部发布的数据则显示，截至 2014 年 1 月，我国移动电话用户达到 12.35 亿，其中移动互联网用户总数达到 8.38 亿。这些现象和数据表明，随着手机用户数量和用手机上网用户数量的攀升，廉价智能手机及平板电脑的普及，我国移动互联网迎来了高速发展时期，移动互联网时代即将到来。

移动互联网的发展及其应用带来的影响是巨大的。一方面，它改变了人们的生活和消费方式。正如中国移动广告语所说：“移动改变生活。”越来越多的人都在使用移动终端搜索信息、分享感受、聊天交流、协同工作、购物消费。每天有数以亿计的用户登录移动互联网，每人平均在上面停留数 10 分钟乃至 10 多小时。“移动”已经成为很多人日常生活的一部分，他们的生活方式和消费习惯也都因“移动”而发生了很大的变化。另一方面，移动互联网渗透到诸多行业，对人类的生产经营活动产生了巨大的影响。

首先，移动互联网催生了许多新的产业和新的商业模式，促进了传统产业的转型与升级。例如，继阿里巴巴、淘宝、eBay、易趣等桌面平台式电子商务给传统线下零售业带来巨大冲击后，移动互联网的应用又推动了移动电子商务的发展，使电子商务有望迎来发展的第二个“春天”。

目前，移动电子商务已广泛运用于公共交通、公共事业缴费、购物、一卡通、电子票务、旅游、金融、医疗、教育等领域，为人们的生活与消费带来了很大的便利。而 O2O 模式更是实现了信息和实物、线上和线下、实体店与实体店之间的无缝衔接，具有价格便宜、购买方便等优势，已运用于移动电子商务、租车租房服务、个性化产品设计、产品直销和线上促销等领域。调查显示，至 2013 年 9 月，我国电子商务销售额中有 37%来自移动端；43%的智能手机用户在购物时会使用移动端查询信息，而这些比率还处于快速上升阶段。

其次，移动互联网的兴起可以使物流业供需双方轻松地达成交易，解决信息沟通不对称等诸多现实问题，还可以节省大量人工成本，提供个性化的服务，有利于物流业开拓全新的营销推广渠道和市场。可穿戴设备技术的应用和普及，将使移动医疗行业呈现爆发式增长。借助移动互联网而产生的移动营销、移动阅读、移动娱乐、移动教育、移动信息服务等，则将对广告、传媒、娱乐、教育等业态产生巨大的冲击，并带来新的财富增长点。

此外，移动互联网的发展及其应用还有利于提高传统行业的竞争力。例如，旅游、酒店、餐饮、交通运输业等，可以通过提供免费 Wi-Fi 的方式吸引更多的客户，还可以借助移动互联网平台发布消费信息，让客户参与点评、体验、分享等活动，以降低营销成本，提高服务水平。一些传统制造企业和销售商也可以推出自己的移动商店，进行产品宣传、推广和销售。

艾瑞咨询报告显示，2013 年包括移动增值、移动购物、移动营销、移动搜索、移动游戏等在内的中国移动互联网市场规模达到 1059.8 亿元，同比增长 81.2%，预计到 2017 年，市场规模将增长 4.5 倍左右，接近 6000 亿元。中国移动互联网市场进入高速发展的通道。

移动互联网之所以能改造或颠覆原有工商业运营模式，创新出各种各样以人为本的商业模式，不仅在于它拥有移动性、便利性、私密性等优越于传统互联网的特征，成为对传统产业链进行冲击、拆解、重组和融合的有效工具，还在于它拥有无限的想象空间，可以带来无限的商业机会。

作为当前和今后推动产业升级乃至经济社会发展最强有力的技术力量，移动互联网是一座亟待挖掘的大金矿。它的实际应用价值必将大大超过传统互联网。正因为如此，麦肯锡在 2013 年 5 月发布的研究报告中，就将移动互联网列在未来有望改变生活、商业和全球经济的 12 大颠覆技术中的首位。可以说，企业未来的商机尽在“移动”中。

移动互联网给商业银行带来的冲击

相对来说，基于互联网尤其是移动互联网产生的互联网金融对商业银行的冲击更大，产生的影响也更深远。近年来，以移动支付、网络信贷机构、P2P 贷款平台等为代表的互联网金融的飞速发展，正在不断蚕食着传统商业银行业务的版图，冲击着商业银行的传统管理和经营方式。有人甚至预言，随着互联网技术、特别是移动互联网技术在金融领域的广泛应用，今后我们将不再需要现金和银行卡，银行因此可能消失。

移动互联网金融指的是互联网企业利用大数据、云计算、移动支付、智能搜索等现代信息技术来提供传统金融服务，它是互联网金融的延伸。移动互联网金融由于在金融资源的可获得性、降低交易成本、解决信息互补对称、资源配置去中介化等方面更具优势，给传统银行业带来的影响和冲击也将更大。

1. 改变银行与客户的关系和支付、信用体系

互联网金融模式下的支付方式主要分为互联网支付和移动支付。目前，支付宝、财付通、易宝支付和快钱等能够为客户提供收付款、自动分账以及转账汇款、代购机票与火车票、代缴电费与保险等结算和支付服务，并已经占有相当的市场份额，而腾讯和阿里巴巴的打车补贴及“红包大战”、余额宝等在培育新的移动支付市场。随着消费者移动支付习惯的逐渐养成，移动支付与其他行业整合、联动的完善，必将产生对银行支付业务的替代效应，弱化银行的支付功能，进而改变银行与客户的关系和支付、信用体系。

近年来，我国互联网支付总额年增长率达到300%以上。央行下属的中国支付清算协会发布的《中国支付清算行业运行报告》显示，2012 年全国第三方支付超过了 10 万亿元。央行发布的《2013 年支付体系运行总体情况》称，移动支付金额同比增长超过 300%。随着互联网和电子商务的发展，互联网第三方支付平台交易量、虚拟货币的发行和流通量还将越来越大，涉及的用户也越来越多，第三方支付已经成为一个庞大的金融产业。移动支付技术的发展与应用，催生了手机支付宝、微信支付、京东白条等移动支付产品，以及移动钱包、移动理财等新型金融服务产品，这些产品迅速蚕食着传统金融业务。电子支付业务增长较快，移动支付增长率远超网上银行和电话银行，表明随着移动互联网时代的到来，互联网金融开始从 PC 端向移动端转变，智能手机等个人移动终端将成为未来最主要的支付工具。

2. 冲击商业银行的信贷和理财业务

信贷是商业银行最重要的资产业务，也是商业银行的主要盈利手段。基于对企业审核要求的限定和规避风险等原因，中小微企业往往难以获得商业银行的贷款支持。而移动互联网金融凭借其快速、广泛、低成本等特点，以及对数据信息积累与挖掘的优势，可以直接向供应链、中小微企业信贷等融资领域扩张，抢夺银行的客户资源、替代银行的物理渠道，从而给商业银行的核心业务及其盈利带来冲击。

例如，灵活、开放、快速的 P2P 网贷平台和众筹平台的出现，可以轻松地触及传统银行无法触及的地方，为各地的创业者提供小额贷款。全球第一家众筹平台——美国的 Kickstarter 在 2009 年成立后的 5 年时间内，就为 6 万多个项目众筹了超过 10 亿美元，其中 60 多个项目募集额至少 100 万美元，有的项目超过 1000 万美元。

我国专注于小微企业融资服务的阿里信贷无须人工审批就能提供贷款。淘宝商户申请只需要 3 分钟，贷款到账只需 1 秒。据有关资料显示，阿里金融自 2010 年成立以来，已累计为 13 万多家中小微企业提供融资服务，贷款总额达 280 亿元，2012 年上半年累计发放贷款 130 亿元，新增获贷企业 4 万家，不良贷款率仅为 0.72%。

近几年，银行理财产品出现爆炸式增长，同业竞争非常激烈，但“高起点”将许多低净值客户拒之门外。支付宝与天弘基金合作推出的余额宝，凭借便捷和低门槛的优势吸引了大量的移动互联网用户，迅速填补了银行理财产品难以覆盖的小额资金“盲区”，一经推出，其资金规模和客户数量就不断增加。上线一周年后资金规模超过 5000 亿元，用户数量超过 1 亿，成为全球第四大货币基金。

可见，互联网金融在小额信贷等领域的尝试与发展，正在吸纳大量社会资金，瓜分商业银行贷款业务的规模，给商业银行的流动性、存款业务和收入来源等都带来了巨大的压力。

3. 加速金融脱媒的趋势

金融的本质是充当中介。“金融脱媒”又称“金融非中介化”，是指在金融管制下，资金供给绕过银行体系，直接输送给需求方和融资方，完成资金的体外循环。

传统金融主要由银行充当资金中介，银行卡取代了现金支付。互联网金融则对这种模式进行了颠覆。一是互联网企业为资金供需双方提供了搜索平台，充当资金信息中介，融资交易由双方自己完成。二是第三方支付平台为客户提供收付款、自动分账、转账汇款等结算和支付服务，移动支付将取代银行卡和现金。例如，通过 P2P 网贷平台和众筹平台，只要一部手机就可以完成贷款的申请、接收、偿清过程，完全不需要银行职员、自动取款机（automated teller machine，ATM）乃至电脑的参与。

同时，互联网信息技术的开放性和共享性大大降低了信息的不对称性，使信贷业务具有更高的参与度和透明度，强化了资金信息中介的功能，还通过节约交易成本降低金融中介的门槛。这些都将加速金融脱媒，使商业银行的金融中介功能边缘化，甚至有被颠覆的可能，形成无中介金融市场。

金融脱媒既是互联网金融发展的必然结果，也是中国金融市场走向成熟的标志和必经之路。随着多层次资本市场的不断完善，各种类型的专业机构投资者陆续进场，间接融资在社会融资总量中的比重将不断下降。而互联网金融的出现，第三方支付以及移动支付、中小微企业网络贷款、P2P 贷款业务等的发展，使得金融脱媒不仅将以不可逆的方式延续下去，而且将大大加快这一进程。

4. *危及银行支付安全*

互联网金融的发展激发了企业和社会公众借助网络平台进行贷款、消费的支付需求，由此也带来了移动支付的安全问题和客户私隐的保护等问题。目前，许多人就是基于安全考虑而没有使用或放弃使用移动支付。商业银行对此责无旁贷，需要普及支付安全知识，增强社会公众的自我保护意识，尤其要加大研发和投入力度，创新移动支付安全保护手段，运用成熟的技术支撑来保证交易的安全和畅通，从根本上防范和化解移动支付风险，促进移动支付等服务能力和水平的提升，培育市场的认可度和用户的消费习惯。

移动互联网时代商业银行应对策略

竞争是促进企业转型与发展的重要力量。移动互联网给人们的生活和生产方式带来的巨大影响，对金融业的改革和创新形成了倒逼机制。商业银行如果能及时转变经营理念，充分发挥自身的优势，注重移动互联网的商务应用，进行全面的创新，就能从容应对各种挑战，最终创造出银行业发展的新时代。

1. *认清自身不足，发挥商业银行优势*

互联网金融迅猛发展的势头，虽然给商业银行传统的经营模式和盈利方式带来了一些冲击，但要彻底颠覆金融业还为时尚早，因为商业银行依然具有许多比较优势。

（1）资金雄厚、认知和诚信度高。这是目前以年轻人和中小微企业为主要客户的互联网金融难以与之抗衡的。

（2）拥有结算、清算、信贷等领域完善的信息基础构架，以及覆盖全国范围的庞大物理网点，能够帮助其有效应对互联网金融中第三方支付、小额贷款机构等新兴金融业态的冲击。

（3）具有经营能力和人才上的竞争力。金融业需要专业人士的经验性判断，难以被信息技术完全替代。而互联网金融涉足支付、结算、信贷和理财等领域还不深，经验、人才积累还不够。

（4）拥有更加严格的风险控制体系。商业银行除提供存贷业务、财富存管业务和为支付结算提供媒介外，还为社会提供流动性保障，支持正常经济活动，因而建立了比较严格的风险控制体系。互联网金融作为新生事物，受到的监管和市场准入的限制少，但蕴藏的风险也很大。

从根本上说，互联网金融对商业银行的致命冲击不在技术层面，而在于法律许可，即能否获取金融业务的牌照。事实上，因为第三方支付机构具有沉淀资金、信用卡套现、洗钱、欺诈和冲击实体货币等风险，行业内加强对其监管的呼声很高。2014 年 3 月，央行紧急叫停支付宝、腾讯的虚拟信用卡产品就是强化互联网金融监管的体现。

互联网金融似乎难以彻底颠覆传统金融业，但传统银行业的致命弱点值得警惕。例如，商业银行的数据挖掘能力相对较弱，经营观念相对落后，业务流程僵化，不利于扩大信贷对象的范围。

跨界于信息技术和银行之间的互联网金融企业，天然比银行更具有数据收集的优势。除资金流信息以外，互联网金融公司还留存了海量的结构和非结构化交易信息，包括订单数量、销售增长、货物周转与仓储，以及客户交互行为、行业排名、广告投放等，可为精准营销和定制服务提供数据支撑，进一步增加对客户的黏性，而这些却是商业银行所缺乏的。

2. 以移动互联网思维和技术促进创新与发展

移动互联网的精髓在于便利、低成本甚至免费、交互性、轻运营等。对商业银行来说，移动互联网不仅提供了实现转型与发展的有效工具，而且提供了全新的经营理念和思维。在移动互联网时代，商业银行既不能以传统资源的优势而排斥移动互联网，也不能以为与移动互联网结合就可以解决一切，而必须顺应移动互联网的发展趋势，利用移动互联网的思维和技术促进金融模式创新乃至革命，更好地为普通消费者和实体经济服务，从而焕发新生与活力。

（1）业务经营向“移动”化转变，打造全新的“轻经营”模式。这种经营模式依靠的不再是物理网点和人员的扩张，而是借助移动互联网开展金融服务，将“您身边的银行”变成“您手掌上的银行”，以降低经营成本，提高竞争力。为此，商业银行要充分了解移动互联网技术，并根据自身情况选择“移动化”经营方式。例如，自建移动服务客户端，创立自己的O2O模式，实现线上金融服务与线下客户需求的有机结合，增强服务的便利性、快捷性，或与有实力的电商移动平台进行合作，实现资源共享。

（2）支付业务向移动支付转变，创新感知支付新模式。随着移动通信、互联网和近场通信技术的融合发展及应用，金融服务简便易用、客户体验至上将成为发展方向。商业银行要充分利用移动互联网技术提高掌控支付终端和提供增值信息服务的能力，推进支付模式的创新，使支付手段从面对面的货币现金支付向随时随地的移动支付转变，为用户提供更加便捷、个性化和体验式金融解决方案，以吸引更多的消费者尤其是年轻消费者。

（3）变革银行信用体系，践行普惠金融模式，更好地支持实体经济的发展。信息是金融业的核心。商业银行能充当金融中介，是因为存在信息不对称。这也是形成我国主要服务于大企业尤其是国有大企业的金融体系的重要原因。《中国民营经济发展报告》显示，我国中小企业超过5000万家，占全国工商注册企业总数的99.8%，创造了近60%的经济总量和近50%的财政税收，提供了80%的城镇就业岗位，在繁荣经济、推动创新、扩大出口、增加就业等方面发挥了重要作用。但商业银行僵化复杂的内部业务流程阻碍了中小微企业的融资，使服务中小微企业的承诺难以兑现，进而阻碍了实体经济的发展。这不仅与中小微企业发展的大趋势是相违背的，而且影响了商业银行的信誉、创新与发展。

互联网金融通过弥合信息不对称性动摇了传统商业银行的生存基础。例如，阿里金融从隶属于集团内部的电商服务平台发展到为消费者和小微企业提供网络化信贷的金融创新平台，最关键、最核心的就是注重客户数据的积累和挖掘，逐步建立信用评价体系和信用数据库，以及应对贷款风险的控制机制，据此为10多万家小企业提供“订单贷款”和“信用贷款”。如果银行业当初能够主动适应网络与数字化时代，那就可能没有互联网金融的机会。

与此同时，移动互联网的发展及其应用也为商业银行服务于中小微企业，践行普惠金融模式提供了技术支撑和可行性。如果商业银行能尽快提高挖掘利用大数据的能力，善于利用移动终端诸如定位、浏览记录、物联网等技术来获取企业的各种数据，建立起更加客观的信用体系，不但能有效发掘新客户群，并提供有针对性的金融服务和创新业务，又能防范风险，甚至帮助银行打造出全新的商业模式——物联网金融，实现资金流、信息流、实体流的三流合一，以及虚拟经济、金融服务和实体经济的交融。

（4）加强与互联网企业合作，实现优势互补和资源共享。在现实中，互联网企业需要商业银行，商业银行需要互联网企业，由此决定了这不是一场生死较量，反而存在合作的必要性和可能性。

商业银行和互联网企业合作，可以共享客户资源、客户信息和跨界人才，还可以实现优势互补，创造共赢的局面。对商业银行来说，借助互联网企业积累的海量交易数据库，发挥自身的风险管理优势，可以打造在线融资平台，为中小企业提供在线融资服务，有效发掘新客户群，降低零售成本，提升经营效率和收益。还可以借助互联网企业加强银行支付安全。对互联网企业来说，可以拓展自身业务，并创造新的业务，以增加利润来源的渠道。

互联网化：商业银行已别无选择①

随着第三方支付、金融产品线上销售、互联网信贷、众筹四大互联网金融模式的飞速发展，传统商业银行业务的版图被不断蚕食，其传统经营管理方式和盈利模式已难以为继。以至于有人预言，随着移动互联网技术在金融领域的广泛应用，今后我们将不再需要现金和银行卡，银行因此可能消失。

但反过来看，互联网技术也为商业银行转型与发展提供了倒逼机制和难得的机遇。如能充分发挥自身优势，认清不足，及时转变经营理念，促进金融互联网化，商业银行就能从容应对互联网金融带来的挑战，创造出金融业发展的新时代。总而言之，金融互联网化成为商业银行生存的不二选择。

商业银行存在的基础是信息不对称，存在的意义在于充当资金融通的中介，支持并服务实体经济的发展。资金供需双方之所以需要商业银行充当中介，是因为存在信息不对称。同时，信息不对称提高了商业银行信息收集和甄别的难度与成本，给银行贷款带来极大的风险。由此，商业银行出于防范风险的考虑，热衷于为大型企业尤其是国有大型企业服务，中小微企业虽然具有强烈的融资需求，却因存在较大经营风险而陷入“想贷也难”的境地。即使政府、专家学者不断研究并提出解决中小微企业融资难的各种政策建议，但在商言商的现实总使得商业银行缺乏落实这些政策建议的内在动力。

互联网技术通过弥合信息不对称性，不仅动摇了银行的生存基础，而且使商业银行践行普惠金融，服务实体经济成为可能。传统金融主要由银行充当中介，银行卡取代了现金支付，贷款业务倾向于大型企业。互联网金融对这种模式的颠覆表现在以下两个方面。

（1）互联网信息技术的开放性和共享性不仅为资金供需双方提供了信息搜索平台，强化了资金信息中介的功能，而且通过节约交易成本降低金融中介的门槛，加速金融脱媒，使商业银行的金融中介功能边缘化，甚至形成无中介金融市场。例如，通过 P2P 网贷平台和众筹平台，就可完成贷款申请、接收、偿清的过程。专注

① 发表于《上海证券报》2014 年 7 月 10 日第 A2 版；《人民邮电报》2014 年 9 月 23 日《P2P 网贷求标准化体系》引用相关观点。

于小微企业融资服务的阿里信贷无须人工审批就能提供贷款。淘宝商户申请只需 3 分钟，贷款到账只需 1 秒。阿里金融自 2010 年成立以来，已累计为 13 万多家中小微企业提供融资服务，贷款总额达 280 亿元，2012 年上半年累计发放贷款 130 亿元，新增获贷企业 4 万家，不良贷款率仅为 0.72%。

（2）第三方支付平台为客户提供了收付款、自动分账、转账汇款等结算和支付服务，移动支付将取代银行卡和现金，完全不需要银行职员、自动取款机乃至电脑的参与。目前，这种互联网金融模式下的第三方支付方式主要采用互联网支付和移动支付。例如，支付宝、财付通、易宝支付和快钱等能够为客户提供收付款、自动分账以及转账汇款、代购机票与火车票、代缴电费与保险费等结算和支付服务，并已占有了相当的市场份额，腾讯和阿里的打车补贴及“红包大战”、余额宝等还在培育新的移动支付市场。当消费者逐渐养成移动支付习惯，移动支付与其他行业整合、联动的完善，必将对银行支付业务产生替代效应，弱化银行的支付功能，进而改变银行与客户的关系和支付、信用体系。

有人并不认同互联网金融具有对传统金融业的颠覆性和替代性。这是侥幸心理使然，是很危险的。因为互联网技术通常采用边缘性进入方式嵌入其他领域，刚开始时，这些颠覆性技术和产品大多质量低、风险高、利润少、市场小，但经过不断改进，得到客户认可，就会突然打开市场，实现飞跃性发展，这是互联网信息技术的开放性、共享性、边缘性、渗透能力强等特点决定的。仅仅在一年时间，互联网金融的神速发展不就已让银行措手不及了吗？

在 2013 年互联网金融迅速发展的浪潮中，商业银行已经落后了。如今，随着移动通信技术、物联网、大数据的应用、移动设备的普及、无线网覆盖面的扩大，以及网民消费习惯的改变，移动互联网又以超乎大多数人的想象在攻城略地，已渐渐取代个人计算机（personal computer，PC）之间的互联互通，推动了电子商务、互联网金融等的发展，使商业银行面临“移动就是一切”“移动无处不在”的新挑战。在移动互联网时代，商业银行如果不提前布局，加快金融互联网化尤其是金融移动互联网化，被颠覆、被替代是完全有可能的。

商业银行实现金融互联网化，就是要在充分发挥自身优势，认清自身不足的基础上，借助互联网尤其是移动互联网开展金融服务，促进经营方式的转型和金融产品创新。第一，实现业务经营“移动化”“轻经营化”，而不是依赖物理网点和人员的扩张提供面对面服务。第二，实现支付业务向移动支付转变，更多运用识别支付而不是密码支付，提升客户体验及满意度，增强服务的便利性和安全性。第三，充分利用互联网挖掘积累客户数据的能力，重建信用体系，创新物联网金融模式，践行普惠金融，实现互联网、金融服务、实体经济的交融，促进实体经济发展。第四，加强与互联网企业合作，实现优势互补和资源共享，以焕发银行的新活力，创造银行业的新时代。

平衡三大关系发展互联网金融[①]

随着互联网金融的迅速发展及影响的扩大，加强对其风险防范与监管显得尤为迫切和重要。目前在深圳和上海，促进互联网金融健康发展指导意见的地方版已经相继出台。国务院办公厅在2014年8月14日发布的《关于多措并举着力缓解企业融资成本高问题的指导意见》中，也首次将互联网金融纳入政府工作报告，表明互联网金融的发展和监管已进入政府高层的视野。笔者认为，依靠互联网信息技术而崛起的互联网金融，其持续发展取决于经济、安全、监管、效率、便捷等许多因素和消费者的选择。对互联网金融进行有效监管，关键在于平衡互联网金融与金融体系转型和发展、互联网金融风险和社会总回报、鼓励创新与完善监管三大关系。这样才能在促进互联网金融健康发展的同时，充分发挥其对整个经济与金融创新及转型的重要作用。

互联网金融与金融体系转型和发展的关系

服务实体经济是金融业的本质要求，互联网金融也不例外。不同点在于，互联网金融的发展不仅可以充当资金融通的中介，直接服务于实体经济，而且能进一步促进传统金融业为实体经济服务。

互联网金融给金融体系的转型与发展带来了巨大的影响。一是其开放性和共享性不仅为资金供需双方提供了信息搜索平台，强化了资金信息中介的功能，而且通过节约交易成本降低了金融中介的门槛，加速金融脱媒，使商业银行的金融中介功能边缘化，甚至形成无中介金融市场。第三方支付平台可以为客户提供收付款、自动分账、转账汇款等结算和支付服务，移动支付将取代银行卡和现金。这对银行支付业务产生了替代效应，弱化了银行的支付功能，进而改变了银行与客户的关系及其支付、信用体系。二是互联网技术通过弥合信息不对称性，虽然动摇了银行的生存基础，但也为金融业践行普惠金融、服务实体经济提供了转型与发展的技术和机遇。商业银行如能充分发挥自身优势，提高利用互联网挖掘、积累客户数据的能力，创新物联网金融等模式，就能化解由信息不对称带来的问题，建立有效的风险控制机制，在践行普惠金融模式，满足中小微企业贷款需求的同时，降低成本，提高盈利水平。

可见，互联网金融作为一种新型业态，在补充和完善金融业务的同时，也有利于增强传统金融业服务实体经济的内在动力和外在竞争压力，共同创造一个服务中小微企业和实体经济的金融体系。政府为此要支持并鼓励互联网金融的发展，以形

---

① 发表于《中国社会科学报》2014年9月10日第A8版。

成对金融业巨大的竞争压力，促使金融业加快实现互联网化，使服务实体经济真正落到实处。

互联网金融风险与社会总回报的关系

在市场经济中，高风险对应的是高回报，不存在无风险的回报。金融业本来就是经营风险的行业，互联网金融和传统金融一样也存在风险。互联网金融在发展过程中，既存在信用风险、市场风险、操作风险、流动性风险和非法集资、金融欺诈等传统金融风险，也带来了系统安全、信息泄露等新的风险。但相对于互联网金融发展带来的丰富投资渠道，提高资金配置效率，倒逼金融业的改革与创新，促进普惠金融和实体经济的发展，满足企业和居民多元化、便捷化与低成本的金融服务需求，增进消费者福利，以及促使传统金融业务向透明度更强、参与度更高、协作性更好、中间成本更低、操作上更便捷的方向发展等来说，过于严格控制互联网金融风险肯定是得不偿失的，会加大社会总成本，损害社会总收益。对互联网金融的发展要有新的认识和新的监管思路与方式。互联网金融不是风险越少越好，更不能一谈到互联网金融风险，就把它看成洪水猛兽，一定要加以完全化解、消除和控制。监管者应该权衡风险与社会总回报的关系，注重风险监控的顶层设计。正如上海市政府 2014 年 8 月发布的《关于促进本市互联网金融产业健康发展的若干意见》（以下简称《意见》）所提出的，要重视互联网金融的“山寨”和“草根”性，避免用传统产业发展的眼光看待互联网金融。

鼓励创新与完善监管的关系

互联网金融是在无门槛、无标准、无监管的环境下，通过技术创新发展起来的新型金融业态。互联网金融的生命力在于它的创新。只有不断创新，才能保持其持续的生命力和竞争优势。这就决定了互联网金融的发展应以规范引导、适度监管为好，实现鼓励创新与完善监管的平衡。互联网金融的蓬勃发展并没有改变金融业高风险的属性，其普惠模式反而激发了更多企业和社会公众对理财、借贷、支付等的需求及方式的创新，使监管的范围、复杂性和难度增加。尤其是当互联网金融对传统金融业的运营和盈利构成较大威胁，或者出现新的金融风险时，管理层面临着防范风险与保护创新和公平竞争的平衡。

作为外行搅局者，互联网企业采取边缘性进入策略进入金融业，以自身的技术优势和差异化产品，填补市场需求空缺；而在较长时期内，互联网金融只是金融体系的一小部分，对整个金融体系影响有限；互联网金融存在的操作风险、技术风险，大多可以通过技术的完善来改进；等等。鉴于以上互联网金融崛起的独特方式，国际上通行的做法是，以包容、鼓励、规范互联网金融长期可持续发展为基础原则，鼓励创新发展与风险防范相结合。就像《意见》中提出的那样，不能用传统产业发展的眼光看待互联网金融，以致对新生的互联网金融畏首畏尾。对待互联网金融：①深刻了解互联网金融的特点，遵循其发展规律，基于现有框架，以互联网金融率先发展，监管随后跟进的方式进行，将互联网金融发展过程中产生的问题作为补充监管、完善法律法规的依据。②主动适应互联网金融的新业态、新模式，倡导适度差异化原则，在划分互联网金融性质的基础上，确定监管部门及适用的监管规则，研究制定相应的监管措施和产业政策，创新政府管理和服务模式。③采取审慎宽松的政策，在允许互联网金融自发成长的前提下，进行规范引导、适度监管，从人才、创新、信用、配套体系、法制等因素着手，营造适宜产业发展的环境。

经济转型发展需要互联网金融创新[①]

国务院总理李克强在 2014 年 11 月 20 日同世界互联网大会中外代表座谈时强调，中国政府高度重视、大力支持互联网发展。我们以拥抱的姿态对待互联网，用市场的思维培育互联网，努力实现自主进入市场，市场化配置要素，企业公平竞争。而且，就在日前国务院召开常务会议时，他还鼓励互联网金融要服务小微。

目的在于支持实体经济的发展

金融的本质是充当资金融通的中介，目的在于支持实体经济的发展。但是，信息不对称带来的不确定性与风险和金融企业的投机与贪婪，常常导致金融业背离其初衷，使金融服务实体经济的目的难以落到实处。这突出表现在以下两个方面：一是大量社会资金“脱实向虚”，致使虚拟经济过度自我循环和膨胀，影响实体经济和自身的发展。例如，华尔街就因热衷于金融衍生产品“创新”，引发了 2008 年的全球金融危机，使世界经济迅速跌入谷底。我国部分金融机构也大玩以钱生钱的“空手道”游戏，在货币存量高企下闹起了“钱荒”。二是金融机构出于防范风险的原因，偏好“贷长、贷大、贷房、贷垄断、贷政府”，使我国绝大部分贷款资金流向了大企业，尤其是央企和房地产企业。作为国民经济发展重要力量的中小微企业虽然具有强烈的融资需求，却陷入融资难、经营困难的境地。这种资金向大企业倾斜的金融体系，使资源难以配置到中小微企业，影响资源配置的效率和公平性，给经济的健康发展带来了不利的影响。

由于中小微企业是国民经济发展的重要力量，尤其是在互联网时代，中小微企业具有强大的生存发展能力和创新能力，决定了我国经济结构转型与发展在于打破大型企业对资源、生产和市场的垄断，支持、促进中小微企业的发展。就金融业而言，要求改变资金向大企业倾斜的金融体系，让金融业回归服务实体经济的本源，

① 发表于《文汇报》2014 年 11 月 24 日第 5 版。

为中小微企业的发展提供良好的融资环境。正是在这一背景下，“金融服务实体经济”自2011年底在中央经济工作会议提出后，引起了很大的反响，并成为金融改革与发展的基本原则。

互联网金融带来经济发展活力

互联网金融是利用互联网、移动互联网技术和平台来销售金融产品，提供金融服务。互联网金融模式具有金融资源的可获得性较强、交易成本相对较低、交易信息相对对称、资源配置趋向于去中介化等方面的优势，因而能提升整个金融业服务实体经济的能力，给经济结构调整与发展注入强大的活力。

（1）建立在大数据、云计算基础上的互联网金融，大大降低了信息收集和甄别的难度与成本，提高了风险的界定、控制和定价能力，降低了金融中介的门槛，从而为建设信用体系，践行普惠金融、物联网金融和微金融，服务于中小微企业，尤其是轻资产的创新型企业，有效发挥资源配置的功能，服务实体经济提供了保障。例如，P2P网贷、众筹、阿里小贷等互联网金融模式就对缓解中小微企业融资难、融资贵问题，促进中小微企业发展起了很大作用。

（2）借助互联网销售渠道和收集数据的能力，可以创新个人理财、消费信贷、保险等业务，满足更多消费者的商品、金融等消费需求，增加居民收入，刺激居民消费。例如，为小额闲散资金理财的余额宝自2013年6月上线至2014年9月底，已累计为用户创造收益200亿元，平均为每户创收133元。“京东白条”能为消费者提供免息或远低于传统银行利息的个人消费贷款，也受到了年轻消费群体的欢迎。

（3）凭借跨界整合的优势和能力，互联网金融可以将金融与商业很好地结合起来，创新金融业盈利模式和其他商业模式，向客户提供更便捷、低成本甚至免费的金融产品和服务，进而促进实体经济的发展。例如，网络银行的设立打破了业务经营的时空限制，大大降低了运营成本；支付宝与淘宝网结合后，可以向消费者提供免费的支付和转账业务；等等。

互联网金融倒逼金融互联网化

近年来，以第三方支付、互联网信贷、众筹、互联网理财等为代表的互联网金融模式的发展，正在不断抢夺金融业的“奶酪”，压缩金融企业的获利空间和生存空间，给传统金融业经营方式和盈利模式带来了巨大的竞争压力。例如，以余额宝为代表的网上理财产品使银行流失不少家庭存款；以支付宝、财付通为首的第三方支付平台能够为客户提供收付款、自动分账、转账汇款等结算和支付服务，从而对银行支付业务产生了替代效应，弱化了银行的支付功能；以人人贷、众筹、阿里小贷为首的网络融资模式几乎垄断了全国小额贷款市场；以“京东白条”为首的个人消费信贷对传统银行信用卡提出了挑战；等等。互联网金融在金融业产生的这种“鲶鱼效应”，倒逼传统金融互联网化，对传统金融企业转变经营观念和经营模式、加快创新、降低经营成本、改善服务、增强核心竞争力都起到了积极作用。

同时，互联网金融带来的跨界冲击，还将加速金融混业经营的发展趋势，淡化金融业与互联网企业的专业边界，使金融业进入门槛显著降低，金融服务更加便捷，金融工具更加丰富，消费者的金融选择权扩大。这些无疑都将不断提升整个金融业服务实体经济的能力，促进经济持续健康发展。

需要指出的是，互联网金融作为一种新兴金融业态，是对传统金融的补充。其发展前景及作用取决于自身技术的不断改进和风险控制，取决于政府的监管态度和支持鼓励政策，以及其他良好的发展环境。

互联网金融最大意义在于消除信息不对称①

金融业存在的基础是信息不对称，存在的意义在于支持实体经济发展。可也正是信息不对称和企业的趋利性，导致金融业出现违背初衷，脱离本源的趋势。为此，金融业只有充分利用互联网技术消除信息不对称性带来的问题，才能回归本源，在追求自身利益的同时承担更多的社会责任，与实体经济形成良性循环。

实体经济是指物质和精神产品投资、生产、流通等经济活动，包括物质、精神产品的生产和服务部门。实体经济是创造社会财富、改善人民生活、增强综合国力的基础，关系到人类社会的生存和发展。虚拟经济则是虚拟资产创造与流通形成的经济活动，即直接以钱生钱的活动，包括金融业、房地产业、博彩业和收藏业等。

从两者关系看，实体经济是虚拟经济发展的基础和保障，虚拟经济是随着实体经济的发展而发展起来的，反过来又会对实体经济产生重大影响。虚拟经济在经历了早期的闲置货币资本化（闲置货币成为生息资本）、借贷行为中介化（生息资本社会化，由此产生银行）、实物资产证券化后，已进入当代金融工具创新化、金融资产国际化阶段。这使得虚拟资本及其交易的规模空前扩大，存在虚拟经济脱离实体经济而超前发展的趋势。当这种非均衡状况发展到一定程度时，就会造成实体经济空心化、边缘化和虚拟经济泡沫化，引发金融危机和经济危机，使虚拟经济的发展难以为继。20 世纪 90 年代有 200 年历史的巴林银行突然倒闭，2008 年雷曼兄弟公司倒闭引爆全球金融危机，便是这样的恶果。

痛定思痛，各国纷纷提出 “回归实体经济”的口号，并采取了很多相应的措施。例如，美国提出要重振制造业，实现“再工业化”；欧盟强调要依靠创新打造全球最具竞争力的经济体；等等。我国目前正处于经济结构调整与转型的关键时期，经济

① 发表于《上海证券报》2014 年 12 月 5 日第 A7 版。

增长下行压力大，中小企业融资难、经营困难，还面临着综合国力竞争激烈的国际环境。基于金融业在现代经济中的核心地位、重要作用及其发展现实，让其回归本源，真正为实体经济服务，不仅责无旁贷，而且刻不容缓。正如2013年诺贝尔经济学奖获得者罗伯特·希勒所言："真正的好金融绝不仅仅是管理风险，还必须是社会资产的看守者和社会价值的支持者。"

金融的本质是充当资金融通的中介。资金供需双方之所以需要金融机构充当中介，是因为存在信息不对称。同时，信息不对称提高了金融企业信息收集和甄别的难度与成本，给贷款业务带来极大的风险。由此产生的结果是，一方面，金融企业的趋利性促使信贷资金"脱实向虚"，大量资金在金融体系内自循环，出现货币存量高企下的"钱荒"现象。另一方面，金融机构出于防范风险的考虑，偏好"贷长、贷大、贷房、贷垄断、贷政府"。作为国民经济发展重要力量的中小微企业虽然具有强烈的融资需求，却因存在较大的经营风险陷入"想贷也难"的境地。为此，专家学者研究并提出了许多解决中小微企业融资难的建议，央行也推出了"定向降准"等政策措施，试图引导金融机构更多地将信贷资源配置到实体经济领域。但由于中小微企业和"三农"的盈利能力与风险特征并没有因此而改变，在商言商的现实使得商业银行仍缺乏落实这些政策建议的内在动力。原因就在于，金融业服务实体经济的意愿和动力取决于内部的风险控制机制与外部的竞争压力。不解决信息不对称问题，外在竞争压力不够，责权利不统一，金融业服务实体经济就很难落到实处。

金融业服务实体经济要求解决信息不对称带来的现实问题。正是因为缺乏相应的革命性技术，难以解决信息不对称产生的问题，现代银行出现300多年来几乎没有发生过重大的变化，并出现脱离其本源的趋势。而今，互联网、移动互联网技术为传统金融业重建信用体系，有效控制风险，降低经营成本，提高资源配置的效率和公平性提供了技术支持与难得的发展机遇。从这个意义上说，互联网技术为金融业服务实体经济、消除信息不对称这个最大障碍创造了条件。

由此，为使金融业服务实体经济，充分体现金融业的社会属性，实现经济效益与社会效益的统一，加快推进金融互联网化便成了关键所在。事实上，借助互联网尤其是移动互联网技术开展金融服务，促进经营方式的转变和金融产品创新的路径也已非常清晰：①实现金融业务轻型化、移动化，降低经营成本；创新金融与商业相结合的模式，向消费者提供更便捷、低成本甚至免费的金融产品和服务，如支付宝；②充分利用互联网挖掘积累客户数据的能力，重建信用体系，降低金融风险的不确定性，创新物联网金融、微金融等模式，发展普惠金融，切实降低企业特别是中小微企业的融资成本；③充分利用互联网技术的开放性、共享性、渗透能力强等优势，创新金融理财、保险产品，满足小额资金消费者的需求，扩大消费者的金融选择权，为金融消费者提供更多的参与、体验、娱乐等附加利益。

互联网金融创新的三大争议[①]

互联网金融创新自2013年出现爆炸式增长以来，引起社会各界的广泛关注，其中三个重要的有争议的理论与实践问题亟待进一步研究和探讨。

互联网金融创新与“颠覆性”

互联网金融是否对传统金融业产生了颠覆性的影响，可以说是当前争论最大的问题之一。消除分歧的关键在于如何界定“颠覆性”的含义。从一般意义上讲，“颠覆性”除了具有从根本上颠倒、推翻之意外，还包括超过以前的认知，使原事物出现某种改变而与众不同。哈佛大学商学院教授克雷顿·克里斯滕森在其著作《创新者的窘境》中，对后者进行了详细定义。他认为，颠覆性产品是指那些能够开辟新市场的产品——被称为新市场颠覆，或者是能给现有产品提供一个更简单、低价或更方便的替代品——被称为低端颠覆性。

互联网金融没有也不可能改变金融业的本质。互联网金融目前只是内嵌在实体金融内部，还没有完全替代实体金融。从这个意义上看，确实难言互联网金融对传统金融业的颠覆。但是，互联网金融冲击了传统金融业的生存基础，加速了金融脱媒的趋势，改变了银行与客户的关系和支付、信用体系，打破了金融业的垄断，推动了传统金融业的改革与创新，促进了金融互联网化，使传统金融业在各方面都发生了很大的变化。不承认这种颠覆性不仅在理论上站不住脚，在实践中也会影响金融业改革的紧迫感和危机感。

（1）建立在大数据、云计算基础上的互联网金融，能够有效弥合信息不对称，重建信用体系，强化资金信息中介的功能，从而动摇了传统金融业的生存基础，降低了信息收集和甄别的难度与成本，提高了风险的界定、控制和定价能力。互联网金融的发展促使金融业继资本市场后出现第二次脱媒，而且在解决信息不对称、有效控制风险、降低成本、提高资源配置的效率和公平性、提高金融服务的方便、灵活、快捷性等方面做得更好，以多样化、个性化、便捷化的产品满足了传统金融业不愿提供或者难以覆盖的客户群体的金融需求。

（2）互联网金融通过创新差异化金融产品和服务，填补了市场需求空缺。例如，“碎片化理财产品”余额宝填补了以往理财产品难以覆盖的小额资金“盲区”，阿里小贷满足了中小微企业小额贷款的融资需求。与传统金融业相比，互联网金融提供的产品和服务在便捷性、灵活性、附加利益等方面更具优势，价格也更低。

（3）互联网金融改变了传统金融业把安全放在首位，以自我为中心的经营理

① 发表于《探索与争鸣》2014年第12期。

念，以及扩规模、赚利差、抢大户的经营方式和盈利模式，把方便、灵活、快捷放在首位，以客户为中心，通过不断创新为更多的客户提供所需要的金融产品和服务，以及参与、体验、娱乐等附加利益而获利。互联网金融作为搅局者，借助互联网、移动互联网的开放性、共享性、渗透能力强等优势，采用边缘性进入方式渗透到传统金融业务领域，不断蚕食甚至替代金融业的功能和业务，实现了金融业务轻型化、移动化，打破了业务经营的时空限制，大大降低了经营成本，从而形成一种新兴的金融业态。

（4）互联网金融对传统金融业的颠覆是一个过程，我们不能用传统的观点看待互联网技术，也不能用传统的产业发展眼光看待互联网金融。现代银行出现 300 多年来，之所以没有发生重大的变化，正是因为缺乏相应的革命性技术。而今，互联网、移动互联网技术赋予互联网企业强大的跨界整合能力，由此产生的互联网金融能够更有效地开展资金融通、支付和信息中介等业务，甚至有可能颠覆传统金融业态。就像 360 杀毒免费彻底改变了整个电脑杀毒收费市场的格局；微信使电信运营商沦落为“传输管道”，只能依靠互联网流量收费支撑业绩一样，互联网金融有可能对整个金融业产生巨大的冲击。

互联网金融创新与经济发展

互联网金融方兴未艾，还存在许多不确定性，要准确估量其对经济发展的影响有一定的难度。但互联网金融业已发展为一种新兴的金融业态，给经济与金融注入了新的活力是不争的事实。

（1）创新普惠金融、物联网金融和微金融等模式，支持并促进实体经济的发展。服务实体经济是金融业的本质要求。由于中小微企业是国民经济发展的重要力量，尤其是在互联网时代，中小微企业具有强大的生存发展能力和创新能力，决定了我国经济转型与发展要打破大型企业对资源、生产和市场的垄断，支持、促进中小微企业的发展。但信息不对称带来的不确定性与风险，和金融企业的投机与贪婪相结合，常常导致金融业背离其初衷，信贷资金要么“脱实向虚”，要么向大企业倾斜。互联网金融的特点赋予其践行普惠金融、物联网金融和微金融的能力，为服务中小微企业尤其是轻资产的创新型企业，打破金融业的垄断，有效发挥资源配置的功能提供了保障，为激励自主创业带来了创新效应和示范效应，突出表现如 P2P 网贷、众筹、阿里小贷等互联网金融模式。

（2）促进金融互联网化，提高整个金融业资源配置的效率与公平性。互联网金融作为一种新兴的金融业态，在补充和完善传统金融业务方面，也对传统金融业造成巨大的竞争压力。近年来，第三方支付、互联网信贷、众筹、互联网理财等互联网金融模式的发展，正在不断抢夺传统金融业的“奶酪”，压缩传统金融业的获利空间和生存空间，给传统金融业经营方式和盈利模式带来巨大的竞争压力。互联网金融在金融业产生的这种“鲶鱼效应”，对传统金融业改革与创新形成了倒逼机制，有利于促进传统金融业转变经营观念和经营模式，加快创新，实现金融互联网化，降低经营成本，改善服务，提高效率，增强核心竞争力。可以说，正是互联网金融的创新与示范效应，促使传统金融业开创了利用互联网技术、大数据、云计算进行改革与创新的新时代。

（3）借助互联网销售渠道和收集数据的能力，创新个人理财、消费信贷、保险、基金等业务，增强金融服务的便捷性，扩大消费者的金融选择权，以满足更多消费者的商品、金融等消费需求，在促进金融、保险业发展的同时，增加居民收入，刺激居民消费。

此外，互联网金融带来的跨界冲击，还将加速金融混业经营的发展趋势，淡化金融业与互联网企业的专业边界，使金融业进入门槛显著降低，这些都将促进金融业的发展，提高整个金融业资源配置的效率与公平性，提升整个金融业服务实体经济的能力。

互联网金融创新与监管

互联网金融是在无门槛、无标准、无监管的环境下，通过技术创新发展起来的新兴金融业态。互联网金融创新及其对经济发展的影响，主要取决于自身技术的不断改进和风险控制，政府的监管态度与方式，以及其他发展环境的改善和社会的接受程度。因此，对互联网金融创新要有新的认识，对互联网金融监管要有新的思路。

（1）要权衡好互联网金融风险、挤出效应与社会总回报的关系。在市场经济中，高风险对应的是高回报。金融业本来就是有经营风险的行业，互联网金融也不例外。互联网金融既存在信用违约风险、市场风险、操作风险、流动性风险以及非法集资、金融欺诈等传统金融风险，也带来了系统安全、信息泄露等新的风险。与此同时，互联网金融难免会对实体金融产生挤出效应。但相对于互联网金融发展带来的丰富投资渠道，提高资金配置效率，倒逼金融业的改革与创新，促进普惠金融和实体经济的发展，满足企业和居民多元化、便捷化与低成本的金融服务需求，增进消费者福利，以及促使传统金融业务向透明度更强、参与度更高、协作性更好、交易成本更低、操作更便捷的方向发展等这些社会总回报来说，互联网金融风险及其对实体金融产生的挤出效应应该可以淡化。加之互联网金融存在的操作风险、技术风险大多可以通过技术的完善来化解，互联网金融在较长时期内只是金融体系中较小的组成部分，对整个金融体系影响有限，因而不应过分夸大其风险，把它看成洪水猛兽，一定要加以完全化解、消除和控制，以免妨碍其创新与发展，损害社会总收益。

（2）要正确认识互联网金融创新对整个金融体系乃至国家经济改革发展的意义。互联网金融不仅可以充当资金融通的中介，降低交易成本，直接服务于实体经济，而且还能对传统金融业的改革、创新与发展带来巨大影响。互联网金融作为一种新兴金融业态，在补充和完善金融业务的同时，有利于增强传统金融业服务实体经济的内在动力和外在竞争压力，共同创造一个服务中小微企业和实体经济的金融体系，促进经济的转型与发展。因此，我们不能孤立地认识、看待互联网金融的创新与发展，政府要从国家经济和金融改革与发展的战略高度，制定支持、鼓励互联网金融发展的法律和政策措施，促进金融业加快实现互联网化。

（3）要完善对互联网金融的监管，创造良好的发展环境。互联网金融的生命力在于创新。互联网金融的蓬勃发展并没有改变金融业高风险的属性，其普惠模式反而激发了更多企业和社会公众对理财、借贷、支付等的需求及方式的创新，使监管的范围、复杂性和难度增加。互联网金融业务交叉广、参与主体多、发展速度快，传统的侧重市场准入的监管模式难以完全满足监管需求。这就要求在强化自律的基础上，对互联网金融采取审慎宽松政策，以规范引导、适度差异化监管为原则，实现包容、鼓励创新与完善监管的平衡。当互联网金融对传统金融业的发展构成较大威胁，或者出现新的金融风险时，管理层尤其不能因为过于严格的监管而损害创新和公平竞争。具体来说，要深刻把握互联网金融的特点，尊重其发展规律，采取互联网金融率先发展，监管随后跟进的方式，将互联网金融发展过程中产生的问题作为补充监管、完善法律法规的依据；要强化功能性监管，严格监控交易过程；要强化信息披露，完善征信体系；要严惩违规行为，强化网络和交易安全，从人才、技术、配套体系、法制等方面为互联网金融营造良好的发展环境。

互联网金融将颠覆传统金融业①

许多人认为，互联网金融没有摆脱金融业的本质特征，不可能覆盖全部实体金融，因而对传统金融不具有实质上的颠覆性和替代性，难以对经济发展产生较大的影响。笔者对此不敢苟同。实际上，互联网金融创新虽然并不会完全取代传统金融业，但已使传统金融业的经营管理方式和盈利模式难以为继，而且冲击了传统金融业的生存基础，打破了金融业的垄断，加速了金融脱媒的趋势，倒逼金融体系改革与创新，进而将对经济发展产生巨大的影响。

颠覆金融业存在的基础，促进普惠金融与实体经济发展

金融业存在的基础是信息不对称，存在的意义在于支持实体经济发展。信息不对称提高了信息收集和甄别的难度与成本，增加了金融业务的不确定性与风险，由此产生两方面的结果：一是金融企业的趋利性促使信贷资金“脱实向虚”，大量资

① 发表于《中国社会科学报》2015年3月11日第A7版。

金在金融体系内自循环，出现货币存量高企下的“钱荒”现象。二是金融企业出于防范风险的原因，热衷于为大型企业尤其是大型国有企业服务，或绕道向地方融资平台、房地产企业放贷，即偏好“贷长、贷大、贷房、贷垄断、贷政府”，由此形成资金向大企业倾斜的金融体系。

金融是经济的血脉，实体经济的发展需要金融体系的支持。而国民经济发展的重要力量是中小微企业，尤其是在互联网时代，中小微企业具有强大的创新力和生存发展能力。为此，我国需要通过促进中小微企业的发展，实现经济的转型与发展，也就是要打破大型企业对资源、生产和市场的垄断，鼓励、支持中小微企业的发展，并为其创造良好的环境。

建立在大数据收集和运用基础上的互联网金融，由于能够有效地弥合信息不对称，强化资金信息中介的功能，从而动摇了传统金融的生存基础，加速金融脱媒，使商业银行的金融中介功能边缘化，甚至形成无中介金融市场。同时，互联网金融大大降低了交易成本，提高了对风险的界定、控制和定价能力，降低了金融中介的门槛。它为金融业践行普惠金融、物联网金融、微金融等模式，服务中小微企业和中小金融消费者，尤其是轻资产的创新型企业，有效地发挥资源配置功能提供了新的载体，有利于打破金融业的垄断，缓解中小微企业融资难、融资贵的问题，促进经济的转型与发展。

颠覆金融业的经营理念和模式，倒逼金融互联网化

金融业是通过营销金融产品和服务盈利而获得生存与发展的。互联网金融对传统金融业的经营理念和经营模式产生了巨大的冲击，使金融互联网化成为关乎金融业生死的不二选择。

（1）传统金融业把安全放在首位，形成了以自我为中心的经营理念，以及扩规模、赚利差、抢大户的经营模式。这在一定程度上制约了金融业务的开展，尤其是产品与服务的创新，影响了自身的发展空间。互联网金融的特点则是把方便、灵活、快捷放在首位，以客户为中心，通过不断创新，为更多的客户提供其所需要的金融产品和服务，以及参与、体验、娱乐等附加利益，由此颠覆了传统金融业的经营理念。

（2）互联网金融不断蚕食甚至替代金融业的功能和业务，给传统金融业经营方式和盈利模式带来巨大的竞争压力。近年来，第三方支付、金融产品线上销售、互联网信贷、众筹等互联网金融模式的飞速发展，正在不断蚕食传统金融业务的版图，压缩金融机构的获利和生存空间。以至于有人预言，今后我们将不再需要现金和银行卡，银行因此可能消失。例如，以余额宝为代表的网上理财产品使银行失去了大量家庭存款；以支付宝、财付通、移动支付为首的第三方支付，能够为客户提供收付款、自动分账、转账汇款等结算和支付服务，从而对银行支付业务产生了替代效

应，弱化甚至边缘化了银行的支付功能，威胁着中国银联（China UnionPay）的生存与发展；阿里小贷在2010年成立后的3年半内，已累计为65万多家中小微企业提供融资服务，发放贷款1700亿元。互联网金融的发展给传统金融业带来了巨大的竞争压力，形成了倒逼改革的机制。传统金融业只有充分发挥自身优势，认清不足，及时转变经营理念，促进金融互联网化，才能应对互联网金融带来的挑战。金融互联网化意味着传统金融业在各方面都将发生巨大的变革，对促进金融业的创新与发展、提高资产配置效率起到积极的作用。

（3）互联网金融改变了银行与客户的关系和支付、信用体系，实现了渠道革命，为金融产品创新提供了广阔的舞台。任何金融产品都需要通过一定的渠道来销售。互联网金融借助互联网销售渠道和收集数据的能力，可以创新金融理财产品，满足小额资金消费者的理财需求，如余额宝；可以重建信用体系，降低金融风险的不定性，如创新物联网金融、消费者信贷、小额贷款、保险等业务；可以实现金融业务轻型化、移动化，降低经营成本，如创办网络银行；等等。

互联网金融发展方式对传统金融业态具有颠覆性

现代银行出现300多年来，由于缺乏相应的革命性技术，几乎没有发生过重大的变化。而今，互联网、移动互联网技术赋予互联网企业强大的跨界整合能力，能够实现资金融通、支付和信息中介等业务，由此产生的互联网金融模式可能颠覆传统金融业态。互联网金融正是凭借互联网信息技术的开放性、共享性、渗透能力强等优势，采用边缘性进入方式，渗透到传统金融业务领域，实现跨界整合，通过创新差异化金融产品和服务求得生存与发展的。这些金融产品和服务刚开始时可能会因质量低、风险高、利润少、市场小而发展缓慢，但由于其客户资源众多，营销渠道通畅，体验感强，方便快捷，一旦得到客户的认可，市场就会突然打开，并出现爆发式增长。例如，天弘基金与阿里巴巴旗下的支付宝合作推出余额宝后，就因满足了大量支付宝注册客户小额资金理财的需求而得到迅速发展，其资金规模和客户数量不断增加。余额宝在2013年6月上线半年后，天弘基金客户就达到4300多万，资金规模1800多亿元；上线1年后，客户数量超过1亿，资金规模超过5000亿元，一举成为全国最大、全球第四的货币基金。由余额宝推动的“宝类基金”的出现及其规模的扩张，使传统金融业开始感受到了来自互联网金融的巨大挑战。

互联网金融对传统金融业还可能产生一种跨界冲击，即凭借跨界整合的优势，创新金融业盈利模式，向客户提供极低成本甚至免费的金融产品和服务。就像360杀毒软件的免费使用，彻底改变了整个电脑杀毒收费市场的格局，以及微信使电信运营商沦落为“传输管道”，只能依靠互联网流量收费支撑业绩一样，商业银行可能仅仅成为资金的托管者。例如，相对传统银行而言，网络银行不依靠物理网点和银行卡从事金融业务（线上操作，现金业务交给银行），打破了业务经营的时空限制，大大降低了经营成本。

同时，互联网金融带来的跨界冲击，还将加速金融混业经营的发展趋势，淡化金融业与互联网企业的专业边界，使金融业进入门槛显著降低，金融服务更加便捷，金融工具更加丰富，消费者的金融选择权更加广泛。这些无疑都将对金融与经济的发展产生长远而深刻的影响。

需要强调的是，首先，应明确“颠覆性”的含义。从一般意义上讲，“颠覆性”除了具有从根本上颠倒、推翻之意外，还包括超过以前的认知，使原事物出现某种改变而与众不同。其次，互联网金融颠覆的是传统金融业态和商业银行经营管理模式，并不意味着不要金融业和银行。最后，这种颠覆性是一个过程，其效果取决于互联网金融本身技术的改进和风险控制，以及政府的监管态度和方式、社会的可接受程度等。为此要求政府对互联网金融应采取审慎宽松政策，支持并鼓励互联网金融的发展，从人才、创新、信用、配套体系、法制等方面营造良好的发展环境；金融业应尽快转变经营观念，实现互联网化，以使服务实体经济真正落到实处；互联网金融企业应不断进行技术创新，加强对金融风险的防范和控制，提高安全性；这样才能促进互联网金融的健康持续发展，并带来多赢的局面。

让互联网金融惠及更多的中小微企业①

中小微企业是国民经济发展的重要力量，但我国正规金融体系与中小微企业融资需求并不匹配。国务院总理李克强曾多次强调，要促进互联网金融健康发展，鼓励互联网金融等更好地向小微、“三农”提供规范服务。互联网金融的发展有利于打破金融业的垄断，践行普惠金融，缓解中小微企业“融资难、融资贵”的问题，促进实体经济发展。

电子商务模式的创新引领互联网金融崛起

互联网金融是借助互联网技术实现资金融通、支付和信息中介等功能的新兴金融模式，包括互联网支付、P2P 网络借贷、众筹融资、金融机构创新型互联网平台等。发端于发达国家的互联网金融之所以在中国迅速崛起，有其特殊的条件和原因。

（1）互联网技术的快速发展及其应用为互联网金融的产生与发展提供了技术支撑。20 多年来，互联网尤其是移动互联网及其终端设备从无到有的迅猛发展，使我国迅速进入移动互联网时代。据工业和信息化部统计，截至 2015 年一季度末，我国移动互联网用户达到 8.83 亿。这不仅大大提高了信息传递和处理的速度与能力，而且还培养了大量公众特别是青年客户群，为开拓金融业务的“蓝海”创造了条件。

① 发表于《中国社会科学报》2015 年 6 月 17 日第 A7 版。

（2）电子商务等商业模式的创新，带动了支付、投资理财、融资和风险管理等基本金融需求的发展，为其他互联网金融模式创新提供了示范和方法。以阿里巴巴为代表的电子商务，拥有十分广泛的客户群，能运用信息技术、大数据来判断和控制风险，不仅促进了第三方支付、“京东白条”等个人消费贷款，以及余额宝个人理财等互联网金融的发展，还产生了极大的示范效应，推动了人人贷、众筹等类电子商务的发展。

（3）传统金融业留下的市场空白为互联网金融提供了广阔的发展空间。受制于信息不对称带来的风险、严格的金融管制和制度保护，传统金融业缺乏竞争动力和创新精神，热衷于为大企业尤其是大型国有企业服务，难以或不愿顾及数量众多的中小微企业和“三农”等弱势群体的金融需求。这就给互联网金融的产生与发展带来了机会。互联网金融正是在致力于为被正规金融体系排除在外的群体服务，满足中小微企业和个人投融资需求的基础上迅速发展起来的。

互联网金融通过降低交易成本服务中小微企业

传统金融业既存在经济规模的要求，又存在信息不对称性带来的风险和利润考核指标的压力，决定了信贷资金偏向于高收益资产和有资质的企业。中小微企业由于经营风险大，信用程度低，缺乏可用于抵押的财产，自然不会被关注。民间借贷虽然能为中小微企业提供部分资金，但超高的利率要么让人望而却步，要么使企业背负难以持续的融资成本。

建立在大数据收集和运用基础上的互联网金融，由于能够有效地弥合信息不对称，重建信用关系，提高了风险的界定、控制和定价能力，从而可以大大降低交易成本，降低金融中介的门槛。通过创新普惠金融、物联网金融、微金融等模式，为中小微企业和中小金融消费者，尤其是轻资产的创新型企业提供金融服务。这对打破金融业的垄断，有效发挥资源配置的功能，缓解中小微企业“融资难、融资贵”的问题，提供了新的解决方案。

互联网金融缓解中小微企业“融资难”的优势，在于其强大的碎片化处理能力。例如，P2P 网络借贷、众筹模式相对于传统的融资方式更为开放，对接的是大量分散的个人投资者或非金融机构，既克服了金融业对规模经济的限制，又解决了资金的来源及其投资问题。在众筹模式下，是否盈利不再是筹资的唯一标准，能博得投资者喜欢的项目都可能获得启动资金。这种模式尤其适合小本经营或创新型企业。余额宝则是碎片化理财产品的典范。

互联网金融缓解中小微企业“融资贵”的优势，在于其风险控制与分散能力。互联网金融能够运用大数据、云计算等技术，低成本地收集客户的市场行为和信用记录，再根据信用状况进行匹配。加上互联网金融风险由众多债权人分担、交易成本低、效率高，因而能够为中小微企业提供成本低得多的融资产品和服务。

互联网金融的另一个作用是推动传统金融业的互联网化，促进银行践行普惠金融。事实上，互联网金融的发展给传统金融业带来的学习效应要远大于危机感。许多银行在充分利用互联网技术收集处理信息，实现业务轻型化、移动化后，其经营成本大为降低，具备了践行普惠金融的条件。

强化自律与监管以促进互联网金融健康发展

我国互联网金融起步晚，在提高金融交易的便利性、快捷性、透明性，有效改善中小微企业的金融生态环境、优化资源配置等方面，互联网金融发挥了很大的积极作用。但由于发展迅猛，难免出现鱼龙混杂、金融诈骗、违规操作、金融网络公司倒闭、老板跑路等问题。业界需要在正确认识风险的基础上，强化行业自律，政府也需要完善监管，以保障互联网金融的健康发展。

互联网金融的本质是金融，是金融就存在风险，就需要加强监管。互联网金融是在无门槛、无标准、无监管的环境下发展起来的，尤其要加强行业自律。主要通过建立自律组织、制定自律规范、自查机制、自纠办法来防范风险，确保互联网金融定位于中小微企业和“三农”等弱势部门。同时，我们也要防止互联网金融业形成垄断，收取高溢价而违背普惠金融原则。政府更应尽快完善互联网金融相关法律法规，创新监管理念，用开放的心态理解和尊重互联网金融创新，为互联网金融的发展创造良好的环境。

创新发展互联网金融的普惠模式①

国务院于 2015 年 12 月底发布的《推进普惠金融发展规划（2016—2020 年）》指出，大力发展普惠金融，是我国全面建成小康社会的必然要求，有利于促进金融业可持续均衡发展，推动“大众创业，万众创新”，助推经济发展方式转型升级，增进社会公平和社会和谐。互联网金融由于交易便捷、成本低、碎片化处理和跨界整合能力强，能有效提高金融服务的可得性，因而可以成为除传统金融机构外发展普惠金融的有效组织。

开拓金融业务的“蓝海”

互联网金融作为除银行间接模式和资本市场直接模式外的第三种金融模式，是为满足广大“草根”和中小微企业的投融资需求而发展起来的。互联网金融是借助互联网技术实现资金融通、支付和信息中介等功能的新兴金融模式，主要包括互联网支付、金融产品线上销售、互联网信贷和众筹等。近年来，发端于发达国家的互

① 发表于《文汇报》2016 年 1 月 20 日第 5 版。

联网金融在中国迅速崛起，是有特殊的条件和原因的。首先，互联网技术的快速发展及应用，大大提高了信息传递、收集和处理的速度与能力，降低了成本，为开拓金融业务的“蓝海”创造了技术条件。其次，电子商务等商业模式的创新，带动了支付、投资理财、融资和风险管理等基本金融需求的发展，为互联网金融模式创新提供了示范和方法。例如，第三方支付、个人消费贷款、个人理财等的出现，推动了人人贷、众筹和互联网保险等的发展。最后，受制于信息不对称带来的成本和风险、严格的金融管制和制度保护，传统金融业缺乏竞争动力和创新精神，热衷于为大企业服务，难以或不愿发展普惠金融。这给互联网金融的产生与发展带来了市场机会。互联网金融正是在致力于为被正规金融体系排除在外的群体服务，满足中小微企业、农民和城镇居民投融资需求的基础上迅速发展起来的。

具有发展普惠金融的优势

互联网金融天然地具有发展普惠金融的独特优势。一是互联网金融凭借互联网信息技术的开放性、共享性，可以大大降低交易成本，提高对风险的界定、控制和定价能力，降低金融中介的门槛，为金融业践行普惠金融、物联网金融、微金融等模式，服务中小微企业和个人金融消费者，尤其是轻资产的创新型企业，有效地发挥资源配置功能提供了新的模式，有利于打破金融业的垄断，促进经济转型与发展。二是互联网金融强大的碎片化处理能力能够有效解决中小微企业和个人投融资难的问题。例如，P2P 网络借贷、众筹模式相对于传统的融资方式更为开放，对接的是大量分散的个人投资者或非金融机构，既克服了金融业对规模经济的限制，又解决了资金的来源及其投资问题。在众筹模式下，是否盈利不再是投资的唯一标准，只要能博得投资者喜欢的项目都可以获得启动资金。这种模式尤其适合小本经营或创新型企业。余额宝就是碎片化个人理财产品的典范。三是互联网金融能借助互联网企业形成强大的跨界整合能力，实现资金融通、支付和信息中介等业务，通过创新差异化金融产品和服务求得生存与发展，还可以创新金融业盈利模式，向客户提供极低成本甚至免费的金融产品和服务。例如，网络银行不依靠物理网点和银行卡从事金融业务，大大降低了经营成本。四是普惠金融具有广阔的市场。互联网金融能够运用大数据、云计算等技术低成本地收集客户的市场行为和信用记录，再根据信用状况进行匹配。借助互联网销售渠道和收集数据的能力，互联网金融能够增强服务的便捷性和可得性。

政府的监管方式尤为重要

当然，作为新型的金融业态，互联网金融既存在信用违约风险、市场风险、操作风险、流动性风险，以及非法集资、金融欺诈等传统金融风险，也带来了系统安全、信息泄露等新的风险。互联网金融持续创新与发展取决于本身风险的控制，以及政府的监管态度和方式、行业自律、社会的可接受程度等。由于互联网金融存在的操作风险、技术风险大多可以通过技术的完善来化解，政府的监管态度和方式就显得尤为重要。

首先，互联网金融没有也不可能改变金融业高风险的属性，其普惠模式反而激发了更多企业和社会公众对理财、借贷、支付等的需求及方式的创新，使监管的范围、复杂性和难度增加。同时，互联网金融还会对实体金融产生挤出效应。但只要互联网金融致力于普惠金融，就不至于给经济与金融的稳定健康发展造成危害。在这种情况下，我国政府就会对互联网金融采取积极的态度，“让子弹多飞一会儿”。

其次，服务实体经济是金融业的本质要求。互联网金融服务实体经济的生命力在于创新，互联网金融创新需要良好的环境。如果互联网金融致力于普惠金融，服务于中小微企业、“三农”和“大众创业，万众创新”，促进经济的转型与发展，就能够进一步得到政府的支持鼓励和政策法规上的帮助，从而赢得宽松的发展环境。

不过，这里也有必要补充一句，互联网金融虽然给传统金融业带来了较大冲击，对传统金融业互联网化、践行普惠金融形成了倒逼机制，但没有也不可能摆脱金融业的本质特征，更不可能完全替代传统金融业。所以，在规范健康发展方面，它们的取向是完全一致的。

第六篇　资本市场与公司治理

延长发行与上市的时间差以控制新股暴炒[①]

当前，针对我国现行新股发行方式暴露出来的制度性缺陷，要求改革的呼声越来越高。有人提出恢复市值配售，有人提出“一人一手”，有人提出“市值配售+资金摇号”。但这些都是从新股发行的角度来谈的，每种方式的实施都要求对现行新股发行制度进行改革，必然会增加改革的成本和政策的不稳定性。其实，采用新股上市时间的不确定性安排，同样可以有效克服现行新股发行方式存在的弊端。

我国目前采用股票发行与上市联动制，新股发行日与上市日基本同时决定，而且新股发行与上市时间间隔很短。以 2007 年 4 月 6 日至 12 月 26 日期间发行与上市的新股为例，包括节假日在内时间间隔最长的个股为天津普林，共 22 天；最短的仅 7 天，分别是南京银行、宁波银行、中海集运和出版传媒等。从新股上市首日的收益看，新股不败的神话一直在延续。新股上市首日涨幅一般都在 60%以上。

因此可以说，能预期在短时间内获得无任何风险的高收益率，才是造成全民参与摇新股、一级市场流动性资金泛滥、新股首日上市暴涨且换手率高企的主要原因。这显然有悖于股票投资风险与收益共担的市场公平原则，也不符合股票投资收益取决于对未来的市场预期的本质要求，因而改革和完善新股发行制度是我国证券市场发展的当务之急。

笔者认为，在不改变目前新股发行方式的前提下，可以尝试通过对股票发行与上市联动制的调整，来增加新股申购的风险性和不确定性，有效减少一级市场流动性资金泛滥的状况。具体来说，就是要让股票发行和上市实现分离，延长新股上市时间，提高新股上市时间的不确定性。这种改革办法不但简便易行，实施成本低，不至于引起一级市场的波动，而且至少还有以下优点。

（1）可以通过提高新股申购的成本，改变对新股收益的预期，达到减少新股申购资金的目的。由于目前我国新股发行数量多，新股发行后上市时间短、收益高，短期申购资金变现不存在任何困难，使得几万亿元资金为认购新股忙进忙出，造成资金的巨大浪费，影响金融体系的平稳运行，也使得新股上市首日换手率居高不下，

---

① 发表于《上海证券报》2008 年 1 月 3 日封 5 版。

暴炒新股的现象频繁出现。因为许多新股认购资金如上市公司的新股认购基金特别是银行等设立的新股认购基金，本身就是以获得短期高收益为目的的。当新股上市后，它们往往会立即抛售新股变现，成为导致我国新股上市首日换手率平均在60%以上，股价高开低走的直接原因。可见，适当延长新股发行与上市的时间差，不仅会增加新股认购的时间成本和资金成本，提高新股申购资金变现的周期和不确定性，而且还会因上市公司在较长时间内经营状况的变化而增加新股收益的不确定性。这必将大大减少一级市场的新股申购资金，引导资金流向二级市场。

（2）可以利用新股股票的供给实现对股市的调节。我国股票市场还是一个新兴的市场，很不成熟，表现为投机性强，常常出现暴涨暴跌。而政府在认为必要时采取行政手段来平抑市场，反过来又加剧了股市的波动，引起广大投资者的不满；另外，在新股短期收益的驱动下，大量资金会加入到“摇新队伍”中去。每当认购资金解冻，又进入二级市场追买股票，如此循环往复，也加剧了股票市场的波动。

如果对股票发行与上市联动制进行改革，在新股发行时不再确定具体上市时间，而是根据股票市场的运行状况来安排，就能够实现对股票市场的调节。当股票价格上涨过快，投机性强增时，可以加快新股上市的速度，增加新股上市的数量，从而达到抑制过度投机、防止资产价格出现泡沫的作用；反之，当股票市场出现低迷时，在不影响新股发行的前提下，可以降低新股上市的速度，减少新股上市的数量，从而减轻股市的压力，传递有利于股市向上的信息。这是一种通过市场调节股市的手段，应该比行政政策手段更有效，更符合市场经济运行规律。

（3）有利于上市公司信息的充分披露，提高经营业绩，使投资者了解公司的经营状况，鼓励长期投资。如果新股发行与上市时间相隔太短，发行公司信息披露就不会很充分，市场对其了解也就难以深入。结果是，一方面，股票发行公司、承销商、上市推荐人在承受来自市场较轻压力的情况下，容易出现各种形式的“包装上市”、尽可能提高发行价格的行为，典型的例子如2007年冻结资金量最大的中国中铁，在12月3日上市后没有几天就遭到专家对其业绩的质疑；另一方面，由于新股发行与上市时间间隔短，投资者缺乏对公司业绩的了解，为规避长期投资可能带来的风险，自然偏向于新股的短期炒作，这只会加剧市场的投机气氛，也使得市场扩容为投资者带来的优质资产和投资机会大打折扣，挫伤投资者的信心，增加人们对扩容的恐惧，对资本市场的健康发展产生不利的影响。

因此，适当延长新股上市时间，让这些公司的经营管理状况充分暴露在人们的视野范围内，对于促进上市公司合理使用募股资金、提高经营业绩、避免短线炒作、鼓励长期投资的积极意义是显而易见的。这样才能真正体现证券市场的公平、公正、公开原则。

别让不合理的再融资毁了股改成果①

我国资本市场始于2005年5月的股权分置改革，目前已取得了阶段性的成果，表现为绝大多数上市公司顺利地实施了股改方案，建成了股东的利益共同体；股票市场也在经过2001年6月到2005年上半年长达4年多的熊市后，得到了快速的发展，正呈现出生机勃勃的景象，曾遭受惨重损失的广大股民的信心也得以恢复。但是，应该看到，股权分置改革是一项极其重大而又复杂的系统工程，还存在变数，最近接连传出的上市公司巨额再融资问题如果处理不好，就有可能毁掉股权分置改革已经取得的成果。

不可否认，股票市场最初就是为了便于企业筹措资金而发展起来的，融资是股票市场最重要的功能。通过融资活动配置社会闲散资金，把它们引导到那些最有经济效率的企业中去，能够最大限度地推动经济发展。而再融资是上市公司在证券市场上通过配股、增发和发行可转换债券等方式筹集资本的行为，以满足公司进一步发展对资金提出的要求。以前，我国上市公司再融资的唯一方式是配股，2000年、2001年又分别增加了增发、发行可转换债券融资方式。在再融资条件上，现行规定是，公司首次公开募股（initial public offerings，IPO）一年后就可以提出再融资的要求，增发和发行可转换债券在净资产收益率和融资规模要求上相对于配股的规定都要宽松一些。这就是近年来增发受到上市公司追捧的重要原因。

对上市公司来说，在政策许可的范围内尽可能地融到更多的资金是一种理性决策。如果投资的必要性和融资的可能性能结合起来，就会带来较好的投资效果，有利于推动上市公司的进一步发展，给予投资者更多的回报。但在实际中，许多上市公司不是根据投资需求来确定融资规模，而是把能筹集到尽可能多的资金作为选择再融资方式的重要目标，结果往往使融资金额超过实际资金需求，从而带来"狮子大开口"、融资投向具有盲目性和不确定性、募集资金使用效率低等一系列问题。由于缺乏投资项目，不能按计划完成募集资金的投入，许多上市公司只得将富余的资金用于委托理财、打新股等非生产业务，甚至靠购买债券、存入银行来获取利息。

我国资本市场中存在的这些仅仅把再融资当作圈钱手段，不断提出大规模不合理融资的问题如果长期得不到解决，不但对上市公司本身的发展会产生极为不利的影响，而且必将严重损害投资者尤其是中小投资者的利益，导致投资者的投资意愿逐步减弱，打击广大投资者的信心，进而影响整个资本市场的稳定发展。

在国外比较成熟的资本市场中，由于对公司治理尤其是信息披露要求比较高，

① 发表于《上海证券报》2008年2月26日封4版。

上市公司承担的监管责任和法律风险大，能有效防止上市公司恶意圈钱的行为，所以上市公司再融资非常便捷和灵活。有些国家规定，只要符合法规，公司初次上市后一年内可多次配股和增发。但我国资本市场还是一个发展中的市场，面临的主要问题是如何保持稳定与发展，树立投资者的信心。特别是在我国资本市场实施股权分置改革后的几年中，由于“大小非”大规模的解禁，必然会对股票市场产生巨大的冲击，所以我国资本市场还十分脆弱，近来传出中国平安、浦发银行再融资带来的股市暴跌就是证明。如果任由事态发展，很可能会诱发更多上市公司更大规模的融资行为，那时，我国资本市场将不堪承受，股权分置改革的成果也很可能因此而被毁掉。

从理论上看，股份公司的财产组织形式、治理结构和运作机制是社会化生产方式和现代市场经济发展的产物，是适应生产社会化和资本社会化的一种组织形式。它保证和推动了现代市场经济的有效运行和社会资本关系的实现，因此，股份公司是现代企业的最好实现形式。企业制度由独资企业演进到公司尤其是股份公司，无疑是一件里程碑式的事情，它是实现资本集中的强有力杠杆，对创造巨大的社会财富起到了重要的作用，但同时也带来了许多问题，使一部分人获得了拿别人财产去冒险从而损害了投资者利益的可能，也为大资本控制、支配甚至剥夺分散的中小资本提供了有效的手段。正所谓“天使的一半是魔鬼”。股权分置改革要解决的是制约我国资本市场发展最重要的制度障碍，但不可能解决所有问题。对于当前中国的资本市场来说，股权分置改革不是万能的，还需要多方面倍加呵护，尤其要防范少数上市公司利用股权分置改革谋求自身的利益，损害中小投资者利益，牺牲整个资本市场发展的行为。

目前，为了缓解“大小非”解禁对我国股市资金的压力，缓解供求矛盾，巩固和发展股权分置改革的成果，维护好我们的牛市局面，需要各方面共同努力，加强对上市公司再融资的管理。对于政府来说，要切实规范上市公司再融资行为。例如，拉大 IPO 后再融资的时间，规定 IPO 后的合理年限；规定再融资方案必须由流通股股东参加投票并有超过 2/3 以上的支持率；对弄虚作假、随意更改募集资金投资方向或者渎职的上市公司，要进行责任追溯，并给予停止若干年再融资的处罚等，以避免上市公司盲目尤其是恶意增发圈钱的行为。

对于融资主体的上市公司来说，绝对不要把股市当成自己的提款机，盲目圈钱。如果确实有再融资的合理要求，也要根据资本市场发展的实际情况，充分考虑市场的承受能力，制订恰当的融资计划；同时要及时披露相关信息，加强与投资者的沟通，以实现公司融资和股市发展双赢的局面。

从巩固和发展股改成果看稳定股市的必要①

最近一段时间以来，面对我国股市持续暴跌、投资者信心遭受重创的情况，有关政府要不要救市的争论也越来越多。反对者以国外为例，认为救市解决不了问题，股市的问题还是要由市场来解决，政府最基本的责任是维护市场的秩序，确保市场的公开、公平和公正。这似乎是很有道理的。但如果考虑到目前中国资本市场发展所处的特殊背景，从保障股权分置改革和股市健康发展的需要来看，政府救市则显得非常必要，甚至是不得不为的迫切要求。

股市的运行趋势与资金面存在着十分密切的关系，供求关系失衡必然会导致股市的波动。2001 年 6 月实施“国有股减持”后遭到市场以脚投票、2005 年 5 月实施“股权分置”改革后遭到许多专家学者的怀疑，主要原因就是担心一旦占上市公司股本总额近 2/3 的非流通股集中进入股市交易，必将使股市供求关系发生实质性的变化，以致压垮整个市场。后来股权分置改革进展之所以出乎意料的顺利，与改革过程中投资者的创新、大股东延长非流通股锁定期以及政府出台了诸如上市公司回购社会公众股份、控股股东增持社会公众股份等一系列政策措施直接相关。这样才打消了投资者对非流通股可能大量入市引致股指暴跌的疑虑，使遭受惨重损失的广大投资者的信心也得以恢复，并使股票市场最终终结了 2001 年 6 月到 2005 年上半年长达 4 年多的熊市而步入了随后近两年的牛市，为进一步推进股权分置改革创造了良好的市场环境。

自 2007 年 10 月以来，我国股市连连下挫，虽然有美国次贷危机、国内宏观紧缩政策等因素的影响，但根本原因还在于大规模“大小非”的减持和上市公司巨额再融资迅速改变了市场供求关系的预期，从而影响了投资者的持股信心。数据统计显示，2007 年“大非”解禁的公司有 443 家次，涉及股份合计达 174.05 亿股。2008 年全年 A 股市场解禁股更是高达 1339.193 亿股，总市值超过 29 763 亿元。如果考虑到中国平安公司巨额再融资方案在股东会通过可能引发的再融资高潮，市场面临的压力更大，也更难以预期。而从资金面看，仅靠新基金的发行和合格的境外机构投资者（Qualified Foreign Institutional Investors，QFII）的开闸远远解决不了市场对资金的巨大需求。供求关系的严重失衡必然影响到投资者的预期，对投资者心理造成严重的冲击，并引致股市大幅下跌乃至崩盘。这其实是市场运行的结果，如果任其发展，最终必将严重损害投资者尤其是中小投资者的利益，进一步打击广大投资者的信心，非但使股权分置改革的成果得不到保障，我国资本市场的进一步发展也将受到严重的影响。

---

① 发表于《上海证券报》2008 年 3 月 17 日封 6 版。

股权分置改革是一项“开弓没有回头箭”的政策举措，旨在解决制约我国资本市场发展的最重要的制度性障碍。虽然它不是包治百病的灵丹妙药，但这是我国资本市场发展过程中不得不跨过的一道坎。尽管从目前看进展比较顺利，但更为艰巨的时期还是在“大小非”解禁后，扩容的巨大压力可能影响股市的稳定发展，进而使股改的成果大打折扣。从目前来看，这种解禁压力不仅已经对投资者的心理产生了很大的利空影响，而且对股市产生了实实在在的冲击。由于非流通股基本上是1元一股甚至以更低价获得的，非流通股持有者是股改和股市上涨的最大赢家，变现的动机非常强烈。因而“大小非”一解禁就遭到疯狂抛售的事件不断出现，并有进一步加剧的趋势。有大户甚至说道：“如果有需要，不会计较卖出时的一两个跌停板。”事实上，“大小非”解禁的狂潮已超过了很多人的想象。面对“大户”狂抛法人股，一些基金经理发出“快受不了了”的声音。

如果说上证综合指数从6124点跌到4700多点是挤泡沫的行为，属于市场的正常调整；那么，从5522点快速跌到4000点的合理投资价值区间后，在国民经济健康稳定持续发展的前景仍然可期、上市公司质量明显提高、市场监管有效性得到加强、外围股市也出现好转等背景下，我国股市还是“跌跌不休”，股市运行的技术分析失去作用，这只能说明另有原因。可以说，正是“大小非”的疯狂抛售、巨额再融资消息的频频传出迅速改变了股市的供求状况，从而导致市场持续的大幅调整。更令人担心的还在于，如果股市连连下挫引起的股民的恐慌情绪传导到基民身上，还将不可避免地引发基民的大规模赎回潮，然后迫使基金被迫抛售股票，由此形成恶性循环，其后果不堪设想。那时，我国资本市场将不堪承受，股权分置改革的成果也很可能因此而被毁掉。

“切实保护投资者特别是公众投资者的合法权益，维护股票市场的稳定发展”是股权分置改革的生命线。在股权分置改革的特殊背景下，当我国股市遭遇到国内外利空因素的严重打击时，政府及时出台一些救市措施是非常必要的。当务之急是采取果断行动，暂缓新股发行的节奏，尤其是要明确限制那些“狮子大开口”式的再融资行为，有效地消除投资者对于资金面上的巨大恐惧，为股市的稳定发展创造明确的预期。同时要继续开拓资金入市的新渠道和新机制，将印花税调整为单边征收，还要更加善待中小投资者，并切实保护他们的利益。这样做的目的在于让市场明确管理层对维护资本市场稳定发展的积极态度，消除目前弥漫在市场上的不正常的恐慌情绪，取信于投资者，重树市场的信心，最终使我国资本市场回归到稳定发展的轨道上来。

这样的“麻烦制造者”多多益善[①]

致力于提高透明度和规范信息披露，是完善公司治理的重要内容，也是保证证券市场健康发展的重要前提。而涌现出更多敢于站出来质疑公司的“麻烦制造者”和敢于面对质疑、敢于面对不足的公司，这一目标才有可能实现。

单靠公司内部管理层的职业道德和行业惯例是不能保证信息披露的可靠性的。美国安然等名噪一时的公司一夜崩溃，我国银广夏、蓝田、东方电子等公司违规造假就是例证。因为：①公司财产采取的委托—代理制使代理人行为目标与委托人的目标可能不一致，而且责任不对等。股东的目标是企业财富最大化，经营者则可能追求报酬，增加闲暇时间，甚至有可能为了追求自己的目标背离股东的利益。在决策失误时，代理人的损失至多是失去工作机会和人力资本价值，而委托人则可能失去所有交给代理人经营的巨额财产。这种责任不对等很容易诱发经理人拿股东财产去冒险的行为。②委托人与代理人之间信息高度不对称性。这包括两个方面，一是股东在选择经理人时，应聘者故意隐瞒真实信息或提供虚假信息，从而骗取了股东的信任，而且越是“差”的应聘者越有“积极性”来做假，结果往往将那些“好”的应聘者淘汰出去。这类问题又称为“逆向选择”。二是经理人在管理中比投资者更了解企业生产、收益和成本等方面的信息，即拥有更多的“私人信息”。在缺乏足够监督的情况下，经理人往往报喜不报忧，甚至违规造假，这就是所谓的“道德风险”。既然代理人也是具有独立利益和行为目标的“经济人”，他们的行为又存在所谓“机会主义倾向”，因而，仅仅依靠经理人的职业道德和个人操守很难保证信息披露的可靠性。尤其在股权分散、流动性高，所有者对经理人员监督约束很弱的情况下，更是如此。

为了推动上市公司完善信息披露和公司治理，必须借助外部力量。除了监管部门、证券机构以及新闻媒体之外，更需要被上市公司称为“麻烦制造者”或被媒体称为“财务杀手”的“揭黑”群体。他们利用自己的专业知识，在自己的博客或报刊上公开质疑上市公司披露的信息，对推动证券市场的公开、公平与公正，强化对上市公司的监督起到了积极作用。例如，自封为“财务侦探”的夏草，从2001年开始在7年多的时间里先后撰文质疑了上百家上市公司，其中已经有10家公司的股票退市，40 余家公司不是被立案调查就是其股票沦为特别处理（Special Treatment，ST），或者成为空壳被重组，或曝出巨额亏损的消息。2001年，一介书生刘姝威，以600字的短文《应立即停止对蓝田股份发放贷款》戳穿了蓝田的神话。由此可见，这种“揭黑”群体对于推动证券市场的公开、公平与公正的积极意义。

---

① 发表于《上海证券报》2008年7月24日封6版。

虽然每个投资者甚至每个关注中国资本市场健康发展的人都有权利也有责任监督上市公司的信息披露，但由于绝大多数投资者并不拥有相应的会计学或统计学方面的知识，他们常常无法从上市公司披露的信息中发现问题。这就更加需要那些会看报表、能看懂报表而又敢于站出来质疑上市公司的“麻烦制造者”来监督上市公司真实、全面、及时、充分的信息披露，把上市公司违规行为消灭在萌芽状态。

上市公司经营的是股东的财产，接受和回应社会公众的质疑是一种义务。面对“麻烦制造者”的每次质疑，上市公司都应给予认真的关注和如实的答复，不然更会让投资者失望。值得一提的是，2006 年天威保变在遭到夏草质疑时，其董事长感谢夏草提出的问题，并代表公司向投资者道歉，表现出公司应有的态度。这既是对公司自身风险的防范，也是对社会公众的负责行为。

面对“破净”，尽快完善股票回购制度①

随着沪深股指连连走低，上市公司股票价格跌破净资产现象越来越严重，至 2008 年 8 月 26 日，两市“破净”A 股扩容至 37 只，市净率在 1～1.1 倍的个股也有 30 多只，无论如何这是不正常的，充分暴露了我国资本市场的制度性缺陷，应引起管理层和上市公司的高度注意。

通常，上市公司每股净资产是公司股价的绝对支撑点，市净率也因此成为股票投资的主要防御性指标。因为一旦上市公司破产清盘，股票的财务账面价值就是每股净资产。我国规定国有股场外转让价格不得低于每股净资产，也表明每股净资产并非是一个抽象的指标而已。

如今沪深两市大量上市公司同时出现“破净”现象，而且绝大多数上市公司对此熟视无睹，这只能说明，要么是管理层对公司未来的发展前景不乐观，认为当前的股价仍然过高，不值得买进；要么是无视股东的利益；还有就是资本市场不完善，存在制度性缺陷。如果任由其蔓延，必将加剧投资者的失望情绪，损害公司形象，并引致股市继续大幅下跌乃至长期低迷，最终严重损害投资者尤其是中小投资者的利益，影响我国资本市场和实体经济的进一步发展。

对于大量上市公司出现“破净”的现象，笔者认为，需要管理层和上市公司共同努力加以解决，而且是迫切的任务。而其中最重要的措施是尽快完善股票回购制度。股票回购虽然在沪深两市早已存在，但对于上市公司来说，目前仅仅是一种自愿行为，通过二级市场回购本公司股票的上市公司或股东还很少，对资本市场产生的积极影响也很小。从法律政策层面看，我国现在只规定上市公司为减少注册资本而购买本公司社会公众股份并予以注销的回购行为，并没有要求上市公司在股价低

① 发表于《上海证券报》2008 年 9 月 1 日封 5 版。

于每股净资产时必须回购股票，以保障广大中小股东的合法权益。应该说，这才是导致大量上市公司“破净”的重要原因。

在上市公司“破净”时要求回购股票的主体可以是公司本身，也可以是大股东或高级管理层。这种强制性回购股票制度的好处是显而易见的。首先，有利于规范上市公司的行为，加强对投资者的保护。资本市场的基本功能是融资，融资的目的是创造更多的财富并回报广大投资者。只融资不回报的公司绝对不是好公司。其实，股票回购作为上市公司的资本运作方式，不仅能提升股东手中所持股票的价值，也有利于公司的长远发展。因为回购股票并予以注销，可以使流通在外的股票数量减少，从而减轻公司的分红压力，减少用于股利支付的现金支出，最终使每股利润和每股股利增加，每股市价也随之上升。虽然回购股票可能会带来较大的现金支付，但从长远来看，将来每年由于减少股利支付而增加的现金净流量还是比较可观的。股票回购也是防御外来收购的有效措施。在公司股价低迷时回购股票还可以用来奖励有成就的经营者和从业人员。正因为如此，这种做法在海外资本市场中很普遍。

近半年来，在港股走势低迷的情况下，不少上市公司选择了回购，如华人置业以每股作价 10.72～11.08 港元回购了259.7 万股公司股份；联想集团以每股作价 5.21～5.37 港元回购 300 万股；创维数码先后 8 次共花费 974 万港元回购了 11 万股上市公司的股票；还有 SOHO 中国董事长潘石屹、金山软件董事长求伯君和副董事长雷军、TCL 董事长李东生都斥巨资大举回购本公司股票。

还有，实行强制性回购股票制度，对于打击上市公司财务违规造假的行为，提高信息披露的真实性，对于激励和监督上市公司大股东和高级经理人员，切实保护投资者尤其是广大中小投资者的利益都具有积极的作用。

股票回购还有利于挽救低迷的市场人气，维护公司股价和资本市场的稳定。老实说，那些股价持续下跌到每股净资产以下仍然无回购计划的公司，凸显了对股东利益的漠视态度，是值得投资者怀疑的。回购股票则可以传递公司发展前景仍然向好的信息，不仅能维护上市公司的信誉，增强投资者持股的信心，而且能有效调节市场供求关系，促使公司股价回归至真实水平。

上海建设国际金融中心离不开次级资本市场①

构造多层次资本市场是国际金融中心建设的重要路径。上海在确立到 2020 年基本建成国际金融中心的目标后，也必须以资本市场的多层次化发展为切入点，加快多层次资本市场体系的建设，以期更好地发挥和增强服务全国的功能，同时为金融

① 发表于《上海证券报》2009 年 4 月 8 日封 6 版。

体系的进一步国际化打下坚实的基础。

在目前已成为国际金融中心的东京、纽约、伦敦以及香港，除建有比较规范的、规模也很大的证券交易所市场外，还建立了包括直接的产权转让市场、信托融资市场、柜台交易（Over-the-Counter，OTC）系统、金融交易市场、中小企业股权融资市场等多种场外交易市场。在笔者看来，这些可以统称为“次级资本市场”。各层次资本市场相互依存，有序衔接，才能促进储蓄源源不断地转化为投资，引致更大的资本形成，满足不同类型企业的融资需求。

上海已建立了比较完善的货币市场和粗具规模的资本市场。但就整体而言，还存在资本市场体系不健全，间接融资和直接融资比例失衡等问题，使得企业融资渠道狭小，资本的流动和配置受阻。所以，从操作层面考虑，上海建设国际金融中心尤其要加强“次级资本市场”的建设。

现阶段我国虽然在深圳建立了中小板市场，到 2009 年 4 月上市企业已有 200 多家，但与中小企业占据全国经济半壁江山的现实相比，中小板市场目前的规模还远远不够。至于代办股份转让系统与产权交易市场，则普遍存在着流动性不足、交投清淡、交易手续烦琐、各自为政、低层次重复建设等问题，也在一定程度上抑制了中小企业在发展过程中对融资和股权交易的需求。而处于全国性层面的主板市场对中小企业融资设定了较高的门槛，很多企业难以跨越，这些企业要想获得发展所需要的资金只能依赖于专门为中小企业提供融资服务的次级资本市场的发展。

与国外成熟的资本市场体系相比，我国次级资本市场体系不仅不完善，而且缺乏明显的市场分层和子市场间的良性互动，整体服务能力低下。具体主要表现为：缺乏真正意义上的二板市场，缺乏有效的场外柜台交易市场以及规范的产权交易市场等。切实把握中小企业成长和创新的规律，了解中小企业融资需求的内在特性，加快服务于中小企业发展和国家自主创新战略的次级资本市场的建设，已经成为当前我国和上海国际金融中心建设迫切需要解决的重大课题。

次级资本市场体系的建设，必须有助于其自身功能的充分发挥。这些功能主要是：为中小企业尤其是高科技中小企业提供有效的融资渠道；为创业投资提供顺畅的退出机制；促进主板市场发展，实现互补、共赢。以上述三项功能为基础，我国次级资本市场体系的建设应是服务于为中小企业的发展提供融资服务的市场；注重上市公司成长性、讲求上市公司质量的市场；培育创业者理念、催生创新机制的市场；与主板市场有明显区别但又存在适当竞争、相互促进的市场。

资本市场要实现高效运行必须具备三个基本前提：价格主要由需求和供给决定；有众多的参与者，保持市场的竞争性和活力；有科学合理的市场结构。然而，现代市场经济理论大多只注重强调形成市场竞争的前两个前提，却忽略了对于处在经济转型期的发展中国家来说尤为重要的市场结构问题。当前制约我国资本市场效率水平提高的，正是市场结构的不完善。而且，多层次资本市场的建设遵循的是从非证券资本市场到证券资本市场，从产权交易市场、场外柜台交易市场到创业板市场、主板市场，入市标准逐步严格，企业规模和素质也呈阶梯式上升的规律。我国由于特殊的原因，多层次资本市场体系的建立采取了政府主导型的强制性制度变迁模式，因此，当我国以成熟的资本市场体系为蓝本建设多层次资本市场时，次级资本市场的发展被忽略了，各种次级资本市场在发展过程中遇到了许多困难。

上海应充分抓住建成国际金融中心这个机遇，加快解决我国资本市场“层次单一，服务能力不高”等问题，通过完善为中小企业融资提供服务的各种次级资本市场，为国际国内金融资产、股权资本提供完整的交易平台，确保我国经济增长所需资本的形成，以提高我国在国际金融中的地位和整体竞争力。

公平交易是成熟资本市场的标志①

目前，虽然对于成熟资本市场的评判标准在国内外还没有完全获得共识，但对于维护市场的公平却是一致的。2007 年 3 月，时任国务院总理温家宝在两会结束后的记者招待会上就曾指出，我国要建立一个成熟的资本市场就需要提高上市公司的质量，建立一个公开、公正、透明的市场体系；加强资本市场的监管，特别是完善法制；要加强股市信息的及时披露，使股民增强防范风险的意识。

在笔者看来，这四个方面主要涉及的是维护市场秩序，实现公平交易的问题。在股权分置改革完成后的今天，中国资本市场存在的问题也就是这几个方面不足的表现。因此，成熟的资本市场最重要的一点就是要确保公平交易的实现。为此，除了要进一步提高上市公司质量外，还需要在投资者地位的公平、信息披露的公平、市场交易的公平等方面加强制度建设。

投资者地位的公平就是要使资本市场的所有参与者都具有对等的机会进入和退出市场，且进入和退出市场的成本对等，其实质就是要加强对中小投资者的保护。因为资本市场是一个由众多大小投资者参与逐利的场所，但相对于实力强大的机构投资者来说，中小投资者处于不利的地位。例如，凭借强大的资金优势，机构投资者或大户可以获得较多的新发行的股票、较低的证券交易成本、上市公司的信息等，甚至可以操纵股价。又如，高盛公司能以每股 1 元多的价格购买中国工商银行股票，而中小投资者却买不到。

可见，保护中小投资者利益是实现资本市场公平交易要特别关注的重要问题。为此，继续完善新股发行制度，使新股发行能让更多的普通个人投资者获益；尤其要建立由监管机构、行业自律组织和市场参与主体构成的多层次的监管体系，以实现对投资者合乎法规的监管，防止和打击任何机构与个人的“老鼠仓”行为、非公

① 发表于《第一财经日报》2010 年 11 月 15 日第 T39 版。

平交易行为和各种形式的利益输出行为等。

信息披露的公平就是要求所有可能影响证券价格的信息披露及时并对所有投资者都是开放的。致力于提高透明度和规范信息披露，是完善公司治理的重要内容，也是维护资本市场的良好秩序、保障资本市场的健康发展和投资者利益的重要前提。但值得深思的是，正是这样一个重大的问题却始终没有得到很好的解决。

市场交易的公平也就是市场游戏规则的公平。成熟的资本市场必须构建一个公平、透明的市场交易环境。为此需要完善的相关制度和机制有很多，包括资本市场的日常运营与监管机制、证券发行机制、市场约束机制和交易机制等。例如，为了抑制过度投机、维护市场稳定，需要建立健全市场运行监测监控系统，健全风险预警与应急机制，确保交易的正常进行。尤其需要建立健全对违法违规行为的调查、认定和查处的工作机制，防止和打击操纵市场、内幕交易等违法违规行为。又如，为还普通投资者一个公平交易的市场环境，使中小投资者能在当天回避价格风险，可考虑恢复“T+0”交易制度。在证券发行上，针对创业板市场出现的造富问题，可考虑根据股票发行价格的高低在对原有股份进行缩股的基础上扩大发行数量等。

分红规则漏洞给暴炒高送转行情提供了机会①

每到新年一季度，随着上市公司年报的陆续披露，沪深股市总会上演一场暴炒年报业绩和高送转的行情。自 2012 年 12 月 4 日起，联创节能因高送转传闻连涨 19 天，累计涨幅超过 1.7 倍，股价从 26.74 元涨至 73.15 元后，又因分红预期落空在 10 个交易日内下跌近 30%。而赛为智能股价在同一天从 9.87 元启动，到 1 月 15 日公布 10 转增 12 派 1 元分配预案，再到 1 月 23 日涨到 24.61 元，前后分别涨了 90%和 31%，一个多月累计涨幅接近 1.5 倍。

有股市，就必然有投机。投资者运用自己的财务知识和判断力，挖掘业绩增长超预期公司，尤其是高送转公司，并提前布局，希望通过承担较大风险获取丰厚回报，无可非议。而利用年报和分红方案这一内幕消息或故意制造年报陷阱投机获利则是违法的，必须严肃查处和惩治。笔者认为，可通过完善分红的相关规则来遏制这种违法交易行为。

我国现行的相关法律规定，上市公司必须定期披露的财务报告分季度报告、半年度报告和年度报告，季度报告应在会计年度前 3 个月、9 个月结束后的 1 个月内发布，7～8 月是半年度报告披露期，次年的 1～4 月是年度报告披露期。在分红期限上，上市公司可按季、半年和年度来安排。上市公司分红方案（包括公积金转增股本）及实施的时间，由各公司董事会制订，经股东大会或临时股东大会讨论通过

① 发表于《上海证券报》2013 年 1 月 31 日第 12 版。

后再公布确定。也就是说，由于对股权登记日没有硬性规定，遂使上市公司实施分红的时间不仅滞后，而且具有很大随意性。任何投资者只要在公布的股权登记日收盘前购买了某公司股票，都能享受该公司派发的股利。正是这一规则漏洞，给暴炒年报行情提供了极好的机会。

利用年报业绩和高送转方式暴炒股票一般有以下几种情形。一是在理性预期基础上依靠大资金低吸高抛。这是一种合理的投资与投机行为，有利于活跃市场，但要防止投机过“度”产生的消极影响。二是为参加增发被套的机构投资者创造解套和获利的机会，或为了再融资拉高股价，诱使投资者认购。三是为解除限售股份上市流通创造解套和获利的机会。这两种情况是利用制度漏洞的合法但不合理的行为，其性质很难确定。前面提到的赛为智能在限售股上市流通的前几天公布高转增股本和分红预案，就有这种嫌疑。四是利用内幕消息在披露前介入，在披露后高位出货。五是故意制造年报业绩和高送转传闻投机炒作。这两种情况可以定性为非法的内幕交易行为，但查处起来难度大、成本高。前面提到的联创节能就有这种嫌疑。

笔者认为，从打击非法的内幕交易，维护市场交易的公平，保护中小投资者利益出发，完善分红规则是非常重要的一环。具体做法是，不管上市公司何时分红（包括公积金转增股本）、采用什么方式分红，其股权登记日都统一规定为上一年的最后一个交易日。这样做，不但简便易行，实施成本低，而且至少有以下好处。

（1）年报和高送转题材虽然可能给投资者带来骑上“黑马”的机会，但也存在踩到“地雷”和“利好兑现是利空”的巨大风险。那些年报业绩和利润分配方案确实好的股票，大多由于利好提前得到反映，股票估值偏高，往往因前期介入的投资者高位出货而出现年报和高送转方案公布后“见光死”的现象。这样的“黑马”机会和“定时炸弹”不在少数。而这种情况，对普通投资者特别是中小散户是特别不利的。股权登记日统一后，有利于防范这样的市场风险，切实保护中小投资者的利益。

（2）统一股权登记日后，上市公司虽然可以在规定的不同时间内公布年报和分红预案，但由于增加了投机炒作的不确定性和时间成本，有利于防范和抑制非法的内幕交易行为，防止因业绩和分红方案曝光导致股价的大涨大跌。

（3）上市公司年度分红是对股东上一年投资的回报。而在现行分红制度下，由于股权登记日存在不确定性，有些公司年度分红甚至要拖到下半年才能实施，这就会大大影响投资者的投资决策，使得年后变现的投资者得不到应得的回报。股权登记日的统一，有利于投资者明确上市公司的分红预期，分享公司的经营成果，实现市场交易的公平。

（4）通过高送转扩张股本是上市公司业绩持续增长的体现，但不少上市公司在不具备业绩支持的情况下，利用高送转达到博取资本市场的青睐，或推动再融资、配合主力出货及限售股解禁等目的。统一规定股权登记日，可以进一步规范上市公司的信息披露，提高透明度，在一定程度上防止上述风险的出现，体现证券市场的公平、公正、公开原则。

当然，将股权登记日统一规定为上一年最后一个交易日，针对的是暴炒年报业绩和分红的行为。对于在季度、半年度分红的上市公司，同样可以采取事先确定股权登记日的办法，或规定只能现金分红，以消弭利用业绩和分红暴炒行情的空间。

市值管理：市场稳定机制基石[①]

新“国九条”（2014 年 5 月 9 日国务院发布的《关于进一步促进资本市场健康发展的若干意见》的简称）在第二条“发展多层次股票市场”、第八条“防范和化解金融风险”中，分别提出“鼓励上市公司建立市值管理制度”和“健全市场稳定机制”的主张，这两项主张存在着密切的关系。因为相对股票供求等因素来说，加强市值管理才是健全市场稳定机制的根本要求，进而对资本市场长期稳健发展产生深远影响。

市值是和股市相联系的一个特殊概念。公司发行的股份按市价计算出来的股票总价值，体现了上市公司的综合实力、整合能力和融资能力。股票总市值（股市所有上市公司的市值总和）及其占国内生产总值的比重，则反映一国经济实力及其发展水平。市值管理则是上市公司通过增减总股本，改善经营管理等活动来保持股价的合理水平，并不断提升总市值，以及管理层通过相关制度建设维护资本市场稳定持续发展的一系列活动。由于市值是资本市场各方的共同追求，加强市值管理就能带来多赢的局面。

加强市值管理有利于公司改善经营管理水平，提高获利能力，并促使公司重视企业发展战略。因为在股本不变的情况下，市值因股价的涨跌而增减。而决定股价的内在因素是公司的经营管理水平和盈利能力，股价的高低又直接关系公司的控制权。如公司因经营不善或其他原因导致股价偏低，就存在被恶意收购的可能性。公司市值体现了企业家的价值和企业经营的成果，良好的市值表现有利于给投资者更多的回报，吸引更多投资者，提高公司的融资能力，降低融资成本，进而促进公司的持续发展。

此外，加强市值管理还有利于公司树立产业和资本经营两种思维，提高产融互动的能力，利用市值波动增加股东财富和公司竞争力。上市公司和非上市公司不同，必须同时在资本市场和产品市场上经营。资本市场经营的目标是市值，产品市场经营的目标是利润。市值管理要求公司保持与资本市场准确、及时的信息交互传导，维持并及时调整各关联方之间关系的相对动态平衡，为公司发展创造优良的外部因

① 发表于《上海证券报》2014 年 5 月 12 日第 9 版。

素与条件，进而获得市值溢价。例如，当公司股价低于内在价值时，公司通过增持、回购、股权激励等资本经营活动，可维持股价的稳定，增强投资者信心。反之，当公司股价高于内在价值时，公司通过增发、换股并购、减持等资本经营活动，能以更低的成本获得更多融资，或换取其他公司的资产或者股权，增加公司的产品经营的竞争力和持续发展能力。

投资者购买股票是为了实现资产保值增值，其途径是获得股利、赚取差价和股价升值。由于股利太少，而且要征收红利税并按税前股利除权，所以进取型的投资者并不会把股利作为投资收益的重要来源，而是追求市值或博取差价。现实情况是，每股股价一天可以涨10%，但每股年股息率达到5%已相当难得了。所以，股本扩张和股价升值给投资者带来的收益最大。例如，上海“老八股”中的申华控股复权价现在每股已超过4万元了。这就不难理解为什么市场偏好送转股，而对现金分红反应一般。即使成熟的资本市场也不例外。例如，微软公司在上市后17年不分红期间，投资者获得了丰厚的股价增值，2003年持续分红后，微软股价开始变“软”，至今没有大涨过，甚至轻微弱于指数。巴菲特的伯克希尔哈撒韦公司、苹果公司、谷歌也曾长期一毛不拔，股价却稳定在高位。

加强市值管理对健全股市稳定机制、促进对资本市场的长期稳健发展的影响力来自三个方面。一是促进了上市公司质量的提升和对投资者的回报；二是提振了投资者的信心，吸引了更多的资金；三是市值管理的相关制度如公司股价“破净”后强制回购股票，用超募资金回购跌破发行价股票，对股价长期在发行价以下运行的保荐机构课以罚款，暂停其承销资格，禁止高管减持股票等制度，能有效防止股价非理性超跌，稳定市场预期。

2005年5月开启的上市公司股权分置改革，为我国实现市值管理奠定了良好的制度环境。可惜，市值管理一直没有得到上市公司和资本市场管理层的足够重视，资本市场过分强调融资，不注重市值管理和投资者回报的问题始终没有得到很好解决。沪深不少上市公司的股价，业绩优良的蓝筹股持续低迷，长期跌至“白菜价”，甚至出现全面“破净”局面，严重背离上市公司基本面。监管部门和大多数上市公司对此熟视无睹，这就加剧了投资者的失望情绪，损害了上市公司形象，并引致股市继续大幅下跌乃至长期低迷，致使在近年我国上市公司现金分红的稳定性、回报率、分红意愿都有了长足进步的情况下，股市“熊长牛短”、“猴”性十足的现实依然没能得到改变。

足见，市值管理是上市公司和股票市场的特殊要求，是用符合市场经济的办法来管理最能代表市场经济的资本市场的基本方向。无论是从发挥证券市场资源配置功能，提高上市公司的整体质量，维护股市的稳定与健康发展，引导资金的流动方向，为资本市场引来源头活水，还是从培育价值投资理念，保护投资者利益出发，为资本市场奠定成长性基因，都需要尽快完善市值管理制度。

中国股市困境源于制度错配①

中国股市设立25年以来，一直是“熊长牛短”，呈现无效无序的运行状态，与宏观经济高速增长相背离。本轮股市在短期内更是由“疯狂的牛”突然变成“发怒的熊”，个中原因引起了各界专家学者乃至普通老百姓的思考。

笔者认为，赌场论、市场化不足论、政策市论、供求论等都只分析了股市暴升暴跌的部分原因，而没有指出中国股市的病源。

我国资本市场不成熟，股市的中坚力量始终是中小个人投资者，但几乎所有相关制度都是依据机构投资者占主体的成熟资本市场来设计并实施的，制度错配才是置股市于困境的深层原因。

中国股市投资者结构及其特点

影响股市运行的力量是市场的主要参与者。在国外，成熟的资本市场，机构投资者一般占70%左右。美国机构投资者（养老保险基金、投资公司、保险公司、银行和共同基金、对冲基金等）占比更是高达90%。

美国民众热衷股票投资，家庭资产基本有1/3为股票，但大多通过机构入市，个人很少直接投资股票。香港证券交易所调查资料表明，2012～2013年度香港股市中机构投资者交易额占总成交金额的61%（2011～2012年度为63%），个人投资者交易额只占22%（2011～2012年度为21%）。

与国外成熟的资本市场相比，中国股市是一个比较年轻的市场（世界银行行长金墉之语），除了不成熟、相关制度不完善、缺乏监管经验外，最大的不同就在于投资者以中小散户为主，机构投资者占比过低。

中国证券登记结算公司公布的数据显示，截至2015年6月底，中国股民已经超过了9000万。目前，沪深两市自然人投资者开户数及交易量都在90%以上（中国证券监督管理委员会2015年5月数据）。机构投资者以证券投资基金为主体，基金、保险、社保、QFII四大类长期资金持股市值只占总市值一成左右。股市赚钱效应的扩散和移动互联网技术的发展及应用，进一步扩大了个人投资者队伍，不断吸引大量毫无投资经验和风险意识的新股民。

有数据显示，2015年上半年网上炒股的用户较2014年猛增近五成，至6月规模达到5628万。由此带来的结果是，不仅上班族和大学生炒股成为普通现象，而且出现了“炒股村”，形成了全民炒股的局面。虽然绝大多数单个散户的资金大都在10万～50万元，但由于人数众多，形成的资金和交易规模却非常大，导致成交量屡

① 发表于《探索与争鸣》2015年第9期；《投资与证券》（人大复印资料）2016年第1期全文转载。

创新高。2015 年 5 月，沪市成交量就达到 2.6 万亿美元，高出纽约证券交易所 5 倍；上海和深圳市场的成交量加起来则是纽约证券交易所的 10 倍。

中小散户投资者的共同特点是：投入资金少，大都为几万元至几十万元；缺乏投资经验和知识，不大关注估值水平，只想赚快钱；信息获取渠道少，主要来源于微信、QQ 等移动网络社区，对消息缺乏判断能力；操作上常常被“从众心理”所左右，买卖频繁，喜欢追涨杀跌。

中小散户这种非理性投资行为还会冲击机构投资者的专业化价值投资理念，使得“机构投资者散户化”成为股市的常态。正如证监会新闻发言人邓舸在 2014 年 6 月的一次新闻发布会中所说：“当前 A 股市场的投资交易仍以中小散户为主，整体趋势交易行为特征明显，以公募基金为代表的专业机构投资者投资交易行为受市场趋势影响较大，难以发挥‘市场稳定器’的作用，仍是市场走势的被动接受者。”

中小投资者虽然支撑了股市的发展，但如果相关制度设计不能从市场的发展水平和投资者结构客观实际出发，就难以形成长期投资的理念和信心，必然导致股市大起大落，牛短熊长。

这次股市在没有基本面支持下因“大哄抢”而被迅速推高，又在没有重大利空下因“大逃亡”而出现严重的“踩踏”，连没有杠杆的 B 股市场也未能幸免于难，再一次暴露了制度错配带来的弊端。

制度错配的主要表现

著名经济学家吴敬琏的“赌场论”说的是，中国股市是没有规矩（制度约束）的赌场。其实中国股市是有规矩的，只不过这些规矩往往有利于上市公司融资，有利于控股股东、机构投资者和庄家“宰割”中小投资者，再或设计实施超前，脱离了资本市场的发展水平和投资者结构特征，也就是出现了制度错配的现象。

先看看金融杠杆交易制度。任何杠杆交易都是一把“双刃剑”。杠杆交易虽然能提高金融活动效率，完善逆周期调节机制，但也会放大风险及其控制的难度，不规范的高杠杆交易更会引发市场急剧震荡乃至系统性金融风险。

美国大量使用金融杠杆，结果在房地产市场引发了次贷危机。德国等国家考虑到风险难以控制，一直没有开放金融杠杆工具业务。而我国在没有建立高效的预警机制和平准基金、缺乏风险防范与控制经验的情况下，就将金融杠杆工具投入股市，并在融资融券业务上设立 50 万元证券类资产的门槛，名为保护投资者权益，实际上将广大散户排除在外。

中小投资者在机构大户利用杠杆快速赚钱的示范效应和贪婪心理驱使下，选择了场外配资的办法。其结果是，产业资本、私募、高净值客户利用融资融券、伞形信托和单一结构信托等杠杆工具，散户则利用互联网平台、配资公司、系统分仓模式等杠杆工具，加上微信快速传播，迅速达成一致预期，致使股市大涨大跌。

据估算，在2015年这轮行情中，杠杆资金存量达到4万亿元，其中场外配资约1万亿元，伞形信托7000亿元，融资融券余额2万多亿元。在股市上涨时，金融杠杆的使用有助于快速兑现预期，在股市调整时，去杠杆则会加大市场波动。

我国由于没有经历过这种带杠杆的市场，缺乏杠杆市场风险防范和控制经验，当杠杆风险暴露时，采用简单粗暴的清理方式就难免导致资金链断裂，股市失控乃至瞬间濒临崩盘。

推出股指期货的目的在于为股票投资者提供套期保值的工具，借此烫平市场的波动幅度。实践证明，在机构和散户都缺乏理性的市场上，股指期货并没有发挥其应有的积极作用。由于股指期货实行“T+0”制度，并且设置了50万元的准入门槛，股票现货交易实行“T+1”交易制度，绝大多数中小投资者难以实现套期保值，当股市下跌时，机构大户可以利用股指期货实现套期保值，甚至成为股市崩盘的最大受益者，广大中小投资者则沦为牺牲品，遭受惨重的损失。

再看看新股发行和上市制度。资本市场具有融资功能和投资功能。但中国资本市场的制度安排偏向于企业融资，没有将股东回报放在重要的位置，导致上市公司通过资本市场融资总额远大于通过分红、回购等方式回馈给投资者的收益。例如，2005年初到6月底，沪深两市IPO、定向增发、公开增发、配股融资总额5.96万亿元，累计分红总额4.51万亿元，主要股东减持总额12 739亿元，增持仅1471亿元。

企业通过IPO和其他方式募集资本金是资本市场的基本功能。问题是融资功能一定要和投资功能相匹配，尤其是新股发行要让大多数普通个人投资者获益。世界银行在2007年5月发表的《中国经济季报》中就指出，我国新股发行存在定价水平偏低的问题，但由于实行股份分配数量与申购数量成比例的原则，大多数一级市场的股票都被机构投资者和其他大的投资者所得，中小投资者难以从较低的新股发行价格中获益。

目前IPO实行的市值配售办法对中小散户来说仍然是不公平的。机构投资者在不需要市值、无须预付款的前提下，可以在网下拿到60%的新股，还可以参与网上申购。而广大散户只能凭借市值和预付款去网上争抢余下的40%的额度。在市值计算上，沪深股市分开考虑，股票基金排除在外。

每当新股发行时，中小投资者为了走出有市值没钱打，有钱没市值不能打的困境，只能变现股票认购新股，等资金解冻后再追买股票。这常常给个人投资者带来损失，加剧股市的波动。由于多数新股被机构投资者购得，产生拉高股价以获得巨额利润的动机，由此出现新股上市连拉十几个涨停板的现象。

此外，在上市公司再融资时，大多采取面向少数特定投资者定向增发的形式，而不是由公司原有股东和社会投资者认购。产业资本和控股股东在股价处于高位时可以大规模套现，在股价处于低位尤其是净资产以下时可以无所作为。

这些制度安排不但有损风险与收益共担的市场公平原则，也不利于提高中小散户的投资回报率，影响了资本市场融资功能的发挥。往往是股市火了，直接融资额就多，股市跌了，直接融资额就少，甚至被迫暂停。中国股市设立至今就出现了 9 次暂停 IPO，表面上和股市低迷、市场信心极度涣散有关，实际上是新股发行与上市制度错配的结果。

资本市场制度创新要慎重地推进

股市“长多慢牛”需要通过合理有效的制度吸引大量长期资金来实现。这样的制度安排既要符合公平、公正、公开的普遍原则，能够充分发挥资本市场的融资功能和投资功能，更要符合我国资本市场的发展程度和投资者结构的实际，切实保障中小投资者利益。

事实上，即使在机构投资者占主体的成熟资本市场中，其制度也都倾向于偏袒老百姓，非常重视保护中小投资者的利益，严厉打击和防范大资本控制、支配甚至剥夺分散的中小资本的行为，真正做到使违规者破产，让股民发财，至少不破财。据了解，美国税法规定个人股票投资亏损可申报抵税，每年每个家庭上限为3000 美元，当年亏损超限可无限期顺延，如有盈利就得缴税。

我国资本市场不成熟，监管手段和经验不丰富，散户众多，其制度创新要慎重地推进，特别是在注册制下，尤其要以切实保护中小投资者利益为出发点和重心。例如，证监会必须明确定位，以完善上市公司信息披露制度，严厉打击各种欺诈、市场操纵和内幕交易等违法违规行为，保护投资者的合法权益为主要职能，推动集体诉讼制度和损害赔偿制度的建立与完善。要成立股市平准基金，规范控股股东减持行为及其信息披露制度，防止股市大起大落。

各项制度尤其是金融衍生产品创新不仅要慎重、不能急于求成，更要充分体现“三公原则”、不能设立任何门槛将中小投资者排除在外。要从维护股市健康稳定发展的大局出发，推动各类长期资金入市，充分发挥机构投资者在稳定股市方面的作用。

具体来说，为使新股发行让更多中小投资者获益，笔者曾提出，IPO 可以采取不论机构投资者还是个人投资者，实行一个有效股东账户申购一个单位新股并预缴相应的申购款项，再摇号抽签，没有中签的返还认购款的办法。这样可以大大减少滞留在一级市场的资金，增加二级市场的资金，使机构投资者和大户丧失获取非公平、无风险暴利的机会，有效防止违规信用资金入市。

个人投资者申购新股中签率和收益率的提高，有利于新股发行的分散，使暴炒新股的现象得到遏制，进一步扩大股市的群众基础。除给社保基金配售一定的比例外，建议所有新股都公开地向所有投资者销售，也可以配售给证券投资基金，提高证券投资基金的收益率，以吸引更多投资者通过购买基金的方式分享上市公司的经营成果，进而扩大机构投资者的队伍。

同时，调整股票发行与上市联动制，提高新股上市时间的不确定性，从而有效克服现行 IPO 制度存在的弊端，使 IPO 不再依赖于股市的运行状况，保持股市融资的连续性，利用股票供给实现对股市的调节。

此外，为了鼓励上市公司控股股东长期持有股份，稳定投资者信心，可以考虑根据时间长短对股份减持征收差别税，对回购股份则进行税收减免的办法。为了与股指期货交易制度对接，实现公平交易，有利于股票现货投资者及时止损，实现风险对冲，应尽快恢复“T+0”交易制度。监管部门在加强风险管理的基础上，应放宽券商两融业务的客户准入门槛，但应禁止向缺乏经验的投资者提供配资业务。

熔断变“速熔”是制度“错配”的必然结果①

2016 年新年开始实行的指数熔断机制成了“速熔”机制，出乎绝大多数专家和投资者的意料，但在笔者看来，这是制度“错配”的必然结果。

影响股市运行最重要、最直接的力量是市场的主要参与者，因此，资本市场的任何制度设计都必须从投资者结构的特点出发。在海外资本市场的投资者结构中以金融机构、养老保险基金、投资公司、保险公司、银行和共同基金、对冲基金等机构投资者居多，占 70%左右，美国机构投资者占比更高达 90%。香港联交所调查资料表明，2011 年至 2012 年和 2012 年至 2013 年度，港股机构投资者交易额占总成交金额分别为 63%和 61%，个人投资者交易额分别只占 21%和 22%。无论投资金额还是影响力，机构投资者对维护资本市场的运行与稳定都发挥着举足轻重的作用。因此，在欧美资本市场设立熔断机制，是一种非常规的制止股价异常波动的手段，主要目的是在出现重大系统性风险和程序化交易错误时提供“冷静期”，避免在“T+0”交易制度下出现市场大幅波动。由于机构投资者的投资行为比较理性，着眼于长远，使得熔断机制出现的概率很小。熔断机制的发明者——美国自 1988 年设立该机制至今虽多次触发，但只有 1997 年 10 月 27 日熔断过一次。英国的熔断机制主要针对个股交易。韩国自 1997 年先后引进指数熔断机制和个股熔断机制至今，总共出现了 10 次熔断交易中断现象，其中主要发生在 1997 年和 2008 年金融危机前后。

与国外以机构投资者为主的成熟资本市场相比，沪深股市除了相关制度不完善，缺乏监管经验外，最大的不同还在于投资者以中小散户为主，机构投资者占比过低。中国证券监督管理委员会 2015 年 5 月发布的数据显示，沪深两市自然人投资者开户数及交易量都在 90%以上。我国资本市场机构投资者以证券投资基金为主体，基金、保险、社保、QFII 四大类长期资金持股市值只占总市值一成左右。

---

① 发表于《上海证券报》2016 年 1 月 13 日第 A2 版。原题为“制度‘错配’的必然结果”。

股市赚钱效应的扩散和移动互联网技术的发展及应用，进一步扩大了个人投资者队伍。数据显示，2015 年上半年网上炒股的用户较 2014 年猛增近五成，至 6 月规模达到 5628 万。

中小散户投资者的特点是：投入资金少，大都为几万元至几十万元，他们不太关注估值水平，只想赚快钱；信息获取渠道少，主要来源于微信、QQ 等移动网络社区，操作上常常被“从众心理”所左右，买卖频繁，追涨杀跌。中小散户这种非理性投资行为还会冲击机构投资者的专业化价值投资理念，使“机构投资者散户化”成为股市常态，其投资交易行为受市场趋势影响较大，难以发挥“市场稳定器”的作用。单个中小投资者虽然资金少，但由于人数众多，形成的资金和交易规模非常大，对市场产生的影响也非常大。尤其散户群体性非理性行为在一定程度上可以左右市场的运行节奏。即使实行了 10%涨跌停板制度，据统计，沪深 300 指数自 2005 年 4 月 8 日正式发布以来，10 年中涨跌停超过 5%的有 67 个交易日，超过 7%的有 20 个交易日，每年平均分别为 6.7 次和 2 次。显然，在这样一个具有高度无效性的散户化市场实行熔断机制，不但收不到“减震器”的效果，反而会给市场带来不好的心理暗示，进而成为助跌神器，加剧市场的恐慌和波动。这正是此次在没有重大实质性利空情况下，短短 4 个交易日 A 股指数两度触发熔断机制，而且从 5%的熔断到 7%的时间由 6 分钟缩减到 2 分钟的主要原因。

熔断机制确实具有诸如为市场提供“冷静期”，避免或减少大幅波动情况下的匆忙决策，稳定市场，保护投资者特别是中小投资者的合法权益，抑制程序化交易的助涨助跌效应；为应对技术或操作风险提供应急处置时间等功能。但这些功能只在理论上或在成熟资本市场上证明是有效的。我国资本市场监管手段和经验不足，散户众多，其制度创新既要加快，更要慎重。尤其要注意，相关制度设计一定要从资本市场的发展水平、投资者结构客观现实和保护中小投资者利益出发，否则就会出现制度“错配”，增加改革和制度创新的风险与成本，挫伤投资人对资本市场的信心。

公司治理这篇大文章才刚起笔①

自 2005 年 5 月股权分置改革启动以来，由于绝大多数上市公司顺利地实施了股改方案，沪深股市由此爆发了一段气势如虹的大行情，投资者的信心为之大振。许多人都以为，这下解决了股权分置这一最重要的制度性障碍，中国资本市场将步入快速健康的发展坦途。但近期随着“大小非”解禁和多个巨量再融资计划对沪深两市带来的巨大冲击，股指飞流直下，又使越来越多的人体悟到，对于中国资本市场

① 发表于《上海证券报》2008 年 4 月 25 日第 C8 版。

来说，股权分置改革并非是万能的，以为全流通就能把上市公司建成股东利益共同体，只是个美好的愿望，少数上市公司利用股权分置改革谋求自身的利益，损害中小投资者利益，牺牲整个资本市场发展的行为仍然存在。

中国的资本市场到底怎么了

股权结构无疑是整个公司治理制度的产权基础，但到底什么样的股权结构对公司发展最有利，在理论和实践上至今并没有明确答案。在西方发达国家的资本市场上，由于保护投资者权益的法制比较完善，经理人市场比较有效，上市公司的评价和控制权收购等资本市场功能有效性较高，很难区分不同的股权结构对企业价值变化的作用。所以说，股权结构合理化其实是个非常含糊的概念，因为世上根本就不存在最优或最合理的股权比例结构。实际情况是，高度分散型股权结构往往使单一股东缺乏积极参与公司治理和驱动公司价值增长的激励，容易导致公司治理系统失效，产生管理层内部控制问题，形成所谓“弱股东、强管理层”，由此产生代理人追求自身利益而损害委托人利益的行为。因而一定的股权集中度是必要的。但股权高度集中或“一股独大”也会产生大股东与外部小股东的利益冲突。大股东可以通过牺牲或剥削外部小股东获取自身利益。当大股东股权比例到了基本上能够充分控制公司决策时，可能更倾向于获取外部小股东不能分享的私人利益，如支付特殊红利、进行关联交易、通过合理利用会计准则的缺陷进行利润管理以获取内部控制利益等。因此说，股权结构高度分散或高度集中各有利弊。以英、美为代表的股权高度分散模式和以德、日为代表的股权高度集中模式，都在向相对控股这一国际主导股权模式转变，同时出现了多种改善上市公司治理的政策取向。

我国上市公司的股权构成一开始就比较复杂，在股权分置的格局下，同一上市公司可流通股与非流通股并存，同股不同权，流通股股东的权益不同程度地受到非流通股股东的侵害；国有股“一股独大”，无法建立科学合理的治理结构，无法建成股东利益共同体，严重影响了其他股东尤其是流通股股东的利益。因此，有的学者甚至肯定地说，中国资本市场存在的种种问题，80%源自股权分置所带来的制度性缺陷，解决了股权分置问题，中国资本市场80%的问题都可能得到解决。

应该看到，上市公司股份全流通是发达国家资本市场的基础。我国自2005年启动股权分置改革试点以来的实践也充分证明，不解决股权分置问题，就难以建立完善的公司治理结构，难以解决证券市场资源配置效率低下的问题和遏制大股东肆意侵吞上市公司资产等漠视投资者利益的行为。但是，如果仅仅从股权结构角度来考察公司治理的质量，那也是很不全面的，更不能把中国资本市场存在的种种问题都归结为股权分置。因为影响上市公司治理与经营业绩的因素并不是只有股权结构一个，还包括控股股东的性质，如家族、风险投资家、金融机构投资者等管理层激励，公司控制权市场、产品市场和公司法、证券交易法、投资者权益保护等法律体系等多方面。股权多元化或全流通既不是形成有效公司治理的目的，也不是完善公司治理的唯一手段或必要前提。那种认为解决了股权分置问题，实现上市公司股份全流通就能解决我国资本市场的一切问题的观点是不现实的，也是极其危险的。

所以，笔者以为，我们应通过多方面的努力来完善公司治理以及资本市场发展的外部环境。从上市公司内部角度看，至少有以下几条：调整上市公司董事会结构和职责；完善上市公司融资行为和融资方式，如增加财务杠杆，增加对管理层行为的约束，减少管理层滥用公司自由现金流的行为；增强管理层激励，如实行年薪制、股票期权试点。从外部角度看，可以列出的几条有：鼓励机构投资者持有较大比例的股权，积极参与公司治理；完善投资者保护的法律制度；发展一个活跃的公司控制权市场，对上市公司管理层形成外部接管压力；建立职业经理人制度；等等。

一句话，对于我国资本市场的发展来说，不解决股权分置问题是万万不能的，但全流通却不是万能的。

天使的一半是魔鬼——公司制的大漏洞①

企业制度演进到公司制尤其是上市公司无疑是一件里程碑式的事情，它创造了巨大的社会财富，但也带来了许多问题。这些问题是公司制固有的制度漏洞所带来的，正所谓天使的一半是魔鬼。

许多人可能对 2001 年美国安然公司的倾覆还记忆犹新。安然公司从一家名不见经传的普通天然气经销商，迅速发展成为世界上最大的天然气采购商和出售商、世界最大的电力交易商、世界领先的能源批发做市商以及世界最大的电子商务交易平台。在这一转变中，安然的销售收入也从 1991 年的 135 亿美元增长到 10 年后的 1008 亿美元，公司股价从每股 21 美元最高上涨到 90 美元，市场价值曾超过 800 亿美元。但就是这样一个曾经是美国最受尊敬、最具创新精神的上市公司却在 2001 年 12 月 2 日申请破产保护，成为当时美国历史上最大的破产企业，公司股票价格也跌到 1 美元以下，并最终被纽约证券交易所除名。

其实，安然公司的崩溃，是公司制的制度漏洞的集中暴露。

现代公司制度是适应社会分工、社会化大生产和市场经济发展的需要逐步发展和完善起来的。它实现了资产形成、运作及其评价的社会化、市场化，资产管理的专业化、市场化，保证和推动了现代市场经济的有效运行，因而成为现代企业的最好实现形式。但公司制有个最大制度漏洞，它使一部分人获得了拿别人的财产去冒险的机会，从而损害了投资者的利益。

这种制度漏洞源于公司企业中财产所有权和经营权的分离并由此导致的委托—

① 发表于《上海证券报》2008 年 5 月 23 日第 C8 版。

代理问题。从历史经验看，现代企业的财产关系之所以采取委托—代理方式，是因为通过这种方式可以获得经济学中所说的“分工效果”和“规模经济”。但这种经济效益是以代理人忠实地服务于委托人为前提的。而现实情况往往是，委托人和代理人的行为目标可能不一致，代理人作为“经济人”还存在所谓的“机会主义倾向”，在代理过程中产生职务怠慢、损害或侵蚀委托人利益等“道德风险”。加上上市公司股权分散、流动性高，股东发言权有限或对公司经营行为无兴趣，即使公司经营不善，也不会干预公司经营，只是用脚投票，由此必然导致所有者对经理人员监督约束的弱化，使代理人损害委托人利益的行为具有现实可能性。2001 年以来，美国安然、世界通信、施乐、默克等大公司相继曝出的财会造假丑闻或申请破产保护危机，中国的银广夏、蓝田、东方电子、啤酒花、达尔曼等公司违规造假、利用股票融资圈钱、侵吞公司资产等事件，以及日本的活力门事件，等等，都是公司经理人员利用甚至放大公司制的制度漏洞的结果，也对目前的公司制度提出了新的挑战和冲击。

这并不是说公司危机是不可避免的。制度漏洞可以通过制度的完善来弥补。为了解决现代公司中广泛存在的委托—代理问题，必须设计一套相应的制度安排，防止代理人损害投资者的利益，提高企业的经营绩效。这种制度安排就是公司治理。公司治理的目的就是通过公司剩余索取权与控制权的安排，来解决公司财产因所有权与控制权分离产生的委托—代理问题，即代理人追求自身利益而损害委托人利益的行为，尽可能降低代理成本和风险，实现股东价值以及各方面利益的最大化。

从公司治理的演化过程看，公司治理要解决的主要问题是对代理人的激励和约束。激励的目的是使代理人积极为投资者的利益努力工作，使代理人有职、有权、有利。约束的目的是使代理人不至于为了自利行为而损害投资者的利益，使代理人的职位、权力、利益时刻受到监控和威胁。两者之间的制衡成为公司治理有效与否的关键。失去制衡的公司治理只会有两种结果：一是代理人成为傀儡，二是内部控制失控。两者都不利于企业的发展。

现代公司治理反映的是一种市场自我组织的治理机制，即以利益关系为纽带，以分权、授托、代理、诚信责任、价值实现为内容的机制。所以，自觉地完善公司治理是企业能够长期持续获得竞争优势的组织保证。为此，要改善公司的股权结构，建立职业经理人的信托责任；健全董事会制度，包括明确董事会的职责，强化董事的诚信与勤勉义务，确保董事会对经理层的有效监督；建立和完善独立董事会制度；强化审计委员会（监事会）的权威性和作用，明确审计委员会（监事会）的职权和责任，增加熟悉财务的委员会成员，责成审计委员会（监事会）统筹外部审计和内部审计（财务控制）；建立和完善公司绩效评价和高级管理人员的激励机制；切实提高透明度，确保信息披露的真实性和准确性；等等。同时政府要充分发挥在完善公司治理中的独特作用，如加强法制建设和证券市场监管，完善信息披露制度和会计标准，规范上市公司再融资行为，等等。

总之，公司治理是一项长期的制度性建设，是现代企业制度的核心问题。抓住了公司治理这一根本，就等于抓住了微观经济的要害，对于促进公司运作的公正、透明和效率，抑制公司危机的发生具有极其重要的作用。

和谐的公司治理是市场持续发展的根本动力①

众所周知，资本市场的持续发展取决于上市公司良好的业绩和质量。从各国经济发展的实践来看，公司业绩和质量的提高在很大程度上又取决于公司治理的合理和有效。完善的公司治理不仅能提高公司的竞争力，而且会对资本市场的稳定与发展产生直接的影响。但由于公司治理涉及公司内部股东、董事会、管理层、员工的利益以及政府、其他利益相关者、资本市场等方方面面的利益，决定了企业组织机构的设置、企业决策的形成、企业为谁服务、由谁控制、风险和利益在投资者、管理层、员工和相关利益群体之间怎样分担等问题，因而是一项非常复杂艰难的工作。如何进行有效的公司治理至今仍然是一个引起人们持续关注而又没有得到很好解决的问题。笔者认为，以和谐社会理论为指导，运用民主、友好的办法对公司进行治理，有利于公司治理既定目标的实现，进而为实现资本市场的持续发展提供根本动力。

首先，和谐的公司治理要实现利益关系的和谐。公司治理实质上是一种经济利益关系。和谐的公司治理要求解决公司财产因所有权与控制权分离产生的委托—代理问题，即代理人追求自身利益而损害委托人利益的行为，尽可能降低代理成本和风险，实现股东价值以及各方面利益的最大化。为此要建立有效的激励机制，使代理人积极为投资者的利益努力工作，促使他们关注公司资产的增值和发展。为了激励，就要使代理人有职、有权、有利。同时要建立有效的约束机制，使代理人不至于追求自身利益而损害投资者的利益。为了约束，就要使代理人的职位、权利、利益时刻受到监控、威胁。兼顾了股东、经理人员和其他各方面的利益，也就实现了股东和经营者利益的和谐统一，从而有利于规范企业的行为，促进企业的健康发展。

其次，和谐的公司治理要实现权力分配和制衡的和谐。公司治理涉及股东、董事会、经理层和其他利益相关者在公司内部控制权的合理配置问题。一般来说，股东大会是公司最高权力机构，决定公司重大事务，其权力由股东或股东委托人直接行使；董事会依据股东大会的决议对公司重大事项进行决策；经理人员则执行董事会的决定；而监事会则代表股东和职工对公司活动实行监督。这种职权分明而又相互制衡的治理结构保证了公司的正常运行。而权力分配失衡的公司治理只有两个结果：一是代理人成为傀儡，二是内部人控制失控。二者都不利于企业的发展。因此，

① 发表于《中国证券报》2008 年 11 月 5 日第 A11 版。

努力实现公司权力分配和制衡的和谐显得至关重要。为此要明确公司各权利主体之间的责权利关系，形成相互制衡、相互依赖的组织制度安排。在股权结构上要防止“一股独大”，通过引入战略投资者等途径，平衡公司的各方力量，防止大股东侵害中小股东利益；尤其要建立对经理人员的监督机制，以对他们可能出现的败德行为进行有力的制约。

最后，和谐的公司治理要致力于创建和谐的公司文化。从内部来看，和谐的公司文化建设要注重培育良好的人际关系，建立和谐的管理者关系、和谐的员工关系。公司管理要以人为本，以人为中心，努力提高员工的业务素质和思想道德素质，实现员工的愿景与公司的愿景的吻合；还要创立共同的价值观念，并用它来统一员工的意志，激发员工的工作热情，增强企业的凝聚力，最终塑造出良好的公司形象。从外部来看，和谐的公司文化建设要处理好与外部环境的关系，重点是完善投资者关系管理，履行社会责任。上市公司由于股东人数众多而且非常分散，多数投资者不直接参加公司的经营管理，主要依靠公司披露的信息来了解公司的经营情况，并做出投资决策。因此，一方面公司要不断完善信息披露机制，真实、及时地披露公司相关信息，给投资者树立一个真实的、诚实守信的公众形象。另一方面公司管理层应主动加强与投资者的沟通，密切与投资者的关系，增加投资者对公司的信任。还要按照构建和谐社会的要求，把履行社会责任和谋求企业的发展结合起来，实现企业利益、消费者利益和社会利益的和谐统一。

公司和谐治理的最高境界在于实现全面的和谐，不仅要追求公司内部的和谐，更要强调公司与外部环境的和谐，为此要加强公司治理的各项制度建设，形成一种持续有效的运行机制。同时应看到，和谐的公司治理并非一蹴而就，需要进行持续的修炼。和谐是一种凝聚力，是可以使社会和企业持续发展的一种力量。公司治理适应和谐社会的要求，融入和谐理念，才能形成持续发展的良好机制，从而促进公司的健康运作，提高企业的市场竞争力，同时也将为资本市场的稳定发展提供可靠的微观基础。

国有控股上市公司应成为资本市场中坚力量①

我国资本市场是一个以国有控股上市公司为主的市场，因而国有控股上市公司担负着稳定资本市场的额外使命。

众所周知，资本市场的持续发展取决于上市公司良好的业绩和质量。从各国经济发展的实践来看，公司业绩和质量的提高在很大程度上又取决于公司治理的合理和有效。完善的公司治理不仅能提高公司的竞争力，而且会对资本市场的稳定与发

① 发表于《上海证券报》2008 年 12 月 3 日封 8 版，是“中国股市如何走出困局”大讨论的特约撰稿摘要。

展产生直接的影响。在我国资本市场中，国有控股上市公司占有相当大的比重，这可能是中国资本市场真正能体现中国特色的内容，也是促进资本市场实现长期、稳定发展的重要力量，因此，着力提高国有控股上市公司的质量对整个资本市场的稳定与发展无疑会起到十分重要的作用。

过去，由于种种原因，国有控股上市公司存在经营机制不完善、经营业绩状况较差、投资者对其投资价值评价较低等问题，不仅影响了国有控股上市公司自身的进一步发展，也没有发挥促进整个资本市场发展的积极作用。随着股权分置改革的基本完成，国有控股上市公司具备了通过调整股权结构来完善公司治理，转变经营机制，以提高其经营业绩和融资能力的条件。国有控股上市公司要以和谐社会理论为指导，从改善内部治理结构和强化外部约束两方面同时入手，来完善公司治理结构，促进公司的健康运作，提高企业的市场竞争力，进而提升资本市场的投资价值，为实现资本市场的持续稳定发展提供可靠的微观基础。

未来10年公司治理的五大方向①

探讨未来10年中国企业管理的方向问题，也是对中国经济、技术以及产品和市场创新的探索。没有优良管理的推动，很难说会有经济水平、技术水平乃至产品质量的提升。

目前，我国企业普遍重视管理的科学化和管理创新，企业管理的面貌也发生了巨大变化，在管理体制、内容、范围、模式、方式以及管理水平等方面得到大幅提升，但与国际先进企业相比，我国企业管理水平仍然存在很大差距，整体水平和竞争力有待进一步提高。

从根本上看，笔者认为中国企业管理创新与发展的方向，还在于实现由企业管理向公司治理的转变。因为公司治理要解决的是构成公司企业各相关利益主体之间责、权、利的划分及相互制衡问题，它是企业运作的基础和保证，只有实现了公司治理的转型，才能促进企业管理、企业文化、企业发展战略的转型以及向国际化转型。合理的公司治理不仅有利于保证企业的持续发展，实现股东、经理人、员工以及其他相关利益者的价值和利益，而且有利于维护社会经济的健康运行，促进社会生产力的发展。具体来说，由企业管理向公司治理转变至少从以下几个方面指明了我国企业管理的发展方向。

（1）履行社会责任和可持续发展将成为企业管理的主基调。现代公司治理出现的一个新趋势是，它超越了以往企业只对股东负责、追求利润最大化目标，而是强调要承担社会责任。《中华人民共和国公司法》也指出，公司的运作不仅关系到

① 发表于《法人》2010年第3期；《常州日报》2010年3月24日第A5版全文转载。

股东、职工等内部关系人的利益，也对市场经济秩序和社会公共利益产生重要的影响。

（2）由于董事会独立性较差和董事职责不清等问题普遍存在，强化董事会的建设将成为我国建立职业经理人制度、完善公司治理急需解决的问题。在公司治理结构中，董事会只有有效进行决策并监督管理层的经营行为，才能实现公司价值的最大化，保护股东和其他利益相关者的利益，也才能构建科学高效的企业领导体制和决策体制，充分发挥企业家在经济发展中的重要作用。

（3）以人为本，创造和谐的企业文化将成为企业管理创新追求的最高境界。这种企业文化要求转变传统的管制、监控、指示、命令式管理方式，实现人人都是管理者，全员参与管理，充分尊重员工的需要，为员工创造良好的人际环境和发展平台；同时要切实提高公司运作的透明度，强化对投资者关系管理和企业社会形象管理。这样才能调动企业员工的积极性，增加社会对公司的信任，以实现企业的目标。

（4）适应虚拟组织、全球供应链、战略联盟管理和企业国际化经营要求，调整管理组织的制度化结构将成为重新塑造企业功能框架的中心话题。新的组织结构具有松散性，层级结构扁平化，重点关注与企业和联盟战略目标有关的经营问题，而不介入其他经营问题。这样才有利于打破传统公司组织结构的层次和界限，使控制幅度无限扩大，支撑企业规模扩张和国际化发展。

（5）面对企业内部因财产所有权与控制权分离产生的委托—代理问题和企业外部复杂多变的市场环境、强手如林的竞争环境，风险防范管理将成为企业的重点工作，为此要建立有效的激励机制和约束机制，尽可能降低代理成本和各种经营风险，实现企业的健康稳定发展。

第七篇　经济与企业转型和发展

企业制度创新：国企的艰难选择[①]

国有企业的存在是一个世界性的问题，国有企业必须承担私营企业不能承担的各种社会功能。自 1978 年以来，从放权让利、推行承包制到推进企业制度创新，我国在探索增强国有企业活力的有效途径的过程中经历了艰难的选择。

向企业放权让利是试图通过调整国家与企业之间的利益关系，强化物质刺激来增强企业活力。通过放权让利特别是“利改税”改革，在某种程度上改变了原有体制下国有企业仅仅是被动地完成指令性计划的生产单位的状况，打破了传统的“统收统支”的利益格局；对企业局部利益的肯定，唤醒了企业作为市场主体的“经济理性”的复苏，其经济活力逐步得到增强。但总的来说，改革并没有使国有企业充分焕发出生机与活力，国家对企业自主权的下放也一再陷入“收—放—收”的循环中，企业自主权的运用与社会资源的有效配置发生冲突，企业的利益保住了，但企业留利偏向于投资加工工业和增加职工工资、福利，国家可以集中的财政收入难以得到充分的保障。究其原因，“放权让利”的实质是在维持计划经济体制不变的前提下，更多地运用物质刺激手段来激励企业完成计划指标的积极性。这种对企业的政策微调，当然不可能克服计划经济体制下的各种弊病，从根本上改变国有企业作为行政机关附属物的地位，更无法建立一种符合市场经济要求的自主的企业制度。

从 1987 年开始，我国国有企业改革进入试行承包经营责任制阶段，其基本思路是探索政企职责分开、企业所有权与经营权适当分离的路子。国有大中型企业推行承包制的实质是通过契约形式来约束、规范国家与企业的利益分配关系，赋予企业充分的经营自主权，减少政府对企业正常生产经营活动的干预，并保证国家财政收入的稳定增长。由于承包制操作简便易行，成本低，而且见效快，当时很多人认为“一包就灵”，甚至可以作为我国国有企业改革的方向。但实际上承包制只是在政企职责尚未分开、竞争性市场尚未形成的条件下探索出来的一种过渡办法，仍然存在一些难以克服的弊端，如难以彻底解决政企不分的问题；难以实现企业之间的公平

---

① 发表于《上海证券报》2008 年 12 月 19 日第 B6 版，是纪念中国改革开放 30 年专栏文章；《产权交易周刊》2008 年 12 月 24 日第 369 期全文转载，题目改为“国企改革走向‘产权约束’”。

竞争和行为规范化；难以实现生产要素的合理流动，阻碍了经济结构的调整和优化，强化了企业短期行为；难以克服包死基数与外部活环境变化的矛盾；难以克服包盈不包亏，财务约束软化；等等。

国有经济和非国有经济发展过程中暴露出来的产权关系不清晰、产权责任不明确等深层次问题，使人们越来越清楚地认识到，继续深化企业改革，必须解决深层次的矛盾，理顺企业产权关系，实现企业制度的根本性创新，使企业真正成为独立的商品生产者和经营者，成为市场竞争的主体。

企业制度创新的基本思路是，从理顺产权关系入手，建立与社会主义市场经济要求相适应的，以公司法人制度为主要内容的现代企业制度，以达到转换企业经营机制，增强企业活力的目的。从放权让利、改革经营方式到明确提出“转机建制”，进行企业制度的创新，标志着我国国有企业改革走向“产权约束”，它既包含契约约束和利益约束的基本内容，更触及企业改革与发展的根本性问题。这既是我国经济体制改革不断深化、改革领域不断扩大、改革条件进一步成熟的要求和表现，也是在长期以来我国国有企业改革经验积累的基础上艰难选择的结果。

实际上，早在20世纪80年代末90年代初国有企业推行承包制改革时，就有许多学者以其对科学的执着和理论的勇气提出要将企业经营机制转换与产权制度创新对接起来。如著名经济学家王珏、厉以宁、吴敬琏都提出过，可以通过股份制使国家所有权与企业法人所有权相互分离，股份制是明确企业财产关系最适宜、最有效的形式，可以作为国有大中型企业改革的基本思路。可惜当时对国有企业实行股份制改革还存在不同的认识，有人担心股份制将会改变国有企业的所有制性质，按股份分红包含剥削因素，甚至有人认为，把股份制作为国有企业改革的目标就是实行私有化，从而延缓了我国企业改革的进程。值得庆幸的是，理论界和企业界始终没有停止对企业改革的探索，目前把股份制作为现代企业的一种资本组织形式加以推进，并将其作为企业制度创新的基本取向和思路已经成为人们的共识。

30年来，我国国有企业虽然在数量上大为减少，但质量得到显著提高，竞争能力也在增强；国有企业的资产规模不断扩大，并逐步向基础行业和支柱行业集中，国有企业的效益持续大幅增长，并继续呈现出良好的发展态势。尽管目前我国企业改革与发展还存在许多问题和矛盾，但只要我们按照“产权明晰、权责明确、政企分开、管理科学”的要求继续推进国有企业制度创新，使企业成为适应市场的法人实体和竞争主体，就一定能进一步促进国有企业的发展壮大，使之真正成为推动国民经济发展的重要力量。

迪士尼将拓展还是压缩上海创新空间①

流传多年的上海筹建迪士尼乐园消息最近又热了起来，在网上还引起广泛争论。对于上海准备耗巨资修建迪士尼乐园是利还是弊，目前尚难以定论，但有一点是肯定的，那就是我们仍然在做贴牌生产，只不过这次涉及的是旅游产业。这显然与我国目前大力提倡的通过自主创新振兴民族产业是不相符的。

随着居民收入水平的不断提高和消费结构的不断升级，我国旅游业也得到了迅速发展，已成为最具活力的一大产业和国民经济新的增长点。迪士尼选择落户香港和上海，也正是认准了中国旅游业发展的巨大市场和潜力。上海也应抓住有利的时机，推进旅游产业的发展和升级。但在采取什么样的发展模式问题上，需要全面考虑和充分论证。

引进国外著名的品牌建立大型主题乐园，虽然具有起步容易，进入障碍小，投入少，见效快，能学习先进的生产技术和管理经验等优点，但也会带来一系列问题。一是因为迪士尼是美国文化的产物，上海建迪士尼乐园，就像工业产品贴牌生产一样，利润大部分自然要被美国拿去。二是我国香港已经建有迪士尼乐园，上海再建迪士尼乐园，势必与香港形成竞争态势，对地区经济发展产生不利的影响。况且，国内许多富裕家庭已经或准备带自己的小孩去香港迪士尼乐园游玩，而对于并不富裕的家庭来说，支付几百元一张的门票是有困难的。又由于美国、欧洲、日本都有迪士尼乐园，对国外消费群体的吸引力也有限。因此，国内外市场到底有多大还值得研究。三是迪士尼进入中国主题公园采取的模式是主要资金由中方投入，而外方只投入品牌和部分现金，并向中国收取特许费和管理费。在这种模式下，迪士尼公司基本上不承担市场风险和投资风险，中方将承担几乎全部的风险。为此，已有学者建言，内地城市绝对不应盲目引进迪士尼等大型主题公园，否则地方政府将承担巨大的市场风险。四是引进迪士尼乐园后，必将抑制今后上海自主创新发展大型主题乐园的空间，影响上海旅游业自主品牌的建设。这是上海推动旅游设施建设尤其要考虑的问题。

经过20多年的发展，我国旅游业已具备一定的开发和经营规模，进入产业升级阶段，旅游品牌创建和品牌管理成为我国旅游业发展的核心问题。作为中国最大的城市和国际著名的大都市，上海有条件而且有能力发展具有世界领先水平的游乐消遣设施，以满足旅游者不断增长的对高层次旅游娱乐的需要，提高其生活质量。为此就不应该追求短期的利益继续贴牌生产，而应顺应世界旅游业品牌化经营的潮流，充分利用在知识、经验、能力、社会资源诸多方面的优势，打造可以同迪士尼相比

① 发表于《上海证券报》2009年1月16日第B6版。

拟的旅游品牌，引领我国旅游业的发展。

中国拥有厚重的人文、历史、文化资源，将娱乐产品和中国文化融合起来，创立自主品牌大有可为。例如，国内外旅游者对《西游记》和“中国猴”都非常熟悉和喜欢，同样投资300亿元，如果建立“西游记主题公园”，让孙悟空与米老鼠共舞，或许就更具有民族特色和广阔的国内外市场，开发潜力也更大。

自主创新建立民族品牌之路虽然很艰难，但创立自身的品牌毕竟是中国企业参与国际竞争的最终选择，尤其是在全球经济竞争激烈的格局之下。这对旅游产业也一样。在这方面，被誉为中国旅游行业一面旗帜的华侨城旅游的经验值得借鉴。从1989年建成锦绣中华算起，华侨城旅游一直坚持自主创新打造民族旅游品牌的战略，经过近20年的发展，终于打造出主题色彩鲜明、文化内涵丰富、产品形式多样的主题公园群，形成了目前中国规模最大、效益最好的旅游产业集群。在此基础上，华侨城旅游还先后进军影视传媒、旅游策划、歌舞演艺、房地产等文化旅游关联产业，并以“欢乐谷”为核心，将品牌推广到北京、成都等地，引领了中国主题公园发展的潮流，赢得了广大消费者的认同。可见提倡自主创新不是一种口号，而是一种行动。这也是中国旅游业发展的必然要求。

旅游产业和设施的创新还应体现在为消费者创造出更多值得回忆的感受及体验上。我国目前建立的各类主题公园之所以绝大多数处于亏损状态，其中一个重要的原因就在于，这些“人造景观”主要是给消费者看的，而不注重与消费者的互动和消费者的自愿参与，通过为客户提供多种多样的娱乐体验来吸引客户，即实施体验营销。这正是对体验经济不同于传统农业经济、工业经济和服务经济而提出的新要求。迪士尼乐园的成功也正是让游客充分体验到了想象中的和人工的刺激。说到底，随着体验经济的到来，未来旅游产业的竞争，必将是体验的竞争，这是提升旅游产业企业竞争力的方向。

“山寨产品”：是创新还是仿冒①

以仿制为特征的山寨产品正在我国大行其道，以致“神州无处不山寨”。社会各界对此褒贬不一，全盘否定、大力围剿者有之，乐此不疲、大力推崇者也大有之。而核心问题在于，山寨产品到底是一种创新还是单纯的仿冒？

从本源上看，“山寨”原指草根平民占山为王或者圈地居住的地方，与庙堂、官府相对应，现引申为没有牌照、难进正规渠道的小厂家、小作坊。“山寨产品”则引申为利用自身技术条件和经济力量，模仿、整合市场上流行的产品而生产出来的质

① 发表于《上海证券报》2009年2月17日封6版；《北京晚报》2009年2月22日第20版摘录；《贵阳日报》2009年2月24日第A7版全文转载。

量不错、价格低廉的产品。山寨产品之所以能在电子领域快速发展，不仅在于其价廉、实用、更新速度快的特点迎合了消费者追求时尚和低价的心理需求，还在于随着技术和制造能力的提升，我国已经具备了完善的信息技术产业链，能够快速实现低成本、规模化仿制生产，从而形成大量物美价廉的“山寨产品”进入市场，并与“庙堂产品”相互竞争、争夺消费者的格局。

山寨产品中虽然确实有一些是假冒伪劣产品，但绝大多数都是在模仿市场上已有产品的基础上再赋予新创意的产品，实际上是借鉴电脑业的戴尔产品创新模式制造出来的产品。这些产品往往整合了市场上很多不同优质品牌的长处，再根据低收入消费者的需要，把能实现的功能都实现了，想方设法地满足消费者的更多需求。这同严格意义上的盗版、侵权行为是有区别的，是一种有效的创新。

市场营销学根据产品创新的程度不同把新产品分成四类：一是运用新原理、新材料、新技术、新工艺制成的，在世界范围内第一次发明制造出来的新产品；二是利用革新性技术对原产品变革改良而成的产品，其功能有所扩大、品质显著提高、结构更合理，如取代晶体管电路的集成电路计算机；三是内在属性没有根本改变，但性能、结构、造型、体积、包装等外部形态上有所改观的产品，如气压式热水瓶取代铁壳热水瓶；四是对市场上已有产品不做技术改进，企业模仿生产出来后标上自身品牌的产品，如新品牌的啤酒等。可见，只要是能给客户带来某种新的满足和新的利益的产品都可以被理解为新产品。也就是说，只要是在功能或形态上发生改变，与原产品产生差异的产品都可以视为新产品。山寨产品无疑属于后两者。许多企业尤其是中小企业热衷于采用“山寨制造”，是为了迅速推出新产品，与现有产品进行差异化竞争，从而快速占领市场。实践证明这是十分有效的营销战略。

山寨产品的本质是模仿，虽有侵害他人知识产权之嫌，但只要不是利用他人受法律保护的专利技术和商标等知识产权，就不算是对他人知识产权的侵犯。这种对先进产品的模仿，客观上对促进各自产品的更新换代，促进各自产品从功能到样式的不断创新，从而推进整个社会技术创新和科技发展，满足不同收入阶层的消费需求都具有积极作用。事实上，技术创新产品，其中近 90%都属于改良型，而这些改良在某种程度上就是模仿创新。即使在国外，山寨产品也普遍存在。例如，日本的索尼公司在初创时期对收音机的研发就是在解剖、消化国外产品核心技术基础上的创新。又如美国推出了排版逼真的“山寨”版《纽约时报》。欧美不是还盛行根据自身喜好和需要，选用不同企业生产的零部件组装属于自己的“山寨汽车”吗？

山寨产品的大量出现是经济发展水平不高、居民收入有限、市场经济不完善的条件下的必然产物。考察各国经济发展史，很多发达国家也都是靠模仿当时国外先进技术，并加以吸收、创新，最终培养出自身创新能力而实现赶超目标的。任何后发国家都不可能跨越技术引进、技术模仿的阶段而直接进入自主创新的阶段。对单个企业来说，生产山寨产品虽然没有远大发展前途，但从整个社会来看，山寨产品对于满足社会不同层次的需求、对以公司为主的生产研发模式、对抑制相关行业特别是垄断行业的暴利行为，对于技术进步等无不具有积极作用。

从模仿到创新也是我国走向自主创新的必由之路。我国在经历早期大量引进国外先进技术，边干边学地掌握和运用引进的技术后，很快形成了巨大的产品设计和制造能力，但还需要进一步在模仿式创新与改进中努力培养和提高自主创新、创建自主品牌的能力。我国目前经济发展水平还不高，劳动者就业压力大，国内市场十分广阔，因而力图结束当前在技术领域的模仿者角色，过分贬低技术模仿是有失偏颇的。当务之急是尽快提高学习能力和吸收能力，加大吸收消化的投入，实现山寨产品的升级换代，由“中国制造”走向“中国创造”。

毫无疑问，加强对知识产权的保护是我们必须坚持的原则和迫切的任务。应当在全社会加大对知识产权保护的力度，综合运用法律力量、道德力量和社会舆论，对山寨制造和山寨产品进行严格有效的管理。对于那些打着山寨制造旗帜，肆意侵犯知识产权的企业和行为，则要予以坚决的打击。

以体验经济促发上海服务业升级①

作为国民经济重要组成部分的现代服务业，依托新技术、新业态和新的服务方式，近年来创造出越来越多的市场需求和价值，已成为许多国家新的经济增长点。国务院审议并原则通过了《国务院关于推进上海加快发展现代服务业和先进制造业建设国际金融中心和国际航运中心的意见》，为上海大力发展服务业提供了新的发展机遇。如果能借助新兴的体验经济，以体验带动上海服务业的发展和升级，无疑将有利于这一战略目标的实现。

早在1970年，美国未来学家托夫勒就预言：“我们正在从满足物质需要的制度迅速过渡到创造一种与满足心理需求相联系的经济。”“体验由原来作为某种服务产品的附属……越来越多地按其本身的价值出售，好像它们也是物品一样。”后来，托夫勒在中国中央电视台《对话》节目现场再次预言：服务经济的下一步是走向体验经济，商家将靠提供体验服务取胜。

保增长、促内需已成为我国经济工作的当务之急。其实，在我国还有许多被压制的需求，很多是有待创造体验的服务需求。如娱乐业、旅游业、商品零售业、提供“财富照看”业务的金融服务业以及全方位促进身心健康业务的医疗保健业等。长期以来，上海在这些服务领域形成了一定的优势，为向现代服务业的进一步发展

① 发表于《上海证券报》2009年4月22日封6版。

和升级，提高服务水平和竞争力打下了良好的基础。

但上海现代服务业的发展和升级还需要有“新型”的带动力量，体验或许正是解决这一问题的良药。具体来说，体验在产业结构演进中的作用主要表现在以下几个方面：例如，刺激新产品的开发，增强产品的灵性和感知质量，进而增加产品的附加价值，蓝猫动画与汇源果汁结合开发出的“蓝猫咕噜噜儿童多维饮料”就是一个生动的例子；又例如，能够帮助服务业升级，避免同质化竞争，通过为客户提供全方位的、富有吸引力的体验提升服务的价值，如根据不同场景发出不同香味的电影和具有身临其境感受的立体电影。还有，当体验不仅是个体的心灵感受，也不再是传统服务业的附属品时，就可以单独作为一种经济价值出售，形成以满足心理需求为主要内容的新兴服务业，并能带动其他服务业的发展，如上海推出的“农家乐”就带动了乡村旅游业的发展。

可见，服务业具有巨大的潜力和空间，为此需要开发受抑制的需求，创造新需求，尤其要通过不断创新升级有效需求，而体验需求正好是需求结构中继产品需求、传统服务需求之后的新需求。明确服务业的带动力量，重点发展以体验为基础的现代服务业，对进一步发挥上海服务业的优势，促进上海传统服务业向现代服务业的转变具有显著作用。

传统服务形式的一个重大缺陷是，消费者只是被动接受。现代服务业则必须让消费者参与服务的全过程，使之获得丰富的、令人动心的体验和心理需求上的满足，以丰富产品和服务的内容，增加产品和服务的吸引力与附加价值。

在美国、日本、欧洲各地，体验模式早已渗透到服务产业，并取得了非常好的效果。全球各类狂欢节之所以大受追捧，“环球嘉年华”“迪士尼”“环球影城”之所以能成为世界著名娱乐品牌，都与体验经济时代消费欲望、消费快乐的全球趋势紧密相关，都是缘于抓住了服务业最本质的特征——让游客亲身体验想象中的和现实中的快乐与刺激。日本东京幕张新都心的购物中心 Garden Walk 营造出复杂而多变的都市花园氛围，星巴克把喝咖啡变成了情感体验，都取得了大大高于同行业平均利润的骄人业绩，同样证明了体验式商业对消费者的无穷诱惑。

体验具有多重存在形态，而文化是体现体验因素的最主要载体。中国地域广阔，拥有众多厚重和异质的人文、历史、文化资源，自然能对消费者产生巨大的吸引力和新鲜感。这就为我们创造文化差异体验提供了很好的契机，为服务业的进一步发展与升级创造了良好的条件。上海发展现代服务业同样要善于将体验与制造业和传统服务业融合起来，注重与消费者的互动和促进消费者自愿参与，通过提供多种多样的体验来吸引客户，即实施体验营销，来提升服务业的水平和竞争力。这正是服务经济对现代服务业提出的新要求。

调结构，中小企业举足轻重①

说到结构调整，大家首先想到的大多是产业结构、就业结构、企业结构、产品结构、技术结构、进出口结构、区域结构、收入结构的调整。而笔者以为，企业结构对其他结构的调整和经济与社会的发展影响最大，特别是中小企业，尤其要引起重视。

中小企业数量众多，投资少，经营方式机动灵活，对市场变化反应快，与市场有着天然的联系，因而只要有合适的环境就能得到发展，并发挥积极的和不可替代的作用。目前，我国中小企业总数占全国工业企业总数的99%，对国内生产总值的贡献率超过60%，对税收的贡献率超过50%，还创造了近70%的进出口贸易额，创造了80%左右的城镇就业岗位，吸纳了50%以上的国有企业下岗人员、70%以上新增就业人员、70%以上农村转移劳动力。在自主创新方面，中小企业拥有66%的专利发明、74%的技术创新和82%的新产品开发。由此可见，多种经济成分的中小企业已成为数量极为庞大的企业群体，在国民经济中具有举足轻重的作用。

但是，中小企业在发展过程中，普遍存在资金规模小、势力弱、内部组织关系不稳定、经营管理和技术人才缺乏等问题。当前制约我国中小企业进一步发展的瓶颈还有很多。一是发展资金有限，缺乏必要的融资渠道。我国中小企业每年获得的信贷规模不到总信贷规模的10%。二是面临不公平的政策环境。如市场准入存在人为的障碍，获得贷款条件比大企业要严格得多，税费负担不公平等。三是缺乏信息和技术来源，经营者难以做出及时、合理的经营决策，实现产品的升级换代。四是竞争秩序不规范，表现在各地中小企业存在着低水平过度竞争，“大而全”的体制使中小企业难以与大企业形成分工协作，甚至遭到大企业的排挤。这场全球性经济危机，使中小企业的脆弱性更为深刻地显露出来。经营困难、速度滑坡、效益下降、亏损增加等成为中小企业发展面临的普遍问题。因此，无论从当前着眼还是从长远考虑，中小企业如果得不到政府的支持和帮助，要想进一步发展壮大并发挥其应有的作用，实在是很难的。

经济发展实践告诉我们，中小企业的发展不仅涉及所有制结构和企业结构的改革与发展，还直接关系到保障和改善民生、扩大内需、增加就业、促进市场竞争机制的发挥、防止市场经济停滞等问题。我国国民创业积极性不高，每千人拥有企业个数少，中小企业发展相对落后，已成为中国经济社会矛盾与问题产生的主要原因之一。为此，在“调结构”中，需要将对中小企业发展重要意义的认识提到一个全新的层面，切切实实把指导和促进中小企业发展作为经济工作的重点。当下的要

① 发表于《上海证券报》2010年2月4日封6版；《现代审计与经济》2010年第4期全文转载。

务，笔者以为是尽快设立负责中小企业的专门机构，组织制定以“中小企业基本法”为主体的相关法律规范，在法律上明确中小企业在经济发展中的地位，规范中小企业的经营活动，保护中小企业的合法权益，为中小企业的健康发展提供良好的制度环境。

对中小企业全新认识的主要体现，是实现由“放”到“帮扶”的转变，为中小企业带来更多的实惠。如给予社会资本投资国民待遇，放宽市场准入以及进区、进园的条件；放开商业银行放贷额度、鼓励新增贷款向中小企业倾斜，甚至规定商业银行向中小企业贷款应占的比率；落实中小企业专项贷款政策；设立中小企业发展专项资金；创建为中小企业融资的社会担保体系；制定针对中小企业诸如上调出口退税率、减低营业税率、减免中小企业不良贷款等财政减税政策，让中小企业切实得到财政政策的支持；构筑和完善专为中小企业服务的公共信息和技术服务平台，为中小企业发展提供一个较大空间和保障体系；制定鼓励现有在职管理和科技人员以及包括应届大学毕业生、研究生进入中小企业工作的优惠政策，满足中小企业对各类专业技术和管理人才的要求；等等。

更深一步，当然还应合理规划和调整企业群体结构，引导中小企业与大型企业形成分工协作关系和联盟，提高社会化协作、专业化生产程度，进而从整体上提高我国企业的市场竞争能力。在市场经济条件下，不同规模和类型的企业在体制、机制和发展模式上既相互竞争又相互合作，在产业、产品上协作配套，形成完善的产业链，共享共用各种基础设施和知识、信息，既有利于中小企业获得稳定的市场，促进中小企业向专、精、特、新方向发展，也有利于大企业围绕重大产业项目和重要产品形成配套体系，充分利用中小企业提供的价廉质优的零部件和产前、产中、产后的服务支持，满足消费者多品种、个性化、低成本和快速交货的要求，最终形成相互依赖、相互促进、共同发展的局面。

刘易斯拐点也是机遇①

我国经济正步入“刘易斯转折区域”已是不争的事实，代工模式由此也已走到临界点。

长期以来，中国依靠丰富而又廉价的劳动力资源吸引投资，迅速发展成为“世界工厂”。但在国际产业链中，由于中国企业处在附加值最低的中间制造环节中，其利润主要取决于人力成本的差值，使得这种经济发展模式的生存根基很容易被劳动力的短缺及其成本上升所动摇。中国制造业虽然规模巨大，但由于缺乏独立的市场和用户，缺乏自主知识产权以及国际市场定价权和话语权，企业实际获得的利润非

① 发表于《上海证券报》2010 年 7 月 8 日封 7 版；《经济导报》2010 年 7 月 9 日第 B1 版转载观点。

常微薄。

美国经济学家阿瑟·刘易斯认为，经济发展是现代工业部门对传统农业部门的扩张过程，这一过程将持续到把剩余劳动力全部转移干净，直至出现一个城乡一体化的劳动力市场。当一个国家的劳动力供给不再具有无限弹性，现代工业部门的工资开始上升，或现代工业部门与传统农业部门劳动边际生产力相等，即两个部门工资水平大体相当时，经济发展的“拐点”就出现了。而判断一个国家是否面临“刘易斯拐点”的重要指标，就是工人真实工资水平的上升。中国近几年沿海地区出现的“民工荒”，以及最近出现的“涨薪潮”，与中国进入“刘易斯转折区域”这个大趋势不谋而合。

中国代工模式暴露出来的不仅仅是低工资问题，还包括工人各种劳动保障的缺位，企业忽视社会责任，等等。这对老一代农民工来说，也许还不构成多大的威胁。因为他们自小在艰苦的环境下成长，吃苦耐劳，对恶劣的劳动环境有相当的忍受力，挣到一些钱后又回家安心务农去了。但是新一代农民的成长环境大不一样，他们大多从决定背井离乡那刻起就已经决定要留在城市，成为现代文明城市中的一员，享受现代化城市的生活方式，并愿意为之奋斗。他们的就业范围更加广泛，自主择业和维权意识更强，因而他们在应聘岗位时，不仅对工资福利待遇要求较高，而且会产生诸如自我发展、生活享受等需求。这实际上是对体面劳动的诉求。已通过国际社会责任标准 SA 8000 认证、在最低工资保障和劳动环境方面做得并不差的富士康，还是接连出现极端事件就充分说明，劳动者的需要不仅包括满意的收入和物质生活，还包括充分的社会保护和充盈的精神生活。

加薪和体面劳动的诉求，无疑会在一定程度上削弱中国的“世界工厂”地位，导致内外资本的外流和经济增长的减缓。但中国幅员辽阔，地区经济发展极不平衡，这意味着存在经济梯度转移的可能性，从而可以降低“刘易斯拐点”突然来临带来的风险。只要我们及时调整发展战略，实现产业转移与升级，那么，“刘易斯拐点”对中国就不会是一场灾难，反而可以为国家和企业的发展与转型提供良好的机遇。

面对劳动力短缺、成本增加和利润减少的问题，中国企业为了求得生存与发展，有两条道路可供选择：一是加快实现产业向内地梯度转移，继续依赖劳动力低成本优势保持竞争力；二是努力从产业链“微笑曲线”的底部向两端发展，提高产业的附加价值。为此，首先要加大研发力量的投入，通过科技创新、管理创新加快淘汰落后的生产工艺和设备，减少用工量，缓解“用工荒”。同时要大力发展处在产业链两端的、用工量少、附加值高的设计和营销服务，以拓展更大的利润空间，最终实现从“制造企业”向“创造企业”“服务企业”的转变。其次要切实转变经营理念，重视履行社会责任，更多地注重保护劳动者的人身安全，改善劳动者的劳动环境、维护职工的各项物质和精神生活权益，尊重劳动者的人格尊严，为劳动者提供更多的学习知识、培训技能的渠道，通过提高劳动者素质和劳动生产效率来节约劳动力总成本，调动劳动者生产的积极性和创造性。

对国家来说，加快实现产业转移和升级，不仅有利于区域经济的均衡发展，缩小地区间经济发展水平的差距，而且有利于调整国民收入分配结构，提高居民特别是中西部居民和低收入居民的收入水平，进而提高居民消费能力，实现由政府投资和外需推动向依靠内需推动的经济发展模式的转变。在这一过程中，政府尤其要担负重要的责任。如完善相应的法律法规，为劳动者实现体面劳动提供制度支撑，建立健全劳动保障体系，加强劳动保障监察执法，使劳动者的权利得到有效落实。又如加快国民财富分配体制的改革，改善财富分配结构，提高普通劳动者的工资水平和消费水平，从根本上改变中国经济结构内外失衡的格局。还有，加快职业技术教育的投入，建立一套完整的技能人才培育机制，形成一支高技能、高素质的产业大军，缓解就业结构性短缺的矛盾；另外，在税收及产业政策等方面扶持企业实现产业转移和升级，引领经济结构向合理的国内经济分工格局演变。

中小企业发展对结构调整至关重要①

说到结构调整，大家首先想到的大多是产业结构、地区结构、收入分配结构的调整。笔者以为，我国经济失衡的根源在于企业结构失衡，主要表现为存在行业性垄断经营和中小企业难以实现持续稳定地发展。

基于企业结构对其他经济结构的调整和经济与社会的发展的影响，调结构、稳增长、促就业、求平衡的当务之急在于调整企业结构，即要打破大型企业对资源、生产和市场的垄断，切实加强对中小企业的保护和扶持力度，为中小企业的发展创造良好的发展环境，充分发挥中小企业在国民经济中的重要作用。

中小企业在国民经济中的地位及其处境

目前，我国中小企业总数占全国工业企业总数的99%，对国内生产总值的贡献率超过60%，对税收的贡献率超过50%，还创造了近70%的进出口贸易额，创造了近80%的城镇就业岗位。在科技创新方面，中小企业拥有66%的专利发明、74%的技术创新和82%的新产品开发。以民营经济为主体的中小企业已成为数量极为庞大的企业群体，在国民经济中发挥着举足轻重的作用。

中小企业数量众多，投资少，经营方式机动灵活，对市场变化反应快，与市场有着天然的联系，因而只要有合适的环境就能得到充分的发展。我国民营中小企业的大量出现就是改革开放的产物，经过20多年的发展，出现了包括后来发展成为著

① 发表于《上海证券报》2012年11月27日第A8版；《扬州日报》2012年7月25日第C04版转载，题目改为“中小企业减负之我见”。

名大企业的四通、联想、方正、吉利等。

党的十六届三中全会提出非公有制经济是促进我国社会生产力发展的重要力量，非公企业在投融资、税收、土地使用和对外贸易等方面与其他企业享有同等待遇，非公有制资本可进入法律法规未禁入的基础设施、公用事业及其他行业和领域等，对促进我国中小企业的发展起了重要作用。

中小企业虽然在政策和相应的法律法规上获得了支持，但在实际的发展过程中，仍普遍存在资金规模小、实力弱、内部组织关系不稳定、经营管理和技术人才缺乏等问题，致使其平均寿命仅 2.5 年。对于这样一个天然的弱势群体，如果没有政府的支持和帮助，要想得到进一步发展壮大是很难的，主要原因有以下几个方面。

（1）资金有限，缺乏必要的融资渠道。我国中小企业每年获得的信贷规模只占总信贷规模的 10%左右。个体和私营企业基本上得不到银行的贷款，更谈不上大企业所拥有的发行企业债券、股票等直接融资的渠道。由于资金缺乏，中小企业扩大再生产只能靠自我积累慢慢“滚雪球”，有些具有良好前景的项目也无法上马。为了弥补流动资金的缺口，中小企业常常不得不以高利率进行资金拆借和集资，提高了企业的经营成本。

（2）不公平的政策环境。20 世纪 80 年代初期，国家曾对以中小企业为主的乡镇企业的发展给予了许多优惠政策，现在这些政策大多被取消了。在新的历史条件下，中小企业不但很难得到政策上的优惠，反而面临着不公平的政策环境。如中小企业贷款条件比大企业要严格得多，个体、私营企业甚至没有资格得到金融机构的贷款；税费负担不公平，乡镇企业要缴纳农业附加税，而非乡镇企业无须承担这一税项；等等。

（3）缺乏信息和技术来源。除高新技术领域的中小企业之外，其他普遍缺乏获得市场信息和技术的渠道，使经营者难以做出及时、合理的决策，难以实现产品升级换代，制约了中小企业的发展。

（4）不规范的竞争秩序。表现为各地中小企业之间在相当大的范围内存在着低水平过度竞争的问题；传统的大而全、小而全的体制使中小企业难以与大企业分工协作；一些大企业尤其是国有大企业，利用自身的经济优势或凭借政府行政力量，垄断经济资源，或以低于成本的价格销售产品来排挤中小竞争对手。

总之，在“刘易斯拐点”逐步到来，劳动力成本显著上升，经济发展方式转型带来环境保护和节能减排的压力，企业运营成本水涨船高，税负成本和融资问题难以得到解决，投资环境持续出现恶化，以及国际经济前景不佳，新贸易保护主义的抬头，贸易摩擦的常态化等条件下，新的问题和挑战还在不断出现，中小企业生存与发展面临的环境十分严峻。

中小企业发展对经济结构的影响

中小企业在国民经济中的重要作用还表现在对其他经济结构影响很大，进而影响整个国民经济的均衡与协调发展。

先看中小企业投资规模和投资领域及其对产业结构、就业结构的影响。中小企业在发展过程中，存在投资规模难以扩大、投资领域受到限制等问题。

首先，在追求立竿见影的政绩与国内生产总值增长的文化中，我国对与政府没有密切关系的、以中小企业为主体的民营企业形成了根深蒂固的歧视，加上一些中小企业习惯于粗放式发展，产品技术含量低，生产经营与管理比较落后，缺乏竞争优势，从而制约了其盈利水平和依靠内源性融资发展壮大的能力。

其次，中小企业融资难制约了其依靠外源性融资扩大投资规模的能力。

最后，我国民间投资的领域和范围受到严格的限制。2005 年颁布的“非公经济 36 条”和 2010 年颁布的“新非公 36 条”，以及“鼓励民间资本通过兼并重组进入垄断行业的竞争性业务领域”等政策始终难以得到落实。

同时，诸如提高行业准入条件、行业集中度、淘汰落后产能以及整顿行业秩序等，大多以国有大中型企业为标准，客观上排挤了中小企业，限制了民营企业进入有效益的经济领域，致使目前民间资本难以进入铁路、能源、金融、市政公共事业等重要领域。

这样的结果是，长期以来，盈利水平低、融资难、投资领域的限制制约了中小企业的产业发展领域和规模的扩大，进而影响了其吸纳就业的能力；而目前资金缺乏、成本高、税负重以及金融危机的影响，又使中小企业面临着生存困境，它们大面积的倒闭自然会带来大量工人的失业。

就服务业来说，市场管制与大企业的垄断同样会阻碍中小企业的发展。例如，在零售领域，大型超市会使周围零售小店铺面临巨大的生存压力，“沃尔玛一公里死亡圈”说的就是这个道理。

所以，即使在美国，沃尔玛也只被允许开设在城郊地带。纽约市区就曾多次拒绝沃尔玛开店的请求。原因就在于中小商店的商品虽然价格比较高，可选择性少，但能创造更多的就业机会。而韩国则采取让大型商场早点儿关门、强制休息等措施，给小型超市留下生存与发展的空间。反观我国，无论是大城市还是二、三线城市，都出现了大型超市扎堆市中心区的现象，没有考虑其对中小商店生存与发展带来的负面影响。

企业结构对收入分配结构的影响也很大。造成我国目前收入分配失衡的原因很复杂，除城乡二元结构、社会保障滞后等外，由行政性垄断造成的国有企业和民营中小企业在行业间的比例失衡也是重要原因。20 世纪 80 年代以来，农村经济改革和民营中小企业的发展缩小了城乡收入差距。后来，这种基本平衡的局面又被打破了。

特别是2008年金融危机爆发后，国有大型企业在各地大规模向原本属于民营企业的空间扩展，少数央企依靠垄断地位获得了超额利润，并拥有利益的“自行分配”权；而大量处于低端行业的中小企业激烈竞争，生产经营环境也日趋恶化。

拿“2012中国企业500强”来说，虽然民营企业有190家（占38%），但与国有企业存在非常大的差距。“2011年中国企业500强”中的国有企业平均营业收入、资产总额、利润总额分别是民营企业的1.55倍、4.40倍、3.15倍。

在“2012年中国企业500强”中，盈利能力最强的前10家都是金融、通信、石油、电力行业的国有企业，其利润之和达到11 285.78亿元，占500强企业利润总额的53.83%。最大的5家商业银行和272家制造业企业的营业收入总额占比分别是5.7%和42.7%，但利润占比分别为32.2%和25.04%。

垄断经营造成的行业间收入差距、国有和私营部门员工的收入差距巨大，已经成为我国尤其是城镇职工收入差距扩大的重要原因。可以肯定的是，不打破垄断，调整行业之间和行业内部的企业结构，一次分配就不可能实现基本的公平，收入差距还将继续扩大。

调整企业结构，发展中小企业的政策措施

各国经济发展实践告诉我们，中小企业的发展不仅直接关系到保障和改善民生、扩大内需、增加就业、促进市场竞争机制的发挥，防止市场经济停滞等问题，而且是一个提高收入水平，实现收入公平分配最主要的机制。

我国中小企业难以实现持续稳定的发展，已经成为许多经济社会矛盾与问题产生的主要诱因。因此，调整企业结构，加强对中小企业的保护，强化公平竞争，也就成为我国实现经济稳定发展的必然选择。

（1）将对中小企业发展重要意义的认识提到一个全新的层面，切切实实把指导和促进中小企业发展作为经济工作的重点，加强对中小企业的长期管理，建立促进中小企业持续发展的长效机制。

例如，尽快设立负责中小企业的专门机构，组织制定以“中小企业基本法”为主体的相关法律规范，在法律上明确中小企业在经济发展中的地位，规范中小企业的经营活动，保护中小企业的合法权益，为中小企业的健康发展提供良好的制度环境。在中小企业遭遇困难的特殊时期，政府应为它们提供临时的“避风港”，帮助它们渡过危机。

对中小企业的全新认识还体现在实现由“放”到“帮扶”的转变，切实为中小企业带来更多的实惠。

如给予社会资本国民待遇，允许其进入金融、公路、电信等基础和垄断行业；放宽市场准入以及中小企业进区、进园的条件；放开商业银行放贷额度、鼓励新增

贷款向中小企业倾斜，甚至规定商业银行向中小企业贷款应占的比率；落实中小企业专项贷款政策；设立中小企业发展专项资金；创建为中小企业融资的社会担保体系；制定针对中小企业诸如上调出口退税率、减低营业税率、减免中小企业不良贷款等财政减税政策，让中小企业切实得到财政政策的支持；构筑和完善专为中小企业服务的公共信息和技术服务平台，为中小企业发展提供一个较大空间和保障体系；制定鼓励现有在职管理和科技人员，以及包括应届大学毕业生、研究生进入中小企业工作的优惠政策，满足中小企业对各类专业技术和管理人才的要求；等等。

（2）合理规划和调整企业群体结构，引导大型企业与中小企业形成分工协作关系和联盟，提高社会化协作、专业化生产程度，进而从整体上提高我国企业的市场竞争能力。

在市场经济条件下，不同规模和类型的企业在体制、机制和发展模式上既相互竞争又相互合作，在产业、产品上协作配套，形成完善的产业链，共享共用各种基础设施和知识、信息，既有利于中小企业获得稳定的市场，促进中小企业向专、精、特、新方向发展，也有利于大企业围绕重大产业项目和重要产品形成配套体系，充分利用中小企业提供的价廉质优的零部件和产前、产中、产后的服务支持，满足消费者多品种、个性化、低成本和快速交货的要求，最终形成相互依赖、相互促进、共同发展的局面。

（3）最重要的是打破垄断，在为中小企业创造公平竞争的发展环境的同时，给予更多政策上的倾斜和支持。一方面，要打破一切形式的垄断，不仅给予民间资本投资同等待遇，而且要对大企业的进入领域进行限制，合理规划大企业的空间布局。就像韩国那样，为了保护中小企业，将市场规模在 1000 亿到 1.5 万亿韩元的行业划分为中小企业固有行业，并通过立法禁止大企业进入。另一方面，要从促进和保护中小企业发展、创造就业、提高居民收入出发，给予中小企业税收、融资等方面的优惠，减轻中小企业的经营成本，建立起竭诚服务于中小企业的金融体制。

我国香港就是这样做的。无论是本地资本还是外来资本，都不需要特区政府批准就可以平等地投资各个行业。2008 年全球金融危机爆发后，为了帮助陷入困境的中小企业，特区政府特意推出了 1000 亿港元的政府信贷担保计划，还大幅提高企业的最高贷款额，准许所有企业申请有关贷款，使许多企业顺利地渡过了危机。

"沃尔玛"就不该进市中心[①]

我国当前的经济失衡是全方位的，包括产业结构失衡、收入分配结构失衡、消费结构失衡、就业结构失衡、投资结构失衡等。而追溯起来，导致经济失衡的根源却是相同的，那就是企业结构失衡。

不妨先看看投资结构以及由此决定的产业结构和就业结构。

长期以来，我国民间投资的领域和范围受到严格限制，2005 年颁布的"非公 36 条"和 2010 年颁布的"新非公 36 条"，以及"鼓励民间资本通过兼并重组进入垄断行业的竞争性业务领域"等政策迟迟难以真正落实。原因在于，一方面，在追求立竿见影的政绩与国内生产总值增长崇拜的思维定式中，相关职能部门对与政府没有密切关系的、以中小企业为主体的民营企业形成了根深蒂固的歧视，而一些中小企业因为习惯于粗放式发展，产品技术含量低，经营与管理比较落后，致使长期缺乏竞争优势，也制约了其发展壮大。另一方面，诸如提高行业准入条件、行业集中度、淘汰落后产能以及整顿行业秩序等，大都以国有大中型企业为标准，客观上也排挤了中小企业，限制了民营企业进入有效益的经济领域，致使民间资本最终能进入铁路、能源、金融、市政公共事业等重要领域的少之又少。例如，中国油气生产商只有 5 家，而且都是国有的。而据美国独立石油协会统计，美国现有独立油气生产商 13 000 余家，其中没有国家石油公司。美国 50%的石油产量、60%的油井和天然气产量由这些中小型私人企业提供。我国民间资本要想兴办金融机构，进入金融领域同样非常困难。虽然我国中小企业占全国企业总数的 99%，贡献税收占 50%，创造国内生产总值占 60%，完成创新占 70%，解决就业占 80%，但在成本高、税负重、融资难等现实背景下，中小企业正面临着生存困境，如果中小企业大面积关闭，自然会带来难以估量的失业潮。

要挖掘服务业发展的新动力，同样需要打破该领域的管制与大企业垄断的格局，减轻中小企业的经营成本尤其是房价（房租）和税负，才能促使中小服务企业的发展，创造更多的就业机会。一个典型例子是，大型超市会使周围零售小店铺陷入绝境，故有"沃尔玛一公里死亡圈"之说。所以，即使在美国，沃尔玛通常也只开设在地广人稀的城郊地带。沃尔玛曾多次试图在纽约市区开店，但都被拒绝了。纽约消费者深知，社区小店虽然价格更高、选择更少，但它们能创造就业，还能获得一种人际的交往。我国香港地区则通过降低小店的税负提高其价格竞争力，使大型超市难以生存。这就是在香港看不到巨型超市的真正原因。韩国为保护小商店使出的"高招"是，让大型商场早点儿关门，甚至对大超市实施强制休息日，从而给

① 发表于《上海证券报》2012 年 7 月 12 日封 7 版；《扬州日报》2012 年 7 月 25 日第 C4 版全文转载。

小商店留下生存与发展的空间。而在我国，无论是大城市还是二、三线城市，这些年都出现了大型超市扎堆的现象，中小商铺的生存空间也就被大大压缩了。

再拿收入分配结构来说，收入分配的差异首先是国有企业和民营企业失衡的结果。20 世纪 80 年代以来，农村经济改革和民营企业的迅猛发展，使国有企业和民营企业实现了大致的平衡，居民收入也得到了迅速增长。2008 年全球金融危机爆发后，国有大中型企业在各地大规模向原本属于民营企业的空间扩展，很快打破了原来基本平衡的局面。很快，少数央企凭借其垄断地位获得了巨额利益，更拥有利益的“自行分配”权；民营企业的经营空间则随之日渐逼仄，由此带来了收入分配的重大落差。只要这样失衡的企业结构得不到改变，一次分配就不可能实现基本的公平。

经济发展实践告诉我们，一国中小企业的繁荣与否不仅直接关系到保障和改善民生、扩大内需、增加就业、促进市场竞争机制的发挥，防止市场经济停滞等问题，而且直接关系到能否获得一个实现收入公平分配的合理机制。正因为如此，加强对中小企业的保护，强化公平竞争，已成各个国家和地区实现经济稳定发展的必然选择。例如，韩国为了保护中小企业，将市场规模在 1000 亿到 1.5 万亿韩元的行业划分为中小企业固有行业，并通过立法禁止大企业进入。在我国香港地区，无论是本地资本还是外来资本，都不需要特区政府批准就可以平等投资各个行业。2008 年全球金融危机爆发后，为了帮助陷入困境的中小企业，香港特区政府推出了 1000 亿港元的政府信贷担保计划，还将企业的最高贷款额大幅提高，准许所有企业申请有关贷款，使许多企业顺利渡过了危机。

要想实现经济的均衡发展，进而实现经济的成功转型，当下首先要解决的是对中小企业的长期歧视及其税负过高、融资困难等问题。这就意味着必须加紧调整我国的企业结构，尽早建立起竭诚服务于中小企业的金融体制。

方便面起落折射的中国消费转型①

方便面这个被认为“20 世纪最伟大发明”的卷曲面饼，自 1958 年进入市场以来，影响力甚至蔓延至地球的每一个角落。但自 2012 年以来，方便面行业在销售额和盈利达到顶点后，出现了滞涨甚至下滑。以我国市场为例，销量在 2007 年达到巅峰（498 亿包）后开始回落，2009 年为 409 亿包，2012 年又上升到 440 亿包，约占当年全世界方便面销量的一半。此后，我国方便面销量和企业利润双双出现逐年下滑的趋势，2015 年销售量下降了 12.6%。全球最大的方便面公司康师傅利润下滑了 35%～45%，有几家方便面公司因此而倒闭。

① 发表于《上海证券报》2016 年 10 月 10 日第 8 版。

俗话说得好，窥一斑而知全豹。在方便面这个“大众食品之王”兴衰的背后，折射出的是我国居民消费和生活方式的升级与转型，乃至我国经济的升级与转型。

方便面之所以能开创一个市场和一个全新的行业，是由其产品特点和居民的消费水平与环境决定的。方便面最大的优势是简便、价廉、保存期长。在我国经济进入快速重建、人口流动量大、居民收入水平不高、工作时间长的时期，即食平价的方便面刚好适应了此阶段的生活方式和消费需求，为百姓提供了不错的就餐选择，因而得到了快速发展。但也正是国人的生活方式和消费需求的再度改变，使方便面产业由兴盛转向了衰落。

想必大家都还记得，方便面曾在我国物质匮乏的年代被视为“奢侈品”，但随着我国人均收入的提升和消费观念的改变，人们开始追求健康的食品和生活方式，以油炸方式生产的方便面随之落入“垃圾食品”“廉价食品”的行列。2004 年五谷道场借“拒绝油炸、留住健康”成为方便面行业的一匹黑马，最后却因口味不佳而败下阵来。康师傅因开发出“老坛酸菜牛肉面”一度赢得了部分消费者的青睐，但也没能扭转方便面产业衰落的局面。可见，通过开发口味好、健康而又价格低廉的产品来改变方便面行业的格局如今已非常困难。

导致方便面产业由盛而衰的另一个原因是人口流动主体及其出行方式的变化。始于 20 世纪 80 年代的“民工潮”，带来了数以亿计的农民工流动人口，构成了方便面的最大消费人群。2011 年以来，农民工流动人口总量增速开始持续回落。有人把方便面产销量增速曲线与农民工增速的回落曲线相对照，发现两者几乎都在 2012 年出现明显的拐点。

从人口流动方式看，在高铁出现以前，国人出行的主要工具是绿皮火车。仅仅在每年春运期间，我国铁路发送旅客就达到 1 亿多到近两亿人次。由于老式火车速度慢，运行时间非常长，方便面不仅成为火车上的热销产品，也是国人出行的“必备神器”，所以民间早就有中国铁路为方便面市场做出了突出贡献的说法。如今，国人出行的方式发生了很大变化，选择飞机、自驾的人越来越多，尤其是我国铁路运输已进入高铁时代，乘车的时间大大缩短，加上高铁不仅不卖方便面，还推出了含 15 元以下的快餐，包括包子、饺子、面条及多种富有地域特色的餐食，口感差和营养低的方便面哪里是竞争对手呢？在一定程度上可以说，国人旅途时间及其餐饮内容的变化，决定了方便面市场的起落，所谓“成也中国铁路，败也中国铁路”。

网络订餐服务业的高速成长为寻求方便的普通老百姓提供了新的就餐方式，成为直接冲击方便面市场的第三种巨大力量。伴随互联网尤其是移动互联网的高速发展和智能手机的普及，外卖行业飞速拓展。如今，无论宅男宅女还是写字楼里的办公人员，都可以非常方便地借助手机网络订餐，其可选品种之丰富、送餐速度之快甚至超乎想象。网络外卖，不仅与方便面的消费者人群基本一致，而其消费过程、口味、饭菜量与方便快捷等都远胜方便面。只要在快递能送达的地方，随手一点，网上支付或货到支付，就可获得一顿心仪的“正经饭”或美食。更为关键的是，吃方便面大多是一种选择性很小的被动消费行为，网络订餐则是一种选择余地非常大的主动消费行为。在美国监狱，方便面成了一种稀缺资源，甚至成为一种货币而被囚犯收集，也是因其可长期储存，随时可用来果腹。如果他们也可叫外卖，方便面也就会失去一般等价物的特征。巧的是，中国台湾籍日本人安藤百福发明方便面的构想，就是源于他坐牢时想要既不会很快馊掉，也不会坏掉的食品。

方便面的出路，在于摆脱“廉价食品”定位，不断开发能适应人们口味的产品，让人们从中享受美味、营养、健康与快乐，同时妥善应对网络外卖的挑战。这有赖于改变方便面长期以来给人们留下的低价竞争及油炸食品不健康、没营养的印象。尽管如此，方便面恐怕还是难以真正成为人们的代餐品，满足人们不同口味的需求。退一步说，即使能把方便面创新成为口味好而又健康的代餐品，也将受制于技术和成本因素而失去价格竞争力。统一集团最近打造的“满汉宴”高端方便面，价格定在 29.9 元，市场上销售并不乐观，就是证明。

重构金融生态：从“助富”到“助弱”①

在我国经济转型与升级时期，金融体系改革的具体目标是非常清晰的，包括利率和汇率市场化、扩大直接融资比重、完善金融监管、人民币国际化、全面开放资本市场等。但就总体而言，我国需要重新构建新的金融生态体系，改变资金向大企业倾斜的偏向，加大培育创新创业企业支持力度，建立注重为中小微企业融资提供便利的“扶贫助弱”体系，为推动大众创业、万众创新发展战略，促进经济转型升级创造最有效的基础设施。

基于信息不对称带来的成本和不确定性风险，近代银行产生以来，几乎都是“嫌贫爱富”的，难以或不愿发展普惠金融，为中小微企业提供贷款，由此形成“二八金融服务体系”。即金融机构将 80%的资金贷给大企业，只将 20%的资金贷给中小微企业。这种状况在我国同样明显。当年，这种金融架构有利于集中精力加强基础工业和基础设施建设，为国民经济发展打下了坚实基础。但在经济进入转型升级阶段后，需要实施创新驱动发展战略，充分发挥科技创新的引领作用，构建包括金融支持在内的激励创新创业的体制机制，大型企业继续占有甚至垄断资源、生产和市场，就很不利于创新创业和中小微企业的发展了。

为鼓励支持中小微企业创新，要求实现资金由“助富”向“扶贫助弱”转变，构建“扶贫助弱”的新金融生态体系。现代社会创新创业者大多数是白手起家的，

① 发表于《上海证券报》2016 年 11 月 7 日第 6 版。

作为创新主体的中小微企业是天然的弱势群体。而支持创新创业和中小微企业就是支持未来，支持经济转型与升级。尽管创新创业企业失败概率非常大，但少数企业的成功带来的社会效益和经济效益却是巨大的，微软、阿里巴巴就是最典型的例子。

我国企业创新资金来源比较单一，主要以自有资金为主，以银行贷款和政府资金支持为辅，通过资本市场获得创新资金的渠道很不畅通。2014 年中国企业家调查系统组织的企业经营者问卷跟踪调查（大中小型企业分别占 11%、29%和 60%）显示，2014 年相比 2000 年，利用自有资金、银行贷款和政府专项资金进行创新的企业分别由 84.7%升至 90.8%、由 58.1%降至 41.6%、由 17.8%升至 24.9%。这表明企业依靠自有资金和政府专项资金的创新投入都有所提高，但银行贷款对企业创新活动支持力度下降，中小微企业贷款难的状况没有得到大的改善。

构建“扶贫助弱”的新金融生态体系，首先要求传统银行等金融机构加快金融业务的互联网化，实现经营模式的转型。这是因为我国银行主导型金融体系，以及企业融资对银行信贷的高度依赖状况难以在短期内有较大的改变，创新创业和中小微企业的发展离不开银行等金融机构的支持。这就要求银行充分发挥自身在资金、人才、信誉、客户资源等方面的优势，利用互联网技术尤其是移动互联网技术提高信息传递、收集和处理的速度与能力，降低经营成本，努力开拓中小微企业贷款业务“蓝海”。为此，还得探索控制金融业务风险的有效办法，如建立中小微企业贷款保险制度。

再清楚不过，发展直接融资能为企业提供更多长期稳定的资金支持，减轻现金流压力，降低其融资成本，尤其能更快地将资金输送给创新创业企业，推动经济转型。我国多层次资本市场还不成熟，2015 年债券和股票等直接融资占社会融资规模的比重为 24%，未能形成支持创新创业企业的融资生态体系，而提升直接融资比重对构建新金融生态体系具有重要的意义和广阔的空间。

发展互联网金融是重构金融生态体系的重要途径。互联网金融是借助互联网技术和移动通信技术等一系列现代信息技术开展金融业务的新型业态，能有效地降低交易成本，规避信息不对称风险，因而成为发展普惠金融，服务中小微企业的重要组成部分。在这方面，蚂蚁金服、飞贷提供了典范。蚂蚁金服的目标是打造一个让无数年轻人、小企业感到激动人心的经济体，计划在未来 10 年为全球 20 亿用户以及 2000 万中小企业提供包括支付、小贷在内的多种普惠金融服务，并在此基础上建立全球信用体系。飞贷的手机 APP 贷款不仅彻底解决了传统贷款申请、获批、用款、还款、再借的难题，而且通过利用人脸识别等技术防范伪冒申请，整合征信大数据，识别虚假申请，拦截失信用户，并使用智能化的评分模型对客户进行信用评分，持续追踪用户整个生命周期内的金融交易行为和非金融交易行为，动态管理用户的信用额度和用款利率，解决了风控难题。

构建由银行间接融资、资本市场直接融资和互联网金融为重要组成部分，三者相互补充、相互竞争、相互促进、相互发展，共同为创新创业和中小微企业发展提供金融支持的新金融生态体系，是促进我国经济转型与升级的重要保障。

共享单车激发宜居城市的生机与活力①

公共自行车系统和摩拜等共享单车的流行，不仅为城市居民提供了经济、低碳、环保、健康的交通出行方式和代步工具，还提供了城市居民短距离出行的绿色交通新模式，这就是微交通。

微交通是相对于大交通而言的。大交通是指由宽马路、立交桥、隧道、快速环线、地铁等构成的，针对长距离、采取机动化出行方式的交通模式。然而，随着城市人口尤其是机动车拥有量的增加，大交通带来了拥堵和尾气污染等问题，恶化了人居和交通环境，使得机动车无法快起来。例如，2015 年北京城区私人小汽车早晚高峰时速只有 15 千米。地铁则存在“前后一公里”接驳、短距离出行等难题。微交通就是针对短距离、采取非机动化出行方式的交通模式，要求合理利用和规划土地，按照交通工具的空间利用效率和生态化程度重新布局交通系统。

具体来说，微交通包括出行距离、交通工具和道路网络三方面内容。微交通针对的是短距离出行，主要通过土地利用规划，重建混合利用、职住平衡的空间格局，使人们的日常出行避免钟摆式的长距离出行。微交通旨在构建绿色出行的多层次融合的交通系统，在规划层面引导出行者在短距离出行中使用步行、自行车、平衡车、小电动车、人力车等绿色环保交通工具，在远距离出行中优先考虑轨道交通、快速公交和一些准公交体系，并完善各种交通方式之间的衔接。微交通适用于高密度的道路网络结构。高密度路网结构虽然影响了小汽车的机动性，却提高了其可达性和安全性，为微循环交通组织提供了基础路网支持，降低了发生区域性拥堵的可能性；同时，高密度路网也有利于营造良好的慢行交通环境。

微交通给城市发展带来的好处是显而易见的。首先，微交通提供了一种经济、绿色、低碳、健康的出行方式，减少了小汽车的使用，缓解了机动车带来的拥堵、交通噪声和尾气排放带来的环境问题，是建设绿色城市的有效途径之一。其次，减少了机动车占用的道路空间，可增加露天咖啡座、报刊亭、流动小店、长凳、绿化、喷泉等公共和生活设施，创造更舒适的人际交流环境。最后，提供了比较灵活、便利的出行方式，适合短距离出行和公共交通接驳，还可以培养绿色、健康的“自行车文化”。微交通尤其适应城市中央商务区（Central Business District，CBD）。因为中央商务区产业集聚的空间密度高，人口流动大，微交通可以很好地缓解中央商务

---

① 发表于《上海证券报》2017 年 3 月 2 日第 11 版。

区区域的通勤压力，并提高区域的环境和工作与生活品质，增加人与人之间沟通的机会和社交活动场所，增添区域的生机与活力。

交通系统是城市的经脉，支撑着城市的有效运转。先进的交通文化和规划理念是实现城市可持续发展的有效途径。多年以前，自行车是我国城市交通的主要方式，随着小汽车逐渐进入家庭，自行车在城市交通中的地位逐渐丧失。而城市交通基础设施建设也以小汽车交通为导向，追求高大上，如宽马路、高架桥、立交桥等，由此造成了宜居环境丧失、空气和噪声污染日益严重等难题，可用于开发的土地资源越来越紧缺，环境承受了巨大的压力。可见，交通规划理念由小汽车交通导向向非机动车和公共交通导向转变，打造短距离微交通和长距离公共交通相结合的交通模式是解决城市交通难题的新选择。

事实上，在工业革命后创造了以汽车为中心的公路交通系统的欧美许多国家，早就转向绿色出行了。例如，有“自行车王国”称号的荷兰和丹麦，就以节能、环保、时尚的自行车为主要出行方式。1600 万人的荷兰拥有自行车约 1800 万辆，丹麦的哥本哈根的自行车道有 400 千米，相当于 8 条北京三环道路的长度。英国伦敦也在计划修建 12 条高速公路的自行车道。德国早在 20 世纪 90 年代中期就开始计划建设自行车高速车道，目前在全德国 3.8 万千米的联邦公路中，有近一半都修建了自行车专用道。德国自行车数量达 7000 多万，是轿车的 1.6 倍。德国交通部长还公布了一项打造“自行车大国”的计划，提出到 2020 年骑自行车人数比例从目前的 11%提高到 16%。美国很多城市在近几年也大规模修建了自行车专用道，并用护栏、绿色植物或停车空间将自行车道与汽车带相隔离。在纽约曼哈顿中央商务区工作或生活的人，日常出行使用步行、自行车或乘坐出租车或在家工作的达到 53%。日本虽然没有良好的骑行环境，但允许在人行道上骑车，鼓励使用自行车接驳城市公共交通。

发展微交通，并不是要回到过去人手一辆自行车的时代，而是要充分发挥公共自行车系统和摩拜等共享单车所具有的共享资源，集中管理等优势。因此，打造绿色微交通模式需要政府、社会和企业共同努力。对今天的城市居民来说，该摈弃开车象征地位和时尚的观念了，应在短距离出行和时间允许的情况下，更多把“四轮”换成“两轮”。对政府来说，则需围绕更环保、更安全、更经济、更快捷等要求规划与建设综合交通运输体系，从基础设施、出行秩序改善等方面优化自行车的出行环境，鼓励社会资本或采取 PPP 模式创新城市公共自行车新模式，完善自行车出行的交通法规。为此，摩拜等共享单车公司仍需不断创新，在提供更好的产品和服务的基础上谋求更大的发展空间。

制造强国品牌大国迫切需要工匠精神[①]

由制造大国向制造强国和品牌大国转变，有赖于实体企业的发展，而实体企业的发展壮大需要工匠精神来支撑。这要求企业制定并实施本领域做精、做细、做强产品和服务的品牌战略，建设以工匠精神为核心的企业文化战略，培养企业持久的竞争力和发展能力。

继2016年在政府工作报告中首次提出工匠精神后，李克强总理在2017年政府工作报告中再次强调，要大力弘扬工匠精神，推动中国经济进入质量时代。崇尚和培养工匠精神，不仅具有坚实的理论基础和实践依据，而且在当前社会浮躁和短视情绪泛滥，经济“脱实向虚”的背景下，对促进产业转型升级、提高国际竞争力都具有特别重要的现实意义。

为打造本行业最优质的产品和服务，具有工匠精神的匠人恪尽职业操守，崇尚精益求精，注重产品和服务的细节，在反复改进中追求完美和极致，确保产品每个部件的质量和服务每项环节到位，绝不为了追求短期利益而投机取巧、偷工减料、损害基业的长期稳固。他们还会通过言传身教，将这种专注、敬业、不断完善、提升产品和服务质量的品质传承下去。这是现代大工业的组织制度和操作规程无法承载的。

工匠精神之所以能保障质量，提高工作效率，最终实现基业长青，是由学习效应带来的。经济学中的学习效应，指的是人们在某领域长期从事重复性工作，积累了丰富的生产、技术和管理经验，从而降低了单位产品的劳动时间或成本，提高了产品的质量。学习效应通常用学习曲线来表示，它描述企业累积产品产量与生产单位产品所需要投入要素数量或成本之间的关系。即随着累积产出量上升，单位产出劳动时间会下降。

由工匠精神带来的学习效应具体体现在产品设计、生产、管理三个方面：一是能使工程师与技术人员学会如何将工艺和产品设计得更为细致，成本更低；二是能使工人在重复性工作中，完成相同工序的速度加快；三是能使经营者在从原材料配送到组织方面逐步学会如何将生产安排得更有效率。中国古代“庖丁解牛”和“卖油翁”等故事说的就是这个道理，即所有技能都能通过长期反复苦练而做到熟能生巧，提高劳动效率。

国内外经济发展实践表明，充分发挥和传承工匠精神，是实现企业和产业转型升级的根本途径。例如，德国在工业化过程中，一开始走的是偷学英、法技术的道路。这使“Made in Germany”一度成了带有侮辱性色彩的符号。后来，德国大力倡

---

① 发表于《上海证券报》2017年3月13日第8版；《中国品牌与防伪》2017年第4期全文转载。

导工匠精神，并打造出世界一流的科学家、工程师和技术工人队伍，凭借独特的专业技术和质量，终于使“德国制造”成了高质量、经久耐用和信誉的代名词。据韩国央行发布的《日本企业长寿的秘密及启示》的报告与数据，世界上超过200年历史的企业有5586家，其中具有执着和传承工匠精神的日本和德国分别有3146家与837家，占比超过71%，日本还有7家企业经营历史超过1000年。

坚守本业、精益求精是工匠精神的集中体现。这种专业化经营理念有利于集中资源和精力关注产品的制造与客户的需求，通过做精、做强，不断改良产品，创造富有特色的口碑和品牌，占领更多市场。例如，我国手工业传统名牌“张小泉”剪刀已有300多年历史。日本可果美公司从1899年创业至今，始终生产与西红柿相关的产品，成了一大特色。还有很多企业在放弃本业陷入困境后，依靠回归本业而获得新生。秉承工匠精神的企业长期专注于某个领域、某项产品，追求的是每件产品的完美，甚至十年磨一剑，一生只做一件（种）产品。这些产品主要依靠手工精心制作，虽然耗时长，成本也比较高，但慢工出细活儿，能生产出更精致、更完美的“奢侈品”。这些“奢侈品”虽然存在专业化程度高、规模小而无法获得规模经济、缺乏革命性创新等缺陷，但凭借专业技术优势和品牌，在市场上具有很强的竞争力，还有利于开拓海外市场。对市场来说，虽然有些消费者喜欢新奇的产品和服务，但也有很多消费者喜欢有历史、有文化的东西，还有的消费者喜新不厌旧。加上人们收入水平和消费水平不断提高，对高品质、高价格“奢侈品”的需求也越来越大，这就赋予传统产品持久而广阔的市场空间，进而支撑着这些企业和产业的持续发展。这就是拥有8000万人口的德国，能依靠大批被称为“隐形冠军”的中小企业创造2300多个世界名牌的原因。

数千年来，我国不缺能工巧匠，并拥有许多伟大的发明和精湛的技艺，如今又成了世界制造大国。但今天我们因缺乏工匠精神，难以成为世界制造强国和品牌大国。我国要实现产业转型与升级，由制造大国向制造强国和品牌大国转变，有赖于实体企业的发展，而实体企业的发展壮大需要工匠精神来支撑。这要求企业转变经营理念，制定并实施本领域做精、做细、做强产品和服务的品牌战略，以及建设以工匠精神为核心的企业文化战略，培养企业持久的竞争力和发展能力。这还要提高技术工人的待遇，通过加强职业培训、恢复和强化学徒制、定期举办匠人大赛等方式，培养和造就技术工人。国家则要改革和完善高等教育体系与教育模式，大力发展职业技术教育，扩大技术工人队伍，在全社会弘扬工匠精神和匠人文化。同时，加强对传统工艺技术和品牌的保护和支持，建立与完善老字号认证制度，加强市场监管，严厉打击假冒伪劣产品。

“飞地经济”：区域发展新动力①

2017 年 5 月，国家发展和改革委员会联合国土资源部、环境保护部、商务部、海关总署、工商总局、质检总局、统计局发布了《关于支持“飞地经济”发展的指导意见》，旨在打破行政区划界限，创新跨区域经济合作模式。这对推进跨区域产业园区建设，拓展区域市场和发展空间，促进区域经济发展增添了新动力。

根据美国城市经济学家 1992 年的定义，“飞地经济”是指在经济发展过程中，两个互相独立、经济发展存在落差的行政地区打破原有体制和机制限制，通过规划、建设和税收分配等合作机制进行跨空间的行政管理和经济开发，实现两地资源互补、互利共赢的持续或跨越发展的经济模式。

随着经济社会的快速发展，经济发达地区城市化进程明显加快，建设用地需求骤增，资金、技术、劳动力等生产要素不断集聚，并日趋饱和，而土地资源日益匮乏，开始成为经济持续快速发展的瓶颈。与经济发达地区“寸土寸金”相比，经济发展相对滞后地区的土地资源比较宽裕，可供开发的潜力较大，然而资金、技术、人才、管理手段的紧缺又在一定程度上制约了经济的快速发展。在这样的背景下，就产生了一种新的经济发展模式——“飞地经济”。

我国的“飞地经济”是在借用“飞地”概念的基础上，结合增长极理论、非均衡发展理论、产业转移理论、区域比较优势理论和共生理论发展起来的。随着理论和实践的发展，我国“飞地经济”也得到不断发展，类型也越来越多。例如，有学者按照飞地建设投入方式可分为飞出地投资型、飞入地投资型、两地公投型。按照飞地工业基地管理方式，可分为飞入地管理型、飞出地管理型、两地共管型。按飞地形成原因，可分为集约用地型、优势互补型、产业梯度转移型。也有学者将“飞地经济”划分为区域内有项目无地的“借巢下蛋型”、区域内工业园区的“扩巢引凤型”和区域间的“产业梯度转移型”三种，即在实践中，“飞地经济”的实现形式主要包括直营式、兼并式和合作式三种。

具体来说，我国发展“飞地经济”始于沿海经济特区。目前，“飞地经济”这种区域间合作的新型经济模式在我国各地日渐勃兴，许多省份和地区把它作为新一轮经济发展的突破口和助推器而加以大力发展，并取得了一定的成果，创新出了许多有效的“飞地经济”模式。例如，于 2001 年开始建立的“飞地经济”福建永泰马洋工业集中区，探索出了山区经济发展新思路，找到了一种平衡各行政区域间利益的方法。2006 年开始建立的厦门同安工业集中区通过实施“飞地工业”模式，有效整合并优化了各相关区的优势资源，有利于按规划功能和规模效应有效地拓展各区

① 发表于《上海证券报》2017 年 6 月 26 日第 7 版。

的经济发展空间。2011 年底开始探索的阜合产业园由阜阳和合肥两市共同建立，合肥出钱、出人、出项目，阜阳则划出 25.1 平方千米的土地，让合肥用 5 年时间全力打造产业园区。

北京与河北省合作打造的“环首都经济圈”实际上也是发展“飞地经济”的实践。这一“飞地经济”模式的最大特点是，以巨型央企——首都钢铁公司入驻为主体，反映了区域经济合作的发展趋势。红云高新技术产业园则是天津红桥区与山东省德州市及庆云县于 2009 年建立的跨省市飞地经济。产业园区位于庆云县境内，双方共同负责园区的规划、建设、运营和发展，庆云县具体承担建设任务，税收双方分成。到 2011 年，红桥区已为该园区引进了 8 个共 30 多亿元的投资项目。笔者曾参与规划的湖南省首个正式实施、跨地区合作的飞地工业园——国家级长沙经济技术开发区汨罗产业园，由长沙经济开发区和汨罗市合作共建。产业园定位为全省创新发展、两型生态的“飞地经济”示范园区，主要承接长沙经济技术开发区主导产业（先进制造业、电子信息、新材料等）和其他战略性新兴产业。

发展“飞地经济”的目的是实现双赢。为此，首先需通过区域合作解决双方的困境。在资源整合上，飞出地和飞入地各有所长，具有优势互补性。这是实现“飞地经济”各方多赢的重要条件。

其次，实现产业梯度转移也是发展飞地经济的必备条件和要求之一。产业梯度转移理论源于美国经济学家雷蒙德•弗农提出的工业生产产品生命周期理论。这一理论对发展飞地经济模式具有重要作用。国内外经验已证明产业依据成本的变化成梯度转移。由于内部产业结构调整和升级，飞出地将一些夕阳产业转移至相对落后的飞入地。两者间这种因梯度而存在的势能使产业转移和承接变得持续可行，整个转移具有规律可循。

“飞地经济”作为一种新的区域经济发展模式，特别强调“市场导向，优势互补，集约化发展，利益共享和可持续发展”的原则。一方面需确立合理的收益分配比例，最大限度调动和激发两者的积极性，实现互惠互利；另一方面还需明确主体职责权限，相互配合做好后续的招商和管理运营。由此看来，《关于支持“飞地经济”发展的指导意见》的发布，既是对过去发展“飞地经济”的肯定和总结，也及时为今后“飞地经济”的进一步发展与升级提供了政策指导。

第八篇　经济全球化与中国对策

从次贷危机看“裙带资本主义”①

20世纪末爆发的亚洲金融危机，使人们开始关注“裙带资本主义”。按照2018年诺贝尔经济学奖获得者克鲁格曼的定义，所谓“裙带资本主义”，是指“商界和政府通过合作使国民福利最大化”。克鲁格曼认为，在经济发展的某个阶段，政府官员和商人团体保持一种互惠共赢的密切关系，固然可以把整个国家的力量引到最有利于经济发展的途径上，但这种关系发展到一定程度也会带来监管不力、内幕交易和垄断等低效率的现象，还有通过权势和关系网“寻租”致富等腐败现象，如政策性的行业垄断、政府官员在企业兼任职务、利用公共工程牟利、侵吞国有资产等，最终将扼杀市场竞争，降低整个社会的经济效率。所以，“裙带资本主义”是导致一些亚洲国家经济增长难以持续的制度性障碍，是引发亚洲金融危机的罪魁祸首之一。

美式“裙带资本主义”：官商勾合的典型

事实上，“裙带资本主义”或“权贵资本主义”在全世界是一个普遍现象。这次美国爆发的次贷危机就与“裙带资本主义”有着密切的联系。例如，次贷危机的源头——美国最庞大的房地产金融机构“两房”（房利美和房地美），是官商结合的典型。与一些亚洲国家以“姻亲”“朋党”勾结为特色的“裙带资本主义”不同，美式“裙带资本主义”表现出以下几个特征。

（1）私人资本与政府相结合，政府成为私人资本的保护伞。“两房”是由私人投资者控股的公司，但这两家公司都得到了美国政府的资助和支持。在政府的扶持下，“两房”利用宽松的贷款条件和金融产品创新政策，迅速发展成为私人拥有、政府经营的“超级怪兽”。

（2）“两房”享有特权，可以发行得到政府“隐形担保”的债券，能方便地从市场筹集资金，还可以得到低于市场利率的贷款，结果业务越做越大，经手的住房抵押贷款总额达到5万亿美元，几乎拥有或担保了美国市场上一半的房产按揭，成为“房地产泡沫”的最大推手。

（3）在议会和政府中培养自己的政治代言人，利用金钱和游说对政治家的决策

① 发表于《文汇报》2008年12月10日第5版；《中国廉政文化研究》2008年第4期全文转载。

施加巨大影响，以维护自己的经济利益。“两房”都是美国政治捐款的大金主，过去10年间达到1500万美元。“两房”还在重量级参议员的选区开设了“伙伴办公室”，专门进行“公关”。由于在政府和国会中建立了良好的“人脉”，使国会负责监管“两房”的联邦房企监督办公室形同虚设。

（4）假公济私，大搞“权钱交易”与“权力寻租”。“两房”利用政府的隐性支持为管理层和股东牟利。特别是“两房”在陷入破产的困境时，不仅得到了美国政府的紧急援救，其高管还能全身而退，拿到极为丰厚的报酬，反而成为危机中最大的“赢家”。被勒令离职的房利美首席执行官丹尼尔·马德将拿到930万美元离职金等补偿，房地美首席执行官里查德·赛伦至少能拿1410万美元的“遣散费”。“两房”利用与政府的密切关系，发展成为美国最庞大的房地产金融机构，进而能够操纵美国联邦储备系统，对美国经济产生重大的影响。

“权力寻租”产生的腐败行为危害严重

其实，21世纪初被揭露的安然丑闻表明，“裙带资本主义”的毒瘤在美国早就存在。安然公司之所以能创造“神话”，依靠的就是在政界遍撒金钱，通过编织一个庞大的关系网，使自己的利益得到政府的特别“照顾”。事后人们发现，在白宫，从总统、副总统到总统经济委员会顾问、司法部长、财政部长、商业部长、国防部长都与安然公司有着各种各样的联系，众多重要行政部门的关键人物都持有安然公司的股票。安然公司的崩溃质疑的是美国的公司治理制度，而“两房”引发的次贷危机则震撼了美国的金融制度，更是蔓延到全世界，引发全球金融市场大地震。虽然两者影响的领域和带来的后果不一样，但同样表明美式“裙带资本主义”的危害非常严重。首先，政府为私有公司的产品提供保障存在巨大风险。道理很简单，政府支持企业意味着利润归股东和管理层所有，而既得利益者的行动成本则由政府或全社会承担，由此必然产生“道德风险”；其次，官商结合能使企业轻易地获得政府的各项优惠政策和大量转移支付，这种“收入”远比通过自主创新提高企业劳动生产率赚钱来得容易，从而导致企业缺乏自主创新的动力，进而降低整个社会的经济效率。尤其严重的是，“裙带资本主义”不仅违背了公平竞争的原则，而且必将破坏市场经济正常的秩序，由此产生的腐败行为还会加深社会矛盾，影响社会和政治的稳定。

对于我国来说，几千年封建社会遗留的裙带关系和观念在人们心目中仍然根深蒂固，目前社会经济生活中仍然存在的种种“寻租”现象就是表现之一，由此产生的腐败行为已经成为阻碍社会主义市场经济完善与发展的重要因素。因此，我们要加快建立全面配套的公司治理和宏观经济治理体系，切实提高透明度，构造公平的监管和法律框架，培育良性有序的行业竞争格局，特别要注意从源头上防止腐败的产生，坚决制止各种权力“寻租”行为的发生。面对世界经济金融危机的挑战，剖析美国经济和金融制度中存在的缺陷，举一反三，有助于我们保持头脑清醒。

"购买美国货"条款：病急乱投医①

美国口口声声承诺，在当前全球经济不利的形势下不采取新的贸易保护主义措施，但又通过"购买美国货"条款，这不是自相矛盾还能是什么？

在国内外众多的反对声中，奥巴马政府在2009年2月通过了经济刺激方案中的"购买美国货"最终条款。这种既幼稚又愚蠢的做法只能说明，一些美国人还没有从伊拉克战争中吸取教训，还在犯容易冲动的错误，只怕到头来结果仍然一样：搬起石头砸自己的脚。

说一些美国人幼稚是因为，"购买美国货"条款首先犯了常识性错误。随着经济全球化的发展，生产国际化和资本国际化的加剧，各国经济联系越来越紧密，已经是你中有我、我中有你，很少有什么商品是纯粹由一国公民生产出来的。在这种情况下，除了品牌具有国家属性外，到哪里去找所谓的"国货"？例如，美国福特公司生产的福特牌伊斯柯特型汽车，其零部件来自15个国家；总部设在俄勒冈州的全球著名体育用品制造商耐克公司根本就不从事生产，自身没有一家工厂，甚至连一台制造机器也没有，但它通过"以世界为工厂，以各国为车间"，在全球建立起了庞大的运动产品营销帝国。还有肯德基、麦当劳、戴尔等美国公司也都是在全世界遍地开花，但这些产品能说是纯美国货吗？

对此，美国著名智库华盛顿彼得森国际经济研究所两位知名经济学家霍夫鲍尔和斯考特在《购买美国货：不利就业、有损声誉》一文中，用大量有说服力的数据分析说明，"购买美国货"条款不仅会危及脆弱的全球贸易体系，破坏美国想要在全球经济危机中扮演领导者的努力，实施的结果还会使失去的工作岗位比原先想"保护"的工作岗位要多。因为权衡"买美国货"的"积极效果"时，必须考虑美国贸易伙伴可能采取的报复性措施带来的"消极后果"。

经济全球化带来的另一个结果是，各国的市场日益趋向国际化，市场竞争不断加剧，知识、技术、品牌等无形资产成为企业参与国际国内市场竞争的重要而有效的工具。美国经济发展的优势和竞争力，主要体现在知识、技术、品牌等方面，而不是在钢铁等制造业产品上。自立国以来，美国一直是最善于依靠刺激科学技术进步来推动经济发展和增强产业竞争力的国家。20世纪80年代，在产业竞争力急剧下降的情况下，正是因为里根政府以及克林顿政府制定了大量鼓励技术研究与开发的政策，进一步加强对知识产权的保护，从而使美国产业的国际竞争力很快超越了

① 发表于《上海证券报》2009年3月17日封6版。

日本，继续保持世界领先地位。可见，美国要战胜目前的金融危机，关键仍然在于发挥其科技创新的优势，把超前部署和发展战略技术及其产业作为带动经济发展的关键措施。就像最近奥巴马签署行政命令放行胚胎干细胞研究一样，这才是振兴经济的明智之举。

奥巴马政府为应对暂时的金融危机通过“购买美国货”条款，大搞贸易保护主义，肯定会伤害到其他国家的利益，遭到其他国家相应的抵制。因为热爱国货、倡导购买国货的想法，全世界各国的老百姓都有。中国老百姓以前的表现，韩国民众踊跃购买国产小汽车的热情就很能说明问题。如果美国真正实施“购买美国货”条款，只会激发各国国民支持发展民族产业的热情，使国际贸易秩序陷入混乱局面。在这一点上，美国一些人就是看不到他们与世界其他国家在经济与贸易上相互依赖的关系，以为实施“购买美国货”条款就能创造大量就业机会，就能战胜金融危机。这只能说明这些人不是别有用心，就是愚蠢至极。更重要的是，通过“购买美国货”条款，必然会损害美国的外交政策和国家声誉。

中国在这次全球金融危机中，实体经济也受到损害。但素有爱国热情和光荣传统的中国老百姓并没有出现抵制外国货的言行。面对全球贸易保护主义的抬头，中国政府更是采取了十分负责任的态度，积极强化和推进与各国之间的经济贸易合作。2009 年 1 月，中国政府还公开对外宣称，只要有需求，不管是国内还是国外的商品，我们都一视同仁。中国的言行在世界上赢得了许多国家的尊重。中国人民和中国政府都相信，战胜全球性金融危机，需要全世界各国的共同努力，而只有强化各国之间的合作，才能凝聚成战胜困难的强大力量。

中国企业“走出去”银行应否先行①

随着对外开放的深入和自身实力的不断增强，我国企业“走出去”的步伐不断加快，目前已经在制造业、资源类和金融业等多个领域展开了跨国收购和海外直接投资，但成功的并不多。从几年前 TCL、联想的跨国并购，到如今国家开发银行、平安保险和中国投资公司的海外投资，都有不少中国企业在自身相关能力不足的情况下，急于向外扩张时不可避免犯下的错误，值得好好总结。但笔者以为，如果中资银行能先行一步，跟随到海外提供服务，则有利于中国企业在“走出去”过程中增加获得成功的可能性，减小失败的风险。

应该说，我国银行在帮助国内企业“走出去”尤其是在提供金融支持、解决企业“钱袋子”方面发挥了重要作用，但跟随到海外提供服务则做得还不够。原因在

① 发表于《上海证券报》2009 年 7 月 23 日封 6 版；《国际商报》2010 年 11 月 3 日第 5 版“商业银行如何助推‘走出去’”一文引用。

于，一是中资银行自身“走出去”不够，国际化程度不高。在这次全球性金融危机之前，也只有5家中资银行控股、参股9家外资金融机构，有7家中资银行在海外设立60家分支机构。由于中资银行海外并购比较晚，缺乏跨国经营经验，自然难以跟随客户到海外提供服务。二是中资银行“走出去”的目的局限在增强自身资本实力，为综合经营探路，而没有着眼于为“走出去”的国内企业提供各种服务，而中资银行如果不能为企业“走出去”尤其是“走出去”后充当并购财务顾问，提供项目风险评估、金融信息咨询、企业资质保障、竞标金融支持，以及当地理赔和法律纠纷支持等一系列金融服务项目，那就很难适应企业“走出去”后的新形势。

对企业来说，“走出去”后，迫切需要金融“跟出去”，因为企业“走出去”只是“万里长征”第一步，还要实施本土化经营，即“走进去”“走上去”。在这一过程中，企业对全球性金融网络、对跨国银行广泛和多样性服务、对整合并购对象等提出了很多要求。中资企业必须借助中资银行的专业化服务水平以及全球化网络、综合化经营平台的优势，才能得到强有力的金融支持，增强对东道国商业环境、法律环境等方面的了解，提高企业海外经营的效率和国际竞争力。

无论是从企业还是从国家的发展长远战略出发，中国企业加快跨国收购和海外直接投资的步伐势在必行。目前中国企业的资金实力加上潜在海外并购对象的价值大幅缩水，无疑为到海外市场发展提供了很好的机会。但实践证明，决定海外并购能否成功的因素很多，如资金、政治、文化、社会关系等，都会直接或间接影响企业并购的过程和结果。尤其是否具备整合并购对象的实力，仍然是开展海外并购和跨国经营应当考虑的首要问题。企业“走出去”虽然没有钱是万万不能的，但也不是有钱就能解决所有问题。因此，笔者认为，在绝大多数企业还不能成为海外并购和跨国经营的专家，缺乏并购或海外直接投资完成后整合和管理一个跨国企业能力的情况下，应鼓励和大力推进中资银行先行一步“走出去”。这样不仅可以推动我国金融国际化的进程，提高中资银行跨国经营的能力，而且可以帮助中资银行跟随客户进军海外，通过发挥在国际投资中的中介作用，成为国内企业的战略伙伴，为国内企业“走出去”尤其是“走进去”“走上去”提供各种必要的支持和服务。在笔者看来，这才不失为推进中资企业“走出去”，扩大海外并购和直接投资的谨慎而又积极之举。

中美贸易博弈的均衡之道①

中美贸易摩擦呈现愈演愈烈之势，我们想要化危为机，就需有效整合各种力量，关注贸易保护的新趋势、新手段，储备足够的可采取的反制措施，尽快掌握驾驭自

① 发表于《上海证券报》2009年11月17日封6版。

由贸易和贸易保护的整体协调能力，以求得贸易摩擦中的博弈均衡。

关税制度属于国家主权范围，但又受其他国家关税的制约，因为本国的出口即为他国的进口，本国的进口即为他国的出口。在不合作博弈前提下，各国都实行高关税虽然不是最坏的结果，但总的得益最少（实现了纳什均衡）。而各国都实行低关税虽然不是最好的结果，但总的得益最大（实现了帕累托均衡）。问题是，这种帕累托均衡具有内在的不稳定性。各国从维护自身利益出发，都愿意把高关税视为最佳选择。“关税及贸易总协定”和世界贸易组织使平均关税都降下来，并严惩他国提高关税获利。尽管关税问题似乎解决了，但各国还会拿非关税说事，继续引发贸易摩擦。而非关税壁垒更加复杂多变，贸易保护手段更加隐蔽，整体保护也更强。在轮胎特保案中，美国采用的就是世贸组织成员专门针对中国的、操作更简单易行、杀伤力也更强的“特殊保障措施”条款。

贸易保护主义的强弱，取决于各国的经济形势和自身的利益。中美经贸关系紧密相连，两国贸易量巨大。但基于美国对华长期贸易逆差，加上金融、经济危机，失业率高企，奥巴马政府为了寻找替罪羊，迎合国内一些政治势力，保持民望，遂把自身的问题转嫁到对它出口较多的中国上来。于是，美国政府一方面高喊坚决反对贸易保护主义；另一方面又从轮胎、玻璃、无缝钢管到铜版纸，不断对中国输美产品挥起制裁大棒。《华尔街日报》已把奥巴马称为“贸易保护主义总统”，从长期来看，中美之间在政策博弈中不大可能出现最优均衡，贸易摩擦在所难免，而且只会有增无减。

在各国经贸往来中，出现贸易纠纷是正常的现象，但在当前全球金融危机的大背景下，如果各国动辄采取贸易保护主义措施，只会带来双输，进而拖累各国乃至全球经济复苏的步伐。就中美贸易来说，中国目前由于经济增长方式过多依赖出口以及出口结构存在的问题，已经而且还将成为贸易保护主义的最大受害者。而对美国来说，由于中国向美国出口的产品有相当一部分是由美国的跨国公司生产的。例如美国两大轮胎制造商固特异和库柏都是在中国生产轮胎后再出口到美国。对这些产品征收惩罚性关税或施加其他限制，不仅会增加本国老百姓的生活成本，削弱其国内的购买力，减少国内其他产品的销售，也会损害那些跨国公司的利益。所以，许多反对贸易保护主义的美国学者用大量有说服力的数据分析说明，贸易保护必将危及脆弱的全球贸易体系，损害美国的外交政策和国家声誉，破坏美国想要在全球经济危机中扮演领导者的努力。考虑到贸易伙伴可能采取的报复性措施带来的消极后果，美国实施贸易保护政策实际上只会使失去的本国贸易市场和工作岗位比原先想“保护”的还要多。

历史经验表明，自由贸易从来只是一种神话。各国反对贸易保护主义的承诺也没有实质意义。抑制贸易保护主义势力的抬头，解决贸易摩擦，只有通过现实经济力量的博弈。尽管目前中国遭到贸易保护主义影响的出口在出口总量的比重和绝对数量上都非常低，但欧美国家的贸易保护主义来势汹汹，不仅对我国的相关产业产生了不利影响，而且会常态化。因此，中国政府和企业决不能掉以轻心，而必须认清贸易保护和自由贸易的实质与规律，在积极融入相对开放和竞争激烈的国际市场环境、努力推进自由贸易的同时，不迷信自由贸易，更不高估自己推动自由贸易的能力。我们要从维护自身利益出发，切实提高博弈技艺和熟悉、掌控规则的能力，在合作中求发展，在竞争中求保护，以获得博弈中的优势。尤其要尽量避免在贸易摩擦中“授人以柄”，加快现有过多依赖出口的经济增长方式的转变，调整出口结构，加快产业结构优化升级，尽早实现从“中国制造”向“中国智造”的转变。

资助穷国减排乃发达国家应尽历史责任①

被寄予厚望的哥本哈根气候变化大会在激烈的争吵中闭幕了。与会各国虽然在应对气候变化问题上表现出了采取行动的共识，但并没有达成一项具有法律约束力的协议，原因在于“气候变化”背后存在着巨大的利益分歧，峰会充满了指责、怀疑和不信任，由此进一步引发为发达国家与发展中国家之间政治、经济、道德等多方面的交锋。

自 2003 年英国政府在能源白皮书中以全球气候变暖为依据首次提出“低碳经济”概念以来，减少碳排放才能抑制气候变暖、维持人类的生存与发展的认识，获得了广泛的认同与推广。如今，在生产与生活中倡导节能减耗，减少二氧化碳、甲烷等温室气体的排放量已成为人类新的“道德标准”，深刻地影响着当今人类的社会、经济活动和政治生态，影响着各国经济社会发展模式的转变以及未来发展道路的选择。

气候变化是肯定的，气候变化与人类活动有关也是不争的事实。但问题是，气候变化是否就是“全球变暖”？导致气候变化的主要原因是地球上绿色植被大面积减少、土地沙漠化扩大，还是太阳辐射增强或是太阳黑子运动周期？抑或真的是人类活动中燃烧化石燃料释放二氧化碳过多？应该说，这些问题还有待进一步充分、科学地论证。这也是全球气候是否变暖一直存在争议的原因之一。美国就有 3 万名科学家签署了对全球变暖持有怀疑的倡议书。2007 年 3 月 8 日，英国广播公司（British Broadcasting Corporation，BBC）电视台 4 频道还曾播放了《全球变暖的大骗局》的纪录片。不久前爆出的“气候门事件”认为，全球气候变暖是某些相信人类活动影响气候变化的科学家故意篡改了对自己研究不利的数据，隐藏了“全球温度下降”的事实，而“夸大”和“扭曲”了全球变暖的严重性，目的无非是掩盖研究的失误或“骗”取更多的科研经费。虽然联合国政府间气候变化专门委员会

① 发表于《上海证券报》2009 年 12 月 21 日第 5 版。

（Intergovernmental Panel on Climate Change，IPCC）很快对此做了澄清，但对于全球变暖及其原因的争论还将持续下去。毕竟导致全球变暖的主要因素是什么，全球变暖与人类活动存在多大的因果关系是个非常复杂的学术和实际问题，需要各国科学家的广泛合作，尚需更严密和开放的论证。

不可否认的是，当今世界的生态环境日趋恶化，资源危机等问题越来越阻碍着经济的发展与社会的进步。每个人和每个国家都有责任保护我们共享的地球。但应该看到，自以为占领了道德高地的欧美发达国家凭借自身的优势，正在利用“气候问题”对发展中国家实施绑架，以维护自身的利益。一方面，面对发展中国家经济迅速增长对资源需求越来越多的现实，一些已完成工业化的发达国家试图以“气候变化”为借口，强制发展中国家减排、牺牲发展中国家的经济增长和社会发展以求得资源的均衡。它们闭口不提 200 多年来自身规模惊人的排放量，却希望在维持自身奢侈生活的同时，让发展中国家的人们降低提升生活水平的预期。另一方面，在碳减排领域研究和技术处于领先地位的发达国家，已抢占了该领域的话语权和制高点。发展中国家要实施减排必须依赖发达国家的资金和技术援助，完全处于被动局面。从在近些年的气候谈判中沙特等石油生产国以及澳大利亚等发达国家的工业界巨头一直反对温室气候减排，到作为全球最大的温室气体排放国之一的美国，政府迄今没有签署《京都议定书》，再到即使许多发达国家提出了减排的目标，也没有按照“共同但有区别的责任”的原则，主动承担减排的主要义务，而是对发展中国家设计“峰值”，强迫发展中国家按照它们的要求绝对减排看，这种技术优势也给了欧美发达国家在利益博弈上咄咄逼人的底气。

欧美发达国家总试图回避它们与发展中国家在承担减排问题上有本质的不同。一方面，广大发展中国家现阶段正面临着加速实现工业化，提高经济发展水平，改善人民生活的紧迫任务，但在科学技术仍然比较落后、资金严重缺乏的情况下，还不具备立刻停止对碳基能源、原材料（煤、石油、天然气等）使用的条件，就是想减排也很难。另一方面，碳既是人类活动中最主要的能量载体，也是人类生存与发展的重要物质。碳循环还是各种动植物生命活动的主要形式。也就是说，人类活动对碳基能源的消耗，确实会增加二氧化碳等温室气体的排放量，但人类活动和自然界也具有“消化”二氧化碳的能力。人类通过碳中和、碳封存、碳替代和碳捕获技术的密集使用，以及大规模植树造林，防止水土流失和沙漠化来增加吸收二氧化碳的能力，可以缓解自身生产生活对自然生态环境造成的破坏。

事实上，许多国家早就响应了 1992 年联合国环境与发展会议提出的可持续发展战略，倡导并实施了注重碳循环而不仅仅局限于碳减排的绿色经济和循环经济，在求得经济发展的同时对保护和改善环境，促进经济可持续发展做出了很大的贡献，而且还在继续努力。事实证明，人类的活动既可能污染环境，也可能改善环境，只不过对气候变化负有历史责任的发达国家应该安排更多的资金和技术用于减排，并对发展中国家给予公平公正的补偿和帮助，这才是问题的症结所在。

量化宽松退出难言全球经济将走向太平①

当地时间2014年10月29日，美国联邦储备系统（以下简称“美联储”）公开市场委员会在没有召开新闻发布会的情况下，仅用一份声明宣布停止资产购买计划。这意味着实行了6年之久的量化宽松政策（quantitative easing，QE）正式退出。但是，只要美国经济和美元的霸主地位没有改变，美国推出损人利己的经济政策就难以避免，也就难言全球经济将走向太平，包括中国在内的世界各国对此仍需保持高度警惕。

印钞机高速运转创造了多少美元

量化宽松作为美国“创造”的一种货币政策，是指美联储利用凭空创造出来的钱购买国债和其他中长期债券，以增加货币供给，为市场注入流动性。其中的“量化”意指创造出指定金额的货币，“宽松”则指减轻银行的资金压力。

早在2002年，时任美联储理事的本·伯南克就说过，克服通缩要不惜从直升机上撒钱，他也因此获得了“直升机本”的绰号。2008年全球金融危机爆发之前，为扭转美国经济下滑的态势，美联储不断下调联邦基准利率。特别是伯南克在2006年2月接替格林斯潘担任美联储主席后，采取进一步的大幅降息行动，并使联邦基准利率从最高点时的5.25%降到0～0.25%这个有史以来最低的区间。由此向市场注入的资金支持了金融市场的运转，改善了企业投资和居民消费的信贷融资状况，使市场看到了经济走出低谷的信号。

然而，金融危机的爆发使美国再次陷入困境。此时，利率已经降到零区域，传统的通过调整利率刺激经济增长的货币政策也就失效了。在这种情况下，开动印钞机，将“无中生有”创造出来的货币注入市场，就成为另一个政策选择。这也就是以前教科书中都没有出现过的量化宽松。

美联储首次使用量化宽松货币政策是2008年11月至2010年3月，执行期间共购买了1.725万亿美元资产。到2010年第三季，美国经济衰退虽然已经结束，但国内生产总值只增长了2.5%，失业率维持在9%以上。美联储于是又在11月推出了第二轮量化宽松政策。2012年9月美联储启动第三轮量化宽松政策，每月购债规模最高时达850亿美元。

① 发表于《文汇报》2014年11月5日第5版。

美国企图让谁为金融危机买单

美国不顾全世界的诟病而不断推出量化宽松政策，唯一的目的就在于通过向市场增加货币供应，挽救美国经济。

美国爆发次贷危机并拖累经济，是其经济发展模式和经济政策的必然结果。长期以来，美国实现减税政策、财政赤字政策、低利率的货币政策，以及对金融体系宽松和缺乏监管的政策，助长了房地产市场泡沫和居民信贷消费行为。这也使得危机爆发后，试图通过进一步降低利率刺激经济增长的货币政策失效，反而陷入典型的“流动性陷阱”和“债务—通缩负循环”周期。

量化宽松政策能给美国带来许多好处，如稳定并推升股市，提高了企业盈利、家庭净财富和通胀预期，从而有利于刺激投资和消费，降低失业率。由此造成的美元相对贬值则可以扩大本国出口，降低实际对外债务的负担。这些措施帮助美国率先走出经济危机起到了很大的作用。数据表明，美国失业率已经从10%左右下滑到2014年9月的5.9%，国内生产总值也由2008年的负增长恢复到2%～3%。

然而，对新兴市场国家来说，量化宽松政策则是百害而无一利。就我国而言，不仅出口受到影响，而且由于美元泛滥，大量投机性热钱频繁进出，给我国带来了资产价格泡沫和通货膨胀等严重后果。尤其可恶的是，美国试图将自身经济问题归罪于中国，希望中国为美国金融危机买单。伯南克在为美联储第二轮量化宽松政策进行辩解时抛出的“印钞不是我的错，都是中国惹的祸”言论，就是很好的证明。

后量化宽松时代仍然充满不确定性

美国结束了量化宽松这一历史性的经济实验。但这并不意味着全球经济将走向太平，事实上，后量化宽松时代仍然充满着许多不确定性。

（1）从严格意义上看，美国终止量化宽松政策并不等于将收紧银根。美联储就曾经说过，不会出售资产，并在近期对即将到期的国债进行展期，这将压低长期利率，维持宽松的金融环境，从而使全球金融体系继续充斥着低息美元。

（2）美联储在长达6年的资产购买计划中，积累了高达4万多亿美元的债务，今后如何消化这些债务还是一个未知数。此外，量化宽松政策还加剧了美国的贫富差距，埋下通胀的巨大隐患，冲击了美元的国际地位。这些都将给美国经济带来不确定性，由此影响美国经济政策调整的不确定性，进而引发全球经济与金融市场的动荡，甚至新的危机。

（3）量化宽松无论是“进入”还是“退出”，它所产生的外溢效应都对全球经济特别是新兴经济产生巨大的伤害。当前，新兴市场正进入一个充满挑战的时期，中国、欧洲经济增速放缓。后量化宽松时代，新兴经济国家将面临资本外流、本币汇率急跌、国内流动性紧张、资产价格大幅缩水等问题，有可能引发金融市场的剧烈波动。同时，量化宽松“退出”所引发的美国长期国债收益率大幅上涨，以及利率调整将影响美元的比价和国际资本的流向，对全球金融体系产生巨大而深远的影响。

尤其值得注意的是，世界经济与美元霸主地位赋予美国强大的政策“创新”能力和风险抵御转嫁能力。这种政策“创新”的出发点是为了维护自身的利益。就像量化宽松一样，即使遭到各国强烈的反对，美国仍然敢冒天下之大不韪，进行史无前例的实验，以牺牲他国利益为代价求得自身经济的恢复与发展。如果新兴市场国家不加快改革，切实提高应变能力，就难免成为美国经济政策调整的牺牲品。

以深化改革积极应对 TPP①

跨太平洋伙伴关系协定（Trans-Pacific Partnership，TPP）作为多边贸易协议，符合全球贸易发展的新趋势和新方向，但如果美国想借此另起炉灶来抗衡乃至遏制中国，则是难以奏效的。因为在中国始终坚持以开放的态度和务实的精神积极融入经济全球化与区域经济一体化的背景下，TPP 符合我国经济结构调整和改革的大方向，为深化改革、以改革促开放提供了强大的动力。

TPP 并非美国首创

TPP 作为亚太地区涉及面广泛的贸易协定，并不是由美国首先提出来的。它源于 2005 年 5 月智利、新西兰、新加坡和文莱四国签订的“跨太平洋战略经济伙伴关系协定”（Trans-Pacific Strategic Economic Partnership Agreement，TPSEP）。这是一个就货物、服务、知识产权贸易和投资等相关领域给予互惠的经济合作协定。

2008 年，美国高调宣布加入并主导了这个协定的谈判，随着澳大利亚、秘鲁、马来西亚、越南、日本、墨西哥、加拿大等国的加入，最终形成拥有 12 个成员国的 TPP。TPP 谈判正式启动于 2010 年 3 月，在激烈的争议中谈判持续 5 年之久。美国国会为了缩短 TPP 的谈判进程，降低不确定性，还在 2015 年 6 月特意通过了《贸易促进授权法案》（Trade Promotion Authority，TPA）。该法案又名“快速通道”法案，将国会的权力限制在对谈妥的贸易协议进行投票上，而不能逐条审核修订与删减。这对 TPP 基本达成起了很大的作用。

TPP 另起炉灶意图明显

在国际经济关系政治化、国际政治关系经济化的趋势下，TPP 也难免被“政治化”。美国政府重视 TPP，就是将其作为“重返亚洲战略”的重要一环。TPP 被“政

① 发表于《中国社会科学报》2015 年 10 月 27 日第 8 版。

治化”则会导致其偏离自由贸易的初衷。美国主导的TPP谈判不仅缺乏透明度，其草案起草过程及条款的保密工作达到了史无前例的地步，而且从已知的内容看，本身就违背了自由贸易的原则和开放、合作的趋势。TPP提出的限制对外国投资者的监管、政府采购协定、限制对国有企业的优惠、金融自由化、信息自由，都超越了包括中国在内的发展中国家目前所处的发展阶段和承受能力，未必能给每个国家带来同样的红利。投资者与国家纠纷仲裁机制（Investor-StateDispute Settlement，ISDS）使主权国家的法律必须服从 TPP 精神。为此，诺贝尔经济学奖得主斯蒂格利茨称TPP是一个受操控的贸易而非真正的自由贸易。

TPP以“高标准的贸易新规则”将包括世界第二大经济体中国在内的许多国家排除在外，另起炉灶的意图非常明显。TPP实质上是美国打着自由贸易的旗帜，利用发达经济体的规则优势来约束其他国家，维护自身金融资本和知识产权优势以及跨国公司的利益，以应对中国的崛起和在亚太地区日益增强的影响力。正如奥巴马赤裸裸地声称，我们不能允许像中国这样的国家书写全球经济的规则。

以改革开放积极应对 TPP

中国虽然被排除在TPP之外，也不大可能在短期内加入TPP，但由此带来的潜在的压力反而有利于中国全面深化改革，挖掘新的发展机遇，进而促进我国经济转型与发展。

首先，“高标准的贸易新规则”符合我国经济结构调整和改革的方向，为切实转变经济发展方式，实现经济增长由主要依靠投资、出口拉动向依靠消费、投资、出口的协调拉动转变提供了动力。据测算，中国过去30年投资对经济增长的贡献率达到50%，而消费的贡献率仅为10%。通过提高居民收入，完善社会保障，培育消费热点，创新消费业态，维护消费安全，加大对与民生有关的交通运输、城镇化、环境治理、医疗卫生等投资，就能提高消费和投资对经济增长的贡献率，弥补出口下降对经济增长带来的影响。

其次，促进国内自贸区和国际双边、多边自贸区的建设，增强应对TPP的灵活性。中国在2013年前设立上海自贸区的直接原因就是为适应TPP做准备，目前已经扩展到其他地区。从2008年开始至2015年6月，中国已经和新西兰、秘鲁、智利、新加坡和澳大利亚签署了自由贸易协定（Free Trade Agreement，FTA），参加国几乎占了TPP国家的半壁江山。中国虽然没有与文莱和马来西亚直接签订FTA，但其所在的东盟早已与中国签订了FTA。中日韩FTA和中加FTA，以及中美双边投资协定（Bilateral Investment Treaty，BIT）也都在谈判中。中国还积极推动东盟10+1（东盟10国+中国）、东盟10+3（东盟10国+中日韩），以及区域全面经济伙伴关系（Regional Comprehensive Economic Partnership，RCEP）、亚太自由贸易区（Free Trade Area of the Asia-Pacific，FTAAP）等协定的谈判。这些不仅在时间上早就打破了TPP

的封锁，而且必将大大抵消 TPP 给我国带来的负面效应。

最后，中国已经成为制造业大国，具有人工成本相对较低、产业链完整等优势，拥有巨大的生产能力和广阔的市场潜力。中国的贸易总额占全球贸易额 10%以上，是日本、澳大利亚、新加坡、越南的第一大贸易国，是美国、加拿大的第二大贸易国。如果 TPP 生效，中国出口可能出现下降，但进口降幅将会更大，这意味着很多国家会丢失中国的市场份额，显然不符合这些国家及其企业的利益。这也成为在经济全球化和区域经济一体化不断发展的时代背景下，中国对符合全球贸易发展新趋势和新方向的规则、对促进自由贸易的制度建设，持开放态度并乐见其成的重要原因。

此外，中国倡导并实施建设“一带一路”，主导建立亚洲基础设施投资银行等区域经济合作，而且坚持平等互利、合作共赢的原则，得到了沿路许多发展中国家和英、法、德等欧洲国家的响应与支持。这对推动中国企业和产能“走出去”，扩大对外贸易和投资，促进人民币国际化等都将起到很大作用，从而有效化解被排除在 TPP 之外产生的负面影响。

“中国方案”引导经济全球化更好发展①

面对近年来“逆全球化”现象不断加剧的势头，中国国家主席习近平出席世界经济论坛 2017 年年会开幕式并发表了题为《共担时代责任　共促全球发展》的主旨演讲，表达了中国希望扮演全球经济中大国角色的意愿和坚定不移推进经济全球化的决心与担当，提出了实现经济全球化再平衡的方案，即在坚持创新驱动、协同联动、与时俱进、公平包容的基础上，培育经济新增长点，打造开放共赢的合作模式和平衡普惠的发展模式，建立公正合理的全球经济治理体系。这与美国总统特朗普提出的“购买美国货”、“雇用美国人”、强调“美国优先”等口号形成了鲜明的对比。

经济全球化是国际分工、世界市场和社会生产力发展的客观要求，也是工业社会、市场经济和科技进步的必然结果与发展趋势。经济全球化从 15 世纪末到 16 世纪初地理大发现、资本主义在欧洲萌生开始，至今已经历了 500 余年。特别是近 10 年来，新科技革命、跨国公司的发展和信息社会的来临，使经济全球化进入了新的阶段。经济全球化带来各种经济要素（资本、信息、资源、产品）和其他相关因素（人员、技术、思想）的跨国流动，极大地促进了世界经济的融合与快速增长。同时，经济全球化还有很长的路要走，仍然任重道远。最明显的就是自 2008 年全球金融危机爆发以来，世界经济发展面临着一系列困难，出现全球经济增长动能不足、复苏乏力、治理滞后和发展失衡等问题，导致“逆全球化”思潮和现象不断出现。

① 发表于《中国社会科学报》2017 年 3 月 2 日第 A01 版，原标题为“引导经济全球化更好发展”。

毋庸讳言，经济全球化是一柄“双刃剑”。一方面，经济全球化打破了地域、民族国家的界限，促进了国际分工、世界市场的形成和各国之间经济要素的流动、资源的配置，以及区域间、国家间的经济联系和科技、教育与文化交往，为各国经济增长提供了强劲的动力，使世界各国之间的经济发展越来越紧密地联系在一起，形成利益共同体和命运共同体。另一方面，经济全球化也带来诸如国家间发展不均衡、全球金融市场风险加大、全球财富分配不公、贫富差距扩大等新的问题，在一定程度上使发达国家和发展中国家感受到巨大的压力和冲击。但是必须看到，这些问题只是反映了经济全球化的不足，而不应该因噎废食，成为反经济全球化的理由。经济全球化的大历史趋势，也不会因此而改变。习近平主席就此强调，“困扰世界的很多问题，并不是经济全球化造成的”，“把困扰世界的问题简单归咎于经济全球化，既不符合事实，也无助于问题解决”。

当前，经济全球化带来的机遇和挑战，迫切需要我们探索经济全球化的新模式，实现经济全球化再平衡，引导全球经济健康发展。“中国方案”正是在这种背景下提出来的，因而受到国际社会越来越多的关注和欢迎。

中国坚持改革开放并取得了巨大的成就，证明了“中国方案”的可行性，为“中国方案”提供了强大的说服力。自 1978 年以来，中国经济以年均 9%的速度增长，迅速发展成为世界第二大经济体。2008 年全球经济危机以来，在国内需求不足、国际市场需求疲弱、结构调整等压力下，通过全面深化改革开放，中国经济仍然实现了 7%左右的增长，对促进全球经济稳定、推动世界经济增长，为各国提供发展机遇做出了巨大的贡献。中国经济增长对世界经济增长的贡献率年均在 30%以上，已成为世界经济的引擎和经济全球化的领航员。正因如此，经济全球化 “中国方案”必将得到世界绝大多数国家和人民的认同与支持。

中国提出的“一带一路”倡议，是践行经济全球化“中国方案”的重要典范。“一带一路”是在国际国内新形势下，构建全方位对外开放格局和互利共赢的国际合作模式，打造“责任共同体”“利益共同体”“命运共同体”的新探索、新创举。“一带一路”倡议由于顺应了国际经济发展的内在规律和全球经济合作的新趋势，自 2013 年提出以来，已经得到沿线 100 多个国家和国际组织的积极响应支持，40 多个国家和国际组织已经同中国签署合作协议。目前中国主导的亚洲基础设施投资银行和丝路基金均已启动运营，中国企业已在“一带一路”沿线 20 多个国家建设了 50 多个境外经贸合作区，对沿线国家的投资达到 500 多亿美元。“一带一路”在促进我国出口和投资增长的同时，促进了沿线国家基础设施的互联互通，为沿线国家经贸和产业投资合作带来了新动力和经济增长点，促进了沿线许多国家经济的发展和就业机会的增加。可以说，中国提出的“一带一路”倡议对于破解经济全球化面临的困境，塑造更健康的经济全球化，完善全球经济治理体系具有重要的示范意义。

均衡、包容发展是经济全球化“中国方案”的基本要义之一。“中国方案”虽然是由中国提出来的，中国也愿意做经济全球化的践行者、建设者和推动者，承诺不打贸易战，不打货币战，但探寻可持续的经济全球化新模式需要国际社会的共同努力。当前，经济全球化遭遇许多挑战，贸易保护主义抬头，多边贸易体制受到冲击，经济全球化进程出现了减缓迹象，特别是英国选择脱离欧盟、美国总统特朗普提出“逆全球化”经济政策，如退出世界贸易组织（The World Trade Organization，WTO）、重新修订北美自由贸易协定（North American Free Trade Agreement，NAFTA）、对墨西哥和中国商品征收高额关税等，正将经济全球化推到一个十字路口。这些“逆全球化”现象实际上是对经济全球化的局部调整和暂时反弹，值得我们重视和反思，但终究难以改变经济全球化的历史趋势。

习近平主席在世界经济论坛 2017 年年会发表的主旨演讲中指出：“我们既要有分析问题的智慧，更要有采取行动的勇气。”“中国方案”正是我们在分析问题的基础上，为了让经济全球化进程更有活力、更加包容、更可持续而采取的实际行动。

第九篇　经济改革与政策

上海建设国际金融中心的四大“软肋”①

根据金融学理论以及各国实践经验，建设国际金融中心需要一些基础条件。仔细分析，这些基础条件恰好是上海目前还不具备的，因而可喻为上海构建国际金融中心的“软肋”。

构建国际金融中心最基本的条件是周边甚至更广阔的区域对金融产品和金融服务有较大的需求，这取决于本地及其腹地经济总量与增长、国际资本的流动等。上海的国内生产总值不大，2005 年仅为中国香港的 36%、新加坡的 65%。按人均国内生产总值来衡量，上海即使持续保持快于中国香港、新加坡 4 倍以上的经济增速，也要很多年才能赶上。而上海可利用的“长三角”等经济腹地主要还是制造业基地，对国际金融产品和金融服务的需求有限，加上中国在很长一段时间内还不会成为较大的资本输出国，上海这个金融中心也就不能给其他国家提供有意义的融资服务。这些都制约了金融产品和金融服务需求的扩大。

截至 2006 年，上海虽然拥有 840 多家金融机构，其中外资银行营业性机构近 100 家，但金融机构尤其是外资金融机构数量和资产规模仍然偏小，外资金融机构资产占全市金融机构总资产不到 20%。上海已集中了近 20 万金融人才，但无论在数量上还是在整体素质上都远远不能满足国际金融中心的要求。不但网络金融、投资银行、资产证券化、宏观金融分析等方面的人才，以及法律、咨询评估、市场化经营、交易中介、国际会计等领域的高级专业人才非常紧缺，而且国际化的金融人才，特别是既懂国内金融又懂国际金融规范运作的银行家、金融家更是奇缺。

构建国际金融中心的第三个基本条件是要有完善发达的中介服务机构和信息服务体系，为各类金融交易提供方便、自由的交易平台，这样才能降低交易成本，提高交易效率，扩大交易量。但由于我国的中央决策机构、监管机构以及国内大的公司多数集中在北京，因而北京才是最重要、最高端的信息产生地，比较起来，缺乏信息就成为上海的劣势。同时，金融中心是建立在中介服务的基础上，中介服务的基础是信用，而信用环境和信用制度的不完善对上海国际金融中心建设存在明显的制约作用。

---

① 发表于《上海证券报》2009 年 5 月 15 日封 10 版，原标题为“上海的四大‘软肋’”。

构建国际金融中心的第四个基本条件是要有很好的金融制度、法律制度、产权制度来保障，这些制度必须是透明的、自由的、公平的，公司在这里不会受到任何不正当的限制和歧视，这样才能保护金融市场参与者的合法权益，确保金融交易的安全、高效。在这方面我国还存在金融业对外开放水平偏低，对资本流动管制较严格，人民币不能自由兑换，环境法律体系、司法环境、法律服务水平、法制透明度、公众法律意识等方面还亟待优化，现行法律还存在操作性差、立法漏洞较多、适用关系复杂、与国际化差异大等问题，这些都成为制约上海国际金融中心建设的又一大瓶颈。

在上述制约上海国际金融中心建设的瓶颈中，有的是靠自身努力能够克服的，如加快经济增长速度、提高经济增长质量、扩大经济辐射面、培育金融中介机构和金融人才等；有的则需要国家继续推进改革开放，在政策、法律等方面实现突破，如金融企业跨地区、金融活动跨领域与金融资源的跨地区流动的政策、体制限制，与国际接轨的法律、会计制度、货币可自由兑换等金融制度，等等，而这些需要相当长的一段时间。因此，上海一定要从实际出发来推动国际金融中心的建设。一方面，要充分认识自身的优势，增强建立国际金融中心的决心和信心；另一方面，要看到当前我国金融业还处在地域分割和相对落后的状态，在战略定位和战略步骤调整上，定位要高，起点要低，工作要扎实，避免跨越式发展。

可以说，我国金融市场越开放、越国际化，上海就越受益，建设国际金融中心的步伐就越快。

增加财产性收入的前提①

自党的十七大报告中提出“创造条件让更多群众拥有财产性收入”以来，“财产性收入”这个新名词就成了理论界和社会公众议论的热词。经济理论工作者认为，财产性收入占居民总收入的比重，是衡量一个国家市场化和国民富裕程度的重要指标，是建设全面小康社会的重要条件，当然应该尽力创造有利条件，设法大力提高居民财产性收入的比重。而对公众来说，许多人也都认为，投资理财应该就是一条可以快速进入中产阶层行列的途径。

实际果真如此吗？

所谓财产性收入，就是指家庭拥有的动产（如银行存款、各种有价证券）和不动产。不动产是指依自然性质或法律规定不可移动的土地、土地定着物、与土地尚未脱离的土地生成物、因自然或者人力添附于土地并且不能分离的其他物（如房屋、车辆、收藏品、土地使用权等有形和无形资产）所获得的收入。当然还包括

① 发表于《上海证券报》2011年3月25日封6版。

出让财产使用权所获得的利息、租金、专利收入和财产营运所获得的红利收入、财产增值收益等。各国对动产与不动产的界定不同，国际上现在并不是单纯地把是否能移动及如移动是否造成价值的贬损作为界定动产与不动产的唯一标准，而是综合考虑物的价值大小、物权变动的法定要件等因素。所以，小汽车也被视作不动产。

从实际来看，拥有财产性收入的首要前提是要有积累，也就是要有财可理。但我国的情形是，低收入者占了人口的绝大多数，虽然确实有些人依靠投资理财实现了财富的增长，进而成为中等收入者，但对于广大的农民和城市低收入者来说，由于无财可理，拥有财产性收入也就只是美好愿望了。如果这样的格局不改变，“创造条件让更多群众拥有财产性收入”或许不但不会成为缩小贫富差距的机制，反而会成为扩大收入差距的放大器。事实上，我国居民收入差距正变得越来越大，不能不说与一部分人获得了越来越多的财产性收入有关。

增加财产性收入，需要有合理的理财渠道。现在不少大中城市里进入中产阶层的人群，他们的财富大多都是通过持有或投资房地产形成的。房屋投资、投机使得房价一路上涨，一方面形成了通过资产增值来积累财富的观念和机制，使一部分人在短期内获得了大量财富；另一方面也提高了财富积累的进入门槛。随着房价的上涨，以前无偿得到或低价购得的房屋，其价值以难以置信的速度增长，一些人因此直接或间接积累了大于原先好几倍的财富。而那些没能分到房或购买房屋的居民，不仅收入和货币财富变相大幅缩水，而且还因达不到进入门槛而难以通过房屋实现财富的积累。由此制造的房地产泡沫，在令一部分人短期内财富暴增的同时，使更多人只能望房兴叹或因购房而成为“负翁”，贫富差距遂被进一步拉大。

在我国投资渠道非常有限的条件下，绝大多数居民只能将有限的资金存入银行或购买股票、基金、债券等有价证券，以期获得利息、股利和价差等收入。但实际结果是，因为通胀的因素，近年间的存款实际收益为“负”。我国居民虽然参与股市投资的热情非常高，到 2010 年底，开放式基金和股票账户超过了 3 亿，但在金融知识有限、资本市场机制建设尚不成熟、投机氛围较浓，投资波动和风险较大的情况下，真正能赚钱的人仍是少数。

由此可见，基于我国目前的财富分配状况，要想提高居民尤其是广大劳动者的收入，缩小贫富差距，尚需建设“藏富于民”的有效机制。以笔者之见，首先要建立和完善就业保障机制，使每位劳动者有工作，从而至少获得能满足基本生活需要的收入。其次要建立正常的工资增长机制，在初次分配中不断提高劳动者的报酬和工资性收入占总收入的比重。这一点尤其重要。这需要通过立法和制度建设，以确实保障劳动者收入不断增长，甚至共同分享企业利润，保证劳动者有剩余的财产可理，这才可能真正走向富裕，才谈得上增加财产性收入。在欧美发达国家尤其是北欧，正是因为企业主拿出一部分利润分给劳动者，尤其是管理和技术人员，或采取职工持股计划，才催生出一个马克思当年没能预见到的中产阶级，从而大大缓解了劳资矛盾。还有，要建立和完善社会保障制度，提高居民转移性收入，确实解决国民的看病、养老、住房、教育等后顾之忧。最后一点，还需建立居民存量财产的保护制度，创造一个让大家能够安全、放心、明白地拥有财产和赚取财产性收入的环境。如制定合理的个人所得税，提供更多的投资渠道，降低投资门槛，实现银行存款利息率与通货膨胀率挂钩，加强对投资者的教育，尽力提高居民的投资理财水平和抗风险能力，加强对资本市场的监管，维护资本市场的稳定发展，等等。

存钱的机会成本越来越大了①

观念的力量是非常强大的，不断更新观念才能促进经济与社会的持续发展。例如，对待消费，如今40岁以上的那辈人，因为经历过刻骨铭心的物质极度匮乏的生活，养成了舍不得花钱的习惯，总觉得多存点儿钱可为将来子女读书、买房、看病提供保障。现在看来，这种观念不仅于己不利，由此导致的高储蓄率也有悖于国家扩大内需、调整经济结构、促进经济转型与发展等要求。

国民储蓄是政府、企业和居民持有的银行存款、现金、保险和其他理财产品等金融资产之和，它来源于收入减去消费支出后的余额。在可支配收入确定的前提下，消费支出越少，可储蓄的就越多。中国国民储蓄率高，不仅表现在政府和企业储蓄意愿强，也表现为居民喜好存钱的习惯，这在世界各民族中是很突出的。国际货币基金组织（International Monetary Fund，IMF）公布的数据显示，中国的国民储蓄率从20世纪70年代至今一直居世界前列，到2005年更达到51%，高于全球平均储蓄率19.7%一倍多。尽管这些年来经济高速发展，国民生活水平大大提升，但居民储蓄意愿始终不见减弱。查央行2011年初公布的调查数据，城镇居民倾向于储蓄的高达85.8%，倾向于更多消费的比例则创下1999年以来的新低——14.2%。另据2012年5月公布的《中国家庭金融调查报告》，在居民家庭金融资产中，银行存款和现金占比达到75.68%。美国、澳大利亚、丹麦等西方发达国家的储蓄率都非常低，没有超过6%的，有的甚至还是负储蓄率；日本的储蓄率也经历了由高到低，现已降至2%。

很多人储蓄的目的是应对未来不时之需，如用来解决失业、医疗等方面的问题。不过需要澄清的是，存钱不一定能应对未来不时之需，因为物价上涨带来的损失，远远要大于存钱获得的利息收入。我国银行存款年利率一般在3%～5%，有的年份

① 发表于《上海证券报》2013年1月22日封12版；《长江商报》2013年1月23日第A23版、《楚天金报》2013年1月23日第A13版摘要转载；《投资时报》2013年1月31日第6版全文转载。

低于 2%，最高曾超过 10%，但赶不上物价涨幅。而随着经济的发展和国民收入的提高，通胀难以避免。20 多年前，存款或年收入达到 1 万元就算相当富裕了，如今万元户则成了贫困的代名词。相比 10 多年前，绝大多数商品的价格现在都上涨 10 多倍。当时 10 多万元在大城市可以买一套住房，但如果将这些钱存到今天，加上利息大概也就只够买一个卫生间。考虑到将来孩子读书可以申请助学贷款、看病可以参加保险等因素，存钱的机会成本是很大的。

设法多存钱，其实是长年穷困生活形成的一种心态。“穷人把钱存银行，富人拿钱去消费”，说的就是会花钱的人才有能力赚更多的钱。因为把钱花在教育上可以提高人力资本的价值；把钱花在健康上可提高身体素质，能尽可能地远离医院；把钱花在买房和投资上可以保值增值，提高生活质量；把钱花在旅游上可增长见识，丰富生活内容更新观念；等等。

在我国工业化初期，较高的储蓄率无疑为政府的高投资率提供了保障，从而发挥了促进经济持续增长的作用。但在经济转型阶段，尤其是在当前面临国际金融危机和调整经济结构双重挑战的背景下，高储蓄率导致国内消费动力不足，从而不能消化产能，促进产业升级，保障企业利润的实现，不能不说，已成了经济转型与发展的掣肘。

观念的形成是一个长期的过程，由此决定了观念更新的艰巨性。降低储蓄率，逐步实现从“全民储蓄”向“消费社会”的转变，不仅要求国民尽快改变原有的理财习惯，各级政府更应加快更新观念，努力创造“消费社会”所应有的最基本的制度保障和消费环境。例如，各级政府应加大对教育、住房、医疗等民生和其他公共产品的投入，解除老百姓的后顾之忧；优化消费金融环境，提高信贷消费的便利性和消费意愿，拓宽投资渠道；调整国民收入分配格局，全力改革收入分配制度，着力提高劳动者的收入水平和消费能力。有学者提出，我国消费金融太不发达，在当前情形下，国人可能要攒二三十年甚至更长的时间才能买得起一套房子，如果消费金融高度发达，就能用信贷的方式来完成住房消费，这也可以大大降低储蓄率。

储蓄跟文化传统大有关系，国人有节俭的习惯，而这也确是一种值得珍视的美德。所以，我国要降低储蓄率，不能以西方国家为参照标准，而要设法在适度调整中找寻到适合我国国情的标准，以全面优化总需求结构。为此，政府需要在完善社会保障体系，包括医疗、失业救济等一系列的保障上下更大的功夫，以最大限度地降低国人未来生活的不确定性。笔者以为，这或许是经济结构调整中一项更为重大的任务。

利率市场化：企业准备好了吗①

央行于2015年6月初发布的《大额存单管理暂行办法》规定，大额存单发行利率以市场化方式确定。这意味着我国利率市场化实现了“最后一跳”。这不仅会提高宏观调控的有效性，对商业银行资产负债结构、盈利模式产生巨大冲击，而且也将在相当程度上改变企业的行为方式。

利率市场化是相对利率管制而言的。在市场经济中，利率作为货币资金的价格应同其他商品价格一样由市场决定，由此促进资金根据收益高低流向不同社会生产部门，实现资源的有效配置，提高整个金融体系的运行效率。利率管制则使资金价格和商品价格形成机制不一致，难以反映资金的供求关系，进而损害金融体系配置资源的效率。因此，利率市场化不仅是一国金融业发展到一定程度的客观需要和必然结果，也是完善经济与金融体制的必经之路。利率市场化后，商业银行可根据自身实力和市场对资金需求的预测自主调节利率水平，最终形成以央行基准利率为基础，市场供求关系决定金融机构存贷款利率的利率体系和利率形成机制。

过去几十年，全球掀起了利率市场化改革浪潮。德国、英国、美国和日本分别在1962年至1973年、1971年至1981年、1970年至1986年和1977年至1994年完成了利率市场化改革。新兴国家韩国和印度也分别在1981年至1997年和1980年至2011年完成了由管制利率到市场利率的过程。我国自1996年以来，按照“先外币，后本币；先贷款，后存款；先长期、大额，后短期、小额”的思路，逐步推进利率市场化改革。迄今，以《大额存单管理暂行办法》颁布为标志，我国货币市场、债券市场、外币存贷款以及贷款利率、存款利率市场化进程基本完成。

利率市场化后，银行选择服务对象的自由度更大。银行在选择服务对象以及提供的贷款和利率时，将更注重企业的信用程度，从而对不同的企业带来不同的影响。大企业经济实力雄厚，资金往来数量巨大，仍将成为商业银行争夺的焦点。同时，市场竞争加剧以及由此引发的金融产品和服务的创新，则会使商业银行更主动地管理资产负债结构，增加中小微企业贷款。因为中小微企业贷款的利率比较高，能改善银行财务状况。这有利于增加中小微企业融资的可能性和选择权，并改善中小微企业的融资环境。

由于管制阶段利率普遍低于市场均衡水平，各国利率市场化后，存贷款利率大都出现了“先升后降”的趋势。因而，在利率市场化初期，利率水平的上升会增加所有企业的融资成本和经营成本，挤压企业利润。随着市场竞争更加充分，贷款利率理所当然会下降。只不过大企业能充分利用自身的资信优势与银行讨价还价，通

① 发表于《上海证券报》2015年6月25日第A2版。

过"货比三家"尽量获得较低的贷款利率，进而能从利率市场化中得到较多好处。中小微企业由于信用等级低、信息不透明、可供抵押的财产少，在与银行谈判时处于相对弱势的地位，只能通过提高对银行的报价来获得信贷资金。商业银行通过提高利率增加对中小微企业贷款，也是为了提高贷款利率的整体水平，缓解自身经营压力。

此外，从国际经验看，利率市场化还可能成为放大利率波动区间或抬升利率的推手。美、日、韩等国在利率市场化进程中都出现过名义利率大幅抬升或波动性放大的情况。利率波动当然会增加融资成本的不确定性，给企业资产价值带来不利影响；利率抬升会增加中小微企业经营管理难度，导致企业财务风险上升。

面对利率市场化，企业应未雨绸缪，从多方面采取措施增加企业的融资能力，优化资本结构，降低财务和运营成本。首先要做的是切实提高自身信用水平。利率市场化后，商业银行在选择贷款对象时更青睐于信用良好、盈利能力强的企业，因此能否提升自身信用水平，不仅决定企业是否能获得贷款，而且还决定企业贷款利率的高低。企业有完善的财务管理和信息体系，能确保财务信息准确、及时反映生产经营状况、资金状况，方便银行对本企业信用信息的查询、交流与共享，就能为企业获得融资构建良好的条件和声誉。信用等级相对较低的中小微企业还要善于利用第三方担保、抵质押担保、债券信托、信用准备金等增信手段，提高信用等级，以提高融资能力、降低融资成本。

在利率市场化的新环境下，处于信贷资金需求方的企业要学会利用利率市场化形成的倒逼机制，通过内部挖潜、业务转型、不断提高管理水平、资金使用效率和自主创新能力，提高对银行的议价能力。同时，企业要加快经营战略的转型，改变过度依赖投资拉动的增长模式，加大科研投入，实现价值链由低端向中高端的转变。

随着我国金融市场的不断完善，以及商业银行不断推出创新金融产品，企业的融资渠道也将得到拓宽。企业应该充分利用金融体制改革与创新拓宽企业融资渠道，改变过度依赖以银行贷款为主的间接融资模式，充分利用金融产品创新、资本市场和互联网金融的发展，丰富融资渠道，提高内源性融资和直接融资的比重，调整中短期贷款比重，使融资结构更趋合理。

在供给侧结构性改革中发挥规制的作用①

2016 年一季度的宏观经济数据显示，供给侧结构性改革正在改变着我国经济下行的态势，成为经济好转的引擎。6.7%的国内生产总值增速在 6.5%～7.0%的合理区间，规模以上工业增加值同比增长 5.8%，社会消费品零售总额同比增长 10.3%，

① 发表于《上海证券报》2016 年 5 月 5 日第 8 版。

外贸在经历了2月20%的下跌后，3月强劲增长10%，这些超预期的数据反映出消费的活力在渐次释放，我国经济绕过了危险的泥潭边缘，初步摆脱了经济硬着陆的风险。最能体现这一点的是产能过剩比较严重的钢铁和煤炭两个领域的产量一季度都是负增长，粗钢产量同比下降3.2%，原煤产量下降5.3%。而随着“双创”的大力推进，许多省的经济发展动力变中出“新”，新产业、新模式、新业态、新产品、新服务增长“领跑”，为区域经济的发展积聚了新动能。

供给侧改革和需求侧改革，都是为了实现社会总供给与总需求的基本平衡，促进国民经济稳定健康发展的基本思路。但由于两者在推动经济增长的动力等方面存在很大差别，由此决定了其政策手段也不同。与主要依靠财政、货币政策对微观主体行为施加间接影响，达到对社会需求总量控制不同，规制作为市场经济条件下政府干预微观经济的主要手段，借助有关法律法规直接作用于微观主体，监督与管理企业行为，因而更能有效地规范、约束和限制企业行为，矫正和弥补市场失灵，解决结构性矛盾。

具体来说，需求侧改革以“拉动”为主，从需求、消费端入手，通过改善社会需求来促进经济增长。在宏观政策上，需求侧改革常常是在经济处于快速下行或上行时，通过刺激或抑制投资、消费和出口“三驾马车”的增长，直接扩大或降低各类需求，形成经济增长的拉动或抑制效应，目的在于熨平经济的短期波动，通常在较短时期内就会收到显著效果。例如，运用紧缩性财政政策和货币政策，可减少政府投资和货币供应量，从而降低总需求水平，防止经济过热及遏制通货膨胀。运用积极或扩张性财政和货币政策，可增加政府投资和货币供应量，防止经济衰退和通货紧缩。通过关税和非关税调整，可鼓励出口或使国外消费回流到国内。

供给侧改革以“推动”为主，从供给、生产端入手，通过改善供给实现社会供给与需求结构上的基本平衡，以促进经济增长。所以，供给侧改革要求提高全要素生产率，这需要通过体制的变革与完善、技术创新来实现。同时，供给侧改革不是单纯扩大供给，而是根据供给和需求之间结构失衡的具体情况，通过结构性调整，压缩过剩的产能，增加短缺产品和服务的供给，补足供给的短板，使供给和需求在高水平上达到均衡，从而实现有质量的经济增长。可见，供给侧结构性改革着眼于企业、产业和产品等结构的调整，目的在于促使经济保持中长期持续健康发展。因而，供给侧改革把供给作为主攻方向，着力发挥企业和创业者作为市场主体的作用，根据不同行业的不同情况，即该行业需求究竟是已经基本饱和还是需求仍有很大增长空间，通过去产能、去库存、去杠杆、降成本和补短板等措施，达到改善供给，适应需求或是激活需求的目的。供给侧结构性改革的任务必须落实到企业上，使企业成为改革的主体。

供给侧改革的路径很清晰，为适度扩大总需求，要求政府从过去侧重于需求管理的宏观经济调控，向供给管理与需求管理并重，适当加大供给管理力度的方向转变。具体就是要实现经济调节对象和手段的微观化，使政府由经济活动的重要主体转型成为企业微观的规制者，充分发挥规制部门依法对企业产品定价、产业进入与退出、投资决策、污染环境、危害社会安全等行为进行监督、纠正与管理的作用。

供给侧结构性改革对规制的要求，包括放松规制和完善规制两个方面。政府规制过多过严，就会严重束缚企业的活力和创新空间，增加企业的交易成本，导致规制失灵。国外研究表明，规制机构每花1美元的管理费用，私营企业就要花20美元的服从费用。无论是从以市场化为导向、以市场约束为标准，推进政府管理体制机制改革，打破各种制度性障碍，引导资本、劳动力、创新能力等要素资源配置到需求旺盛、效益更高的部门，为实现总供给和总需求的再平衡创造有利的条件，还是从限制和减少行政垄断，降低行业市场准入门槛，实现国民待遇均等化，清理行政性及垄断性收费，降低企业制度交易成本和隐形负担，减少生产要素的供给限制等看，都急需政府放松规制，充分发挥市场机制优胜劣汰、优化配置资源的作用，增强市场活力和竞争力。

去产能、去库存、去杠杆、降成本、补短板，优化现有生产要素配置和组合、增强经济内生增长动力，优化现有供给结构、提高产品和服务质量，培育发展新产业新业态、提供新产品新服务，实现更高水平的供需平衡，这些任务单纯依靠市场力量不仅无法完成，而且周期很长，为此需要完善规制，更好地发挥政府规制的作用，以政府对微观主体的规制变革来促进和保障供给侧结构性改革，以弥补市场失灵。为此，现在亟待完善规制的相关法律体系，培育良好的规制法制环境，加大执法力度，提高规制的执行效果，使去产能有法可依、有章可循。同时要完善社会监督体系，发挥社会监督的重要作用。另外，还需加快制定和完善相关行业与产品的标准，特别是技术标准、质量标准、安全标准和环保标准，引导企业主动淘汰落后产能，提高产品的质量和档次，弥补有效供给的短板。还有，为解决政府规制中的越位、因信息不对称无法提供正当激励等问题，提高规制的透明度和实施效果，还需尽力实现规制制度的科学化。

"共享经济""分享经济"有待辨析清楚①

在我国，发展势头凶猛的"共享经济"正遭遇成长的烦恼。

继悟空单车和3Vbike倒闭后，町町单车成为第三家折戟的"共享单车"企业；"共享电动车"和"共享床铺"上线不久就无一例外被当地监管部门叫停。从面上看，这反映的是我国"共享经济"在发展过程中经历的曲折，往深处挖掘一下，则凸显出经济学概念和理论创新中有待辨析清楚的问题。

① 发表于《上海证券报》2017年8月14日第6版，原标题为"'共享''分享'有待辨析清楚"。

分享经济、共享经济源于美国。在英语中，“sharing”一词有“分享”和“共享”两层含义，国内许多学者把“sharing economy”翻译成“共享经济”或“分享经济”，强调两者没有特别的区别。但在汉语情景下，“分享”是先分后享，而“共享”则是不分而享，与此相对应，“分享经济”显然不等于“共享经济”。2016年政府工作报告中提出要支持分享经济发展，提高资源利用效率，让更多人参与进来、富裕起来。李克强总理在十二届全国人民代表大会第五次会议闭幕后的记者招待会上回答记者提问时说：“许多新业态，像共享经济、分享经济、互联网等等，可以说层出不穷。这些新业态有的是新旧动能转换过程当中产生的，新旧嫁接，有的是老树开新花。”显然，高层并未把共享经济和分享经济视作同一个概念。国家发展和改革委员会官网公布的《分享经济发展指南（征求意见稿）》，指的也是分享经济。

从经济模式或商业模式角度看，“分享经济”和“共享经济”虽然都是在所有权与使用权分离的前提下，充分利用现代互联网技术发展起来的，但两者存在不小的区别。

（1）分享经济下的使用权具有排他性，任何经济主体都不能同时拥有同一使用权。例如，同一辆摩拜单车因为不能被不同的人同时使用，因而就不是真正意义上的共享产品和共享经济模式，只是分享产品和分享经济模式。共享经济下的使用权不具有排他性，不同经济主体可以同时拥有，如BAT（百度、阿里巴巴、腾讯）、TMD（今日头条、美团）等所提供的产品和服务，任何人都能同时使用。这才是真正意义上的共享。

（2）分享经济实质上是互联网时代产生的一种新型租赁经济模式，是“互联网+”经济。它赋予传统租赁业新的经营方式，但并没有从根本上改变租赁业的商业模式及其盈利模式，仍然属于租赁经济范畴。同时，分享经济会受到经营场所、产品性质、政策法规、公共利益与安全等方面的限制。例如，分享单车企业简化了租赁经营的流程，改变了租金的收付方式，便利了消费，并依靠消费者购买骑行服务获得收入。银行业的互联网化实现了业务经营的“移动化”“轻经营化”“便捷化”，经营成本随之大降，但没有改变银行获得储户资金使用权，再将使用权让渡给贷款者，从中赚取存贷利差的租赁经济性质。共享经济则实现了商业模式及其盈利模式的创新。这种模式的供给主体有的有偿或无偿出售产品或服务，如苹果App Store；更多的是不提供产品，只提供服务，并对消费者完全免费，其收入来源于其他消费者或渠道，如BAT、TMD等。

（3）分享经济的本质是提高社会闲置资源的使用效率，以满足供求双方的需求。所以，分享经济会以同样性质的产品和服务对同行业产生挤出效应。例如，优步（Uber）、爱彼迎（Airbnb）就是美国爆发金融危机后，顺应居民为增加收入而出借闲置汽车、房间等生活用品而产生的。这类服务的发展，必然会挤占原来的酒店和出租车市场。而被外国友人称为中国“新四大发明”之一的分享单车，则是运用移动互联网、移动支付和定位技术制造出来的新产品，并非对社会闲置资源的再利用，反而因其低门槛竞争而引发竞争各方的“烧钱大战”。

共享经济则是依靠现代信息网络技术建立起的共享平台，是分享、利用和整合国内外社会资源的一种全新经济模式，并且还能通过商业模式的创新打破原来的产业链及其竞争格局，实现跨界渗透和拓展，进而对产业链内外的行业都将产生挤出效应乃至颠覆效应。例如，淘宝网等网购共享平台的出现，对传统零售业的冲击是巨大的甚至颠覆性的。

可见，分享经济不等于共享经济，而共享经济包含分享经济。如滴滴出行、优步、爱彼迎作为提供交通车辆、民宿租赁预订服务的平台是共享经济产品或服务，但这些平台提供的私家车、民宿则是分享经济产品或服务。互联网平台因具开放、共享、使用费用极低等优势而成了发展共享经济的重要形式和载体。作为一种全新经济形态，是共享经济而不是分享经济代表着未来经济社会发展方向。目前显得有些混乱的共享产品和共享经济，需在概念和理论上正名，促其回归本意。

我们应当致力于发展技术含量和进入门槛都很高，能切实提高社会资源利用和整合能力，对实现经济转型升级都具有重大意义的共享经济，并尽力占据全球竞争优势地位，而不是把战略重点放在发展那些技术含量和进入门槛都很低、竞争性强的分享经济及其产品上。

分享与共享，一字之差大不同①

随着摩拜单车、优步等产品和服务的快速兴起，“分享经济”尤其是“共享经济”成为非常时髦的词语和话题。分享经济、共享经济最早起源于美国。英语中“sharing”一词有“分享”和“共享”两层含义，故许多人就把“sharing economy”翻译成“分享经济”或“共享经济”，认为二者没有什么特别区别。其实，分享经济和共享经济是不同的两种经济或商业模式。把二者严格区分开来，不仅是理论上的必要，而且具有重要的现实意义和政策指导意义。我们应当致力于发展共享经济并占据竞争优势地位，而不是把重点放在发展分享经济及其产品上。

传统租赁业搭上互联网快车

作为一种经济或商业模式，分享经济早就存在。其典型代表是房屋、自行车等租赁行业，甚至还包括银行业。在某种程度上，银行是通过有偿借用储户资金的使用权，再将使用权让渡给借款者，从中赚取存贷利差，并使社会闲置资金得到充分利用。因此，传统银行业实质上是租赁经济的一个具体实现形式。

---

① 发表于《解放日报》2017年8月15日第9版；《党政干部参考》2017年第17期上全文转载。

现代分享经济是传统租赁行业充分利用互联网，尤其是移动互联网和物联网技术而发展起来的。移动互联网大大便利了人与人、人与物、物与物之间的联系，便利了社会闲置资源的重新利用。特别是移动支付和定位技术的运用、社交网络的普及、用户评价系统的完善，为供给者将闲置资源有偿分享给他人使用、降低分享成本和消费者搜寻等成本、满足消费者需求创造了物质技术条件。加上人们环境保护、低碳生活等意识的增强，体验消费和个性化消费方式被普遍接受，共同推动了分享经济的快速兴起。

现代分享经济是互联网时代出现的一种新型租赁经济模式，是“互联网+”经济。但严格来说，它只是赋予传统租赁业新的经营方式，扩大了市场，并没有从根本上改变租赁业的商业模式及其盈利模式，仍然属于租赁经济的范畴。

拿目前我国发展势头迅猛的所谓共享单车来说，在产权上，摩拜等公司拥有单车的所有权，用户获得使用权。这种所有权和使用权都具有排他性，不能由不同经济主体同时拥有，也就不能实现真正意义上的共享。在盈利模式上，单车企业依靠消费者购买骑行服务获得收入。在经营方式上，共享单车虽然简化了业务经营流程，改变了业务资金的收付方式，扩大了市场范围，但仍然受到经营场所、政策法规、公共利益和安全等方面的限制。

就银行业而言，传统银行业务和互联网结合后，虽然能够使业务经营“移动化”“轻经营化”“便捷化”，有利于降低经营成本和产品创新，但并没有改变银行业作为租赁经济的实质。

扶持“同时使用”的平台经济

与分享经济相比，共享经济具有以下特征。

（1）这种模式在产权上同样实现了所有权与使用权的分离，但使用权不具有排他性，不同经济主体可以同时拥有，实现了真正意义上的共享，以及从“拥有”向“共同同时使用”的消费模式乃至消费社会的转变。

（2）这种模式具有不同的盈利方式，即供给主体大多通过其他方式获得收入，直接消费者可以无偿获得使用权或服务。

（3）除国家法律法规外，这种模式彻底摆脱了时空等许多因素的制约。

（4）从资源利用效率和可持续发展角度看，与局限于提高闲置资源利用率的分享经济不同，共享经济模式不仅能够把一个国家乃至全世界大量分散、零碎、闲置过剩的资产和人力、智慧等要素充分利用或重新组合起来，提高所有社会资源的利用效率，还能够通过创新的商业模式，对相同行业和不同行业产生挤出效应乃至颠覆效应。

在现实生活中，除了空气、阳光、公共设施和服务这些早就存在的非盈利共享产品和服务外，手机应用商店可以算较早出现的共享经济及其盈利模式。例如，苹果手机的应用商店里有大量应用软件供用户下载，有免费的，也有付费的，但它们都没有排他性，任何用户都可以同时下载和使用。除此之外，腾讯、阿里巴巴、百度、美团、北斗卫星导航系统等平台，则是共享经济的典型形式。

从某种意义上说，共享经济就是平台经济。这些借助现代信息技术搭建起来的平台，打破了原来的产业链及其竞争格局，实现了跨界渗透和发展，从而对产业链内外的行业都产生了影响。例如，网购共享平台的出现颠覆了传统零售业态，使大量传统实体店因此受到巨大冲击而举步维艰；又如，免费共享的杀毒软件彻底颠覆了电脑杀毒收费市场的格局；等等。

需要看到的是，滴滴出行、优步等提供交通车辆预订服务的平台是共享经济的典型形式，但它们具体提供的出租车或私家车则是分享经济产品或服务。由此看来，分享经济不等于共享经济，共享经济包含分享经济。共享经济可以被定义为：依靠现代信息网络技术建立的共享平台，对国内外社会资源进行分享、利用和整合的一种全新经济模式。

总的来看，共享经济代表经济社会发展的方向，对实现经济转型升级具有重大的意义。我国应当在对共享经济、分享经济模式及其产品进行分类监管的基础上，大力扶植共享经济的发展，以实现对国内外社会资源的充分利用和整合。同时，加强对分享经济及其产品的引导和规范，防止出现新瓶装旧酒式创新，以及恶性竞争带来的一系列不良后果。

中国经济学人理论创新的筚路蓝缕之路①

国人对每年 10 月公布的诺贝尔经济学奖都比较熟悉，但对次月颁发的“中国经济理论创新奖”恐怕了解就不多了。这个具有“中国诺贝尔经济学奖”称号的民间经济学奖于 2008 年推出，主要奖励已经实践检验的关于中国经济的重大经济理论，弘扬中国经济学对中国改革和发展的贡献，鼓励中国经济学家的创新精神。奖金额为 100 万元人民币，是国内目前金额最大的社会科学类奖项。10 年来，中国经济理论创新奖以其评选制度规范、参与广泛、评选程序公开、公平、民主、透明等鲜明特点赢得了相当的声誉。梳理和盘点 10 年来的中国经济理论创新奖，能大致揭示出我国经济学的研究与发展的方向。

中国经济发展的显著特点是伴随着传统计划经济体制向市场经济体制的转变过程，也是二元经济向现代经济的转变过程。这个过程始于农村经济改革。首届中国经济理论创新奖授予以杜润生作为主要贡献人的“农村家庭联产承包责任制理论”可谓实至名归。农村改革的成功经验，推动了城市经济改革。而城市经济改革始于

① 发表于《上海证券报》2017 年 12 月 26 日第 10 版。

国有企业放权让利、推行承包经营责任制。在中国国情下的经济改革探索，首先是理论上的求索。例如在20世纪80年代末，面对我国经济改革因双轨制带来的权力寻租、不公平竞争，以及价格放开后出现的恶性通胀，厉以宁、吴敬琏等以其对科学的执着和经济学家的使命推进理论和政策创新，使之成为重启并深化改革大业两大经济理论的重要"推手"。在这场决定中国经济方向的大论战中，厉以宁强调改革要重视市场基础再造——国有企业的所有制改革，提出要将企业经营机制转换与产权制度创新结合起来，把股份制作为国有大中型企业改革的方向，推进国有企业制度创新。他因此被称为"厉股份"。吴敬琏则强调市场环境建设——价格改革，提出要继续推进市场取向的改革，在强化国家对宏观经济总量的控制的同时，充分运用市场竞争的力量来克服现有经济结构和经济运转的种种问题。

实践表明，从理顺产权关系入手，建立与社会主义市场经济要求相适应的、以公司法人制度为主要内容的现代企业制度，实现企业制度创新，是增强国有企业活力和实力的有效途径。作为计划经济向市场经济转型过程的一种特殊制度安排，双轨制是渐进式"增量改革"（体制外优先改革）战略的一个重要特征，有利于减少改革阻力，增加改革动力。随着体制外价格机制的逐渐发育和壮大，双轨制自然而然地退出了历史舞台。1992 年召开的中共十四大明确提出我国经济体制改革的目标是建立社会主义市场经济体制，确立了市场经济改革的方向。第二、三、四届中国经济理论创新奖分别颁给以厉以宁为主要贡献人的"国有企业股份制改革理论"，以吴敬琏、周小川、郭树清为主要贡献人的"整体改革理论"，以华生研究组、田源、张维迎为主要贡献人的"价格双轨制"理论，就是对这些经济学家及其理论创新的肯定。

从计划经济向市场经济转轨后，中国经济还面临发展方式和结构的转型与升级，而实现经济发展方式转变的关键在于切实地推进市场化改革，支持市场经济其他方面制度改革。以马建堂、周叔莲、江小涓为主要贡献人的"中国经济结构调整理论"，强调要借助市场手段和政府行政手段，通过改革体制障碍、消除要素市场分割、减少瓶颈部门制约、选择主导产业等经济结构调整措施，协调国民经济各种比例关系和资源的重新优化配置。以黄达为主要贡献人的"财政信贷综合平衡理论"，探讨了国民经济运行中财政和信贷的相互作用、相互制约关系，以及它们共同反作用于国民经济的规律不仅为宏观经济学的发展增添了中国经验，也确立了中国宏观平衡理论的基本框架。以林毅夫研究组和张军、樊纲为主要贡献人的"过渡经济学理论"，不仅肯定了从计划经济向市场经济转轨的渐进双轨改革模式的理性与优势，准确预言了当初人们还很难想象的中国经济发展奇迹，而且建立了计划经济向市场经济转型的制度分析框架，对促进中国从计划经济向市场经济平稳过渡，减少经济转轨成本，保持经济社会稳定做出了重大贡献。以李实、赵人伟、陈宗胜为主要贡献人的"中国经济转型和发展中的收入分配理论"，对中国从二元经济向现代一元经济、从计划经济体制向市场经济体制的转型过程中居民收入分配状况、根源及趋势等问题的研究，有助于使我们更好地认识和解决中国转型与发展中的收入分配问题。这些理论分别获得2012年、2013年、2015年、2017年的中国经济理论创新奖，可说是众望所归。

如今，我国经济发展已进入新时代，但经济改革与转轨的任务还远没有完成。随着经济改革迈入“深水区”，许多具有中国特色的经济问题不断涌现，研究重大现实问题仍然是我国经济学发展的方向。中国经济学家致力于经济学基础理论和研究方法的创新，注重研究经济改革和发展中的现实问题，以丰富过渡经济学理论，促进中国经济转型与发展的路还很长。

第十篇　诺贝尔经济学奖成果带来的启示

不谋而合，殊途同归①

2009年的诺贝尔经济学奖破了一个延续40年的“铁律”，终结了男性对此奖的垄断。

1976年的诺贝尔经济学奖得主弥尔顿·弗里德曼在1985年3月的一次演讲中开玩笑地说，要想获得诺贝尔经济学奖必须具备三个条件：男性、美国公民、在芝加哥大学学习或者任教。因为到他演讲为止，总共有22人获得诺贝尔经济学奖，其中12位来自美国，9位在芝加哥大学受过教育或教过书。他本人也一直在芝加哥大学任教至退休。所以，奥斯特罗姆成为首位女性诺贝尔经济学奖得主，为女性争得了尊严，或许从此可以说，经济学也属于女性了。相信受到鼓舞的，不仅有过去曾为英国著名女经济学家琼·罗宾逊夫人未能获奖而打抱不平的人，还包括那些以经济学教学研究为职业，立志在经济学上有所造诣的女性以及所有女同胞。

在外行甚至一些经济学人看来，2009年诺贝尔经济学奖授予奥斯特罗姆和威廉姆森有些难以理解。因为奥斯特罗姆是公共选择学派创始人之一，研究的是并非经济学专属的公共选择理论，并因对公共资源管理上的分析获奖。她还是美国政治学学会的会长，严格地说，是一位政治学泰斗，而非经济学家。她的专著在很大程度上属于政治学范畴。威廉姆森则是大名鼎鼎的经济学家，是重新发现“科斯定理”并为新制度学派命名的人，并因对企业边界问题的分析获奖。可见，他们在各自的领域独树一帜，似乎没什么联系。

但如果深入分析就可以发现，诺贝尔奖委员会将诺贝尔经济学奖同时授予这两个人并不是“乱点鸳鸯谱”，而是因为他们确实存在许多相通之处。

因为两位教授的研究内容相同，都是经济治理结构（制度安排）问题。稍有不同的是，奥斯特罗姆的研究焦点集中在公共资源的治理和社区治理上，威廉姆森则侧重于经济组织治理的研究。更巧的是，两人都提出了新的组织架构。前者是社会领域的自治组织，后者则是经济领域的内部组织，他们都把这些不同的组织看成经济治理机制。

他们的研究方法也一致，都采用了制度分析法，从制度的视角讨论所提出的问

① 发表于《上海证券报》2009年10月27日封10版。

题。“制度”这一概念，在以前一直被看作政治学的“专利”，直到制度本身所包含的公平与效率问题受到人们的关注时，传统的“制度”概念才进入经济学家的视野。从经济学角度看，制度是人们在趋利避害过程中形成的行为规范；制度不能消除交易费用，但可以相对地降低交易费用。从政治学角度看，制度不是一种实体，它的存在必须有实际的载体，如市场、学校、企业、社区、政府、国家等；反过来，组织必须依靠制度才能维系。一种组织对应一种治理制度。这样，两者共同的研究视角就形成了。多样化的组织需要多样化的治理机制。奥斯特罗姆和威廉姆森通过各自的研究，揭示了组织或公司如何存在和运行，以实现资源的最优配置。他们的研究成果都是基于经济学和法学、组织理论、政治学等相结合与运用。你看，经济学与其他学科交叉和融合，具有多强大的生命力！

两位教授的研究任务不谋而合，都在探索政府和市场之外的第三种经济治理形式。多种治理机制并存，才是富有效率的体现。奥斯特罗姆令人信服地证明了公共领域可以存在多种治理机制的可能性，非政府或非市场的其他创新组织包括集体组织，可以成功地管理公共资源。威廉姆森也证明了经济组织领域可采用多种治理机制，包括完全市场化的交易形式、统一计划的企业模式以及各种中间治理形态，如控股型、集团型、松散联合型、卡特尔型、长期合同关系、持续的短期合同关系、外包型等。从这个意义上说，奥斯特罗姆代表的公共选择学派和威廉姆森代表的新制度经济学派在思想立场上达成了高度共识。

经济学本来就是致用之学，目前全球性经济危机、气候变暖等问题的严重态势正促使人们反思经济组织以及公共事务治理机制。2008 年的诺贝尔经济学奖颁给了有能力预言金融危机并针对危机提出真知灼见的保罗·克鲁格曼，2009 年又将该奖项授予对完善经济组织内部治理有杰出贡献的两位学者，或许是在发出这样的信息，经济学既要重视抽象的理论研究，更要走出学术象牙塔，致力于探索能有效解决现实社会经济问题的途径。

理性看待诺贝尔经济学奖①

诺贝尔经济学奖并不是根据诺贝尔的遗嘱而设立的，而是由瑞典银行在 1968 年增设的。该奖全称为“纪念阿尔弗雷德·诺贝尔瑞典银行经济学奖”，其奖金也由该银行提供。因此，将诺贝尔经济学奖称为瑞典银行经济学奖更为合适。但作为最年轻的诺贝尔奖项，经济学奖却又最为世人所关注。这不仅是因为它拥有诺贝尔奖的光环，更在于世人往往像求医问药一样，希望经济学奖得主及其理论能为解决现实经济问题提供有效的药方。因此，每当一年一度的诺贝尔经济学奖颁布后，人们

① 发表于《上海证券报》2011 年 10 月 17 日第 5 版，原标题为“诺贝尔经济学奖拒绝实用主义”。

首先要问的是，获奖理论有什么现实意义？

实事求是地说，要论对现实经济的意义，诺贝尔经济学奖不仅难当此任，有时还起了相反的作用。例如，2008 年爆发的全球性金融危机，就与包括诺贝尔奖得主在内的经济学家提出的金融创新理论和金融工具有关。而面对经济危机，他们要么毫无对策，就像 2011 年的诺贝尔经济学奖得主西姆斯那样，面对媒体询问怎么才能使世界经济走出困境时，他一再强调“没有一个简单的答案”；要么提出的政策反而将经济弄得更糟。这就难怪 1984 年诺贝尔物理学奖得主卡罗·鲁比亚要如此调侃：“诺贝尔经济学奖不能算是科学奖”，“经济学家把这个世界搞乱了，经济学家在拯救世界经济中没起什么作用。”这番话是他和笔者在 2001 年 9 月的浦江创新论坛的晚宴上聊到诺贝尔经济学奖时说的。

尽管如此，我们也不能因此而否定诺贝尔经济学奖的意义。

首先，就其性质来说，经济学并不属于自然科学序列，而是一门介于科学与艺术之间的学科。在一定程度上可以说，经济学是对非科学的东西进行科学研究的产物。面对异常复杂多变的经济现象，经济学研究难以获得放之四海而皆准的理论，并提出能一劳永逸地解决经济问题的政策建议。但研究非科学的东西仍然是十分必要的。就像天气一样，尽管变幻莫测，但我们仍然需要对其长期研究并坚持预测。从这个意义上说，诺贝尔的物理学、化学、生理学等自然科学奖的意义在于激发人们对科学的好奇与研究，而经济学奖的意义在于激发人们对非科学的东西的好奇与研究。

其次，正如 1992 年诺贝尔经济学奖得主贝克尔所说，经济学成为一门科学的主要原因不在于其研究对象和种种定义，而在其研究方法。特别是当数学被越来越多地运用到经济学研究领域后，可以把经济活动抽象为数学符号，并在各种假设前提下推导出各种各样看上去很严谨也很完美的模型。这和运用数学研究随机现象，最终形成概率论其实是一个道理。瑞典皇家科学院在 1974 年曾将诺贝尔经济学奖授予缪尔达尔和哈耶克两个人，就是因为这两个人的研究方法和方向惊人的相似，尽管他们两人的观点截然相反。诺贝尔经济学奖要鼓励的恰是学术研究上的创新，包括研究方法上的创新。因为科学的方法对研究具有重要意义。方法革命是经济学革命的先导，理论创新首要的是方法创新。托马斯·萨金特和卢卡斯等在开创理性预期学派上的重要贡献时，就是把理性预期引入宏观经济学模型，对通货膨胀理论和就业等理论产生了革命性的影响。而克里斯托弗·西姆斯提出的向量自回归模型（vector autoreg ression，VAR），则为宏观经济学奠定了新颖实用的计量基础，对引导人们从大量经济数据中提取有效信息，对检验历史状况具有重要意义，也使经济思想的阐述和表达实现了“科学”化。这就是学院派数理经济学家屡屡斩获诺贝尔经济学奖的原因之一。

另外，获得诺贝尔经济学奖的研究成果更多地表现在其前瞻性和对相关经济政策的指导性上，而不是为世界经济的恢复与发展带来“速效药”。例如，萨金特和西姆斯对“宏观经济中因果关系的实证研究”，揭示了政策对经济运行产生的系统性、长期性影响，以及哪些因素的变化给经济带来什么影响，政府在宏观经济运行中应当扮演什么角色，等等。这可以为经济政策的制定提供参考，但由此制定的政策通常会改变经济主体的预期，最终使某项政策得不到有效执行，或执行后偏离了当期政策的目标。

可见，在如何看待诺贝尔经济学奖及其成果上，我们要树立正确的态度。例如，我们不能用纯粹实用主义的观点来看待该奖，否则只会得到令人失望的结果。正如胡适所说：“短见的功用主义乃是科学与哲学思想发达的最大阻力。科学与哲学虽然都是应用的，但科学家与哲学家却需要能超出眼前的速效小利，方才有可能从根本上着力打下高深学问的基础，预备将来更大更广的应用。”此外，我们也不该迷信诺贝尔经济学奖，更不必把获奖者及其理论奉若神灵。因为经济学的性质决定了它不该享有这样的权威。可惜我们常常犯这样的错误，结果损害了中国学术研究的创新与发展。

诺贝尔经济学奖越来越注重实践意义①

美国经济学家罗伊德·沙普利和埃尔文·罗斯获得2012年度诺贝尔经济学奖，爆了一大冷门。瑞典皇家科学院的颁奖声明说，两人的成就是“稳定匹配理论和市场设计实践”，而在笔者看来，他们的获奖也是绝佳匹配的结果。

沙普利和罗斯的研究领域是经济学的一个中心问题，即如何尽可能有效地完成不同市场主体的匹配。例如，买方如何找到需要的产品，卖方如何发现潜在的买家；学生与学校如何合理匹配；人体器官的捐献者如何与接受者相匹配；剩男剩女婚配难题如何解决；等等。不同的是，沙普利主要从事对稳定匹配理论的抽象研究，而罗斯则从市场机制的实际设计角度，将沙普利的理论和计算运用于一系列的实验性研究中，并支持了沙普利研究的结论。

世人对于匹配理论应该不陌生。2010年诺贝尔经济学奖就颁给了为“劳动力市场搜寻和匹配理论”做出了贡献的美国经济学家彼特·戴蒙德、戴尔·莫滕森和英国经济学家克里斯托弗·皮萨里季斯。他们把市场交易、生产和就业等过程看成一个匹配的过程，即交易者和交易机会之间的匹配，交易者相互之间的匹配。他们集中研究了因搜寻和匹配成本高昂带来的摩擦导致市场无法及时出清的问题。他们为此建立的戴蒙德-莫滕森-皮萨里季斯模型（Diamond-Mortensen-Pissarides Model，DMP）模型，也是试图提高搜寻效率，提高就业者寻找就业机会的能力，从而促进

① 发表于《上海证券报》2012年10月17日封12版；《中国经济时报》2012年10月19日第12版摘要转载。

就业率明显上升。

搜寻与匹配的均衡模型发端于20世纪70年代，目前已发展为成熟的现代搜寻与匹配失业理论。沙普利的贡献是，他使用合作博弈方法来研究和对比不同的匹配方法，还和数学家戴维·戈尔一起发明了著名的盖尔-沙普利算法（Gale-Shapley Algorithm，GS算法）。这种方法不仅能确保匹配的稳定，还限制了市场主体操纵匹配过程的动机，有利于匹配理论应用于经济学的其他领域。

“市场设计理论”最早由美国经济学家赫维奇提出，马斯金和迈尔森则进一步发展了这一理论。他们因此共同摘得了2007年诺贝尔经济学奖。该理论研究的是，在信息不完全、决策分散化、自愿选择和交换的条件下，如何设计出一套经济机制，以实现资源的最优化利用。这一理论虽然无法与凯恩斯、马歇尔、亚当·斯密等的经典理论相提并论，但能解决现实经济问题，充分体现人文关怀精神。罗斯正是运用稳定匹配理论和改良后的GS算法，重新设计了现存的一些制度，有效解决了不同市场主体的配对问题。例如，他在“全国居民匹配项目”（National Residents Matching Progect，NRMP）中，证明了对未婚居民来说，NRMP既稳定又符合防护策略，后来又重新设计了确保已婚夫妇亦能稳定相容的匹配项目。他设计的“全国住院医生配对程序”，每年为美国近2万名医生找到心仪的医院作为自己职业生涯的起点。他设计的“纽约高中配对系统”，每年帮助约9万名高中生解决了择校难题。他还参与设计了一个匹配兼容的肾脏捐献者和接受者的肾脏移植登记及匹配系统。该系统可以帮助那些想捐肾给亲人，但因血型不匹配无法实现的人，与其他不匹配的捐赠组交换器官，从而提高了器官捐赠匹配系统的效率，挽救了许多人的生命。

沙普利对匹配理论的基础性研究和罗斯对匹配理论的实验性研究都是完全独立完成的，但两者一经结合就相得益彰，扩大了经济学研究和应用的领域。

美国经济学家之所以能屡屡问鼎诺贝尔经济学奖，不仅在于其经济学基础研究做得非常好，而且在于对一些前沿研究，尤其是数量经济学方面的应用和研究做得很好。他们不断提出和发展新的研究方法与分析工具，并运用于经济研究和实践中，推动了经济学研究的现代化。这正是诺贝尔经济学奖坚持的一贯评审原则之一。

稳定匹配和市场设计理论都源于博弈论的思想，主要强调优化策略。而博弈论则是以数学模型为主要分析方法的，由于博弈论能从一个独特的视角帮助人们更深刻地理解和把握经济现象，对指导人们制定更加有效的政策具有重大意义，因而被广泛应用到经济学和其他社会科学的各个领域。博弈论研究者也成了诺贝尔经济学奖的热门人物。自1994年该奖授予约翰·纳什等3位博弈论专家后，包括2012年在内共有6届诺贝尔经济学奖和博弈论的研究与运用有关。

现年89岁的沙普利是杰出的数学家和经济学家，他人生经历比较坎坷，在1943年考入哈佛大学那年就应征加入美国陆军航空团，远赴成都支援中国抗战，曾长年在兰德公司工作，目前仍是加州大学洛杉矶分校数学及经济学名誉退休教师。在很多专家看来，沙普利就是博弈论的具体化身，是继冯·诺依曼、摩根斯坦等之后在博弈论研究方面贡献最为突出的经济学家之一。他曾与1994年诺贝尔经济学奖擦肩而过。

罗斯曾获美国名牌大学运筹学学士、硕士和博士学位。他善于把复杂的市场设计变成一件看起来非常简单的事情，也善于将数学应用于经济学研究中。他曾说："一直以来，我都很喜欢研究如何利用数学的手段来让世界运转得更加流畅。"他的市场设计理论可以看成博弈论和社会选择理论的综合运用。他在博弈论、市场设计和实验经济学领域做出的重大贡献，都是将数学与经济学结合起来研究的结果。

截至2011年，诺贝尔经济学奖已颁发43届，产生了69位得主，其中美国经济学家50人，占比达72%；男性68名；60岁以下12人，最年轻的肯尼斯·阿罗，获奖时51岁；70岁以上24人，最年长的莱昂尼德·赫维茨，获奖时已90高龄；60～70岁33人，差不多占获奖人数的一半，平均年龄约67岁。这次，沙普利和罗斯的获奖，表明诺贝尔经济学奖还在延续着一贯的风格。

让经济学回归"人"的本质①

诺贝尔经济学奖同时颁给理论主张完全相左的经济学家并不是第一次。只要能理解经济学的本质，就不会感到意外。

很多人对2013年的诺贝尔经济学奖组合感到困惑：法马是有效市场理论创始人，席勒却是这一理论最激烈的批评者，汉森则是研究技术方法的。其实，诺贝尔经济学奖同时颁给理论主张完全相左的经济学家并不是第一次。1974年就曾出现过主张自由市场经济的哈耶克和主张计划经济的缪尔达尔同时获奖的组合。只要能理解经济学的本质，就不会感到意外。而在笔者看来，相比以前青睐于基础经济理论和计量经济学，2013年的诺贝尔奖再次让经济学回归"人"的本质。

经济学是研究资源如何配置的学问，其本质是研究人的行为。基于人的行为和经济发展环境的不确定性，经济学研究的成果及其应用价值似应更多地体现在提出经得起时间考验的思想及其对经济运行的解释和实践的思想指导上。早期的经济学就是这样的。自20世纪20年代以来，不少经济学家开始将数学方法引入经济学研究，把经济活动抽象为数学符号，并在一定的假设前提下推导出看上去很严谨而又完美的模型，并通过数学模型来分析经济现象，指导经济运行。这使得经济学越来越朝着自然科学的方向发展，变得越来越"科学化"和"艺术化"，并使得"数学化"

① 发表于《上海证券报》2013年10月18日第A7版。

成为区分主流经济学和非主流经济学的标志。经济学数学化，这种研究方法上的创新得到了诺贝尔经济学奖评委会的肯定。追溯起来，诺贝尔经济学奖在很多年份尤其是早期都颁给了数理经济学、计量经济学和实验经济学家。然而，数学和计量方法、数学推理虽有助于发现经济学真理，并使经济思想和理论的表达更简练、更精确，但也会因过度抽象化使理论与现实脱节，以及经济模型运用于实践带来巨大损失。默顿和斯科尔斯两人因期权定价模型获得1997年的诺贝尔经济学奖，但他们按这个模型指导投资却导致公司损失惨重而破产。

可喜的是，即使在经济学数学化或形式化成为主流时，仍有许多经济学家放弃主流经济学的假定前提，坚持研究更接近现实世界的人和经济现象，他们提出的非主流经济思想同样得到了瑞典皇家科院诺贝尔奖评审委员会的认可。如1991年诺贝尔经济学奖授给了新制度经济学的开创者科斯，2002年授给了行为经济学的创立者卡尼曼，等等。2013年诺贝尔经济学奖颁给为行为金融学做出巨大贡献的3位经济学家，是对经济研究以人为本，经济研究成果以思想为主、以技术为辅的本质要求的再次肯定。

芝加哥大学布斯商学院教授法马对现代金融学的贡献之一，是在1970年发表的论文《有效资本市场：理论与实证研究回顾》中提出了有效市场假说（efficient markets hypothesis，EMH）。其核心思想是，在证券市场中，如果价格完全反映了所有可以获得的信息，这样的市场就是有效的；理性投资者在买卖股票时会迅速而有效地利用可能的信息；由于所有已知的影响股价的因素都已反映在股价中，股票的技术分析是无效的。有效市场假说奠定了现代金融学的基石。法马研究兴趣十分广泛，在经济学许多领域都有重要贡献。例如，他和1990年诺贝尔经济学奖获得者默顿·米勒合著的《财务理论》以及1976年所著的《基础财务学》是西方财务管理理论发展成熟的标志。

耶鲁大学教授席勒则是行为金融学创始人之一。他曾表示，促使他研究行为金融学的原因，是金融学与人类活动紧密联系，“金融的确遵循特定的数学规律，但其中也有反映人类本性的元素”。他认为，有效市场假说给出了一个完美的市场，强调市场能自动达到均衡。但在现实中，投资者并不是完全理性的，正是非理性行为会对资产价格产生很大的影响。因此，他在与2001年诺贝尔经济学奖得主乔治·阿克洛夫合著的《动物精神》中提出，投资的冲动要靠“动物精神”，即靠自然本能驱动。在2000年完成的《非理性繁荣》中，席勒从历史角度考察了股市，讨论了影响股市行为和投机性泡沫的技术、从众行为、文化等因素，分析了投机性泡沫对个人和机构投资者以及政府的影响，提出了相应的建议和办法，以便个人投资者减轻泡沫破灭带来的危害。席勒的研究领域还包括房地产、公共选择等多个方面。他不仅因对凯斯—席勒房价指数的贡献而著称，更是为数不多的成功预言股市泡沫和2008

年美国房地产泡沫破裂的经济学家之一。

侧重计量经济方法的芝加哥大学教授汉森研究领域相对狭窄些。他最主要的贡献在于发现了在经济和金融研究中极为重要的广义矩方法（generalized method of moments，GMM），又被称作广义矩估计。相对于传统的计量经济学估计方法，GMM不需要知道随机误差项的准确分布信息，允许随机误差项存在异方差和序列相关，因而所得到的参数估计量比其他参数估计方法更有效。目前，GMM 方法在模型参数估计中得到广泛应用。

资产价格预测为金融实践提供指导①

瑞典皇家科学院把 2013 年的诺贝尔经济学奖颁给 3 位美国经济学家，以表彰他们对“资产定价实证分析方面”的开创性研究。只是，诺贝尔经济学奖的颁奖词做出的股票和债券价格在短期内不可预测，长期内具有可预测性的判断，笔者却不敢苟同。因为无论是短期还是长期都可以预测资产价格，至于预测准确与否，则是另外一回事。同时，未来的不确定性和影响因素的复杂性，决定了资产定价是一种策略或艺术。所以，试图准确预测资产价格的变化是非常困难的，也是不现实的。

资产定价，就是要解决不确定条件下未来支付的资产价格或者价值。这是金融学最重要的主题之一。可以说，几十年来的金融学发展历史，就是试图揭开金融市场资产价格波动之谜的历史。许多经济学家为此展开了开创性的研究。但是围绕着资产定价至今仍然有一些疑团没能得到很好的解释。

1952 年，哈里·马科维茨基于风险和收益的匹配性，创立了一个概念明确而又可操作的、在不确定条件下选择有价证券投资组合的理论，以实现投资风险最小、报酬最大，由此产生了现代有价证券投资理论。但问题是，这种资产组合需要运用严谨复杂的数理工具，增加了实际操作中的难度。此后，威廉·夏普等创立了以风险和期望收益的均衡来决定证券价格的预测模型——资本资产定价模型（capital asset pricing model，CAPM）。这一模型不仅简化资产组合选择的运算过程，使马科维茨的投资组合选择理论朝现实世界的应用迈进了一大步，也标志着风险资产均衡价格决定理论的诞生。在此基础上，罗伯特·默顿和迈伦·斯科尔斯进一步引入不确定性，将夏普等的模型扩展到期权定价领域。默顿·米勒和莫迪利亚尼更试图揭开公司金融活动的面纱，提出了企业的市场价值与它的资本结构无关理论（Modigliani-Mille 定理，简称 MM 定理）。这些学者先后都获得了诺贝尔经济学奖。

① 发表于《上海证券报》2013 年 11 月 15 日第 A7 版；《时代周报》2014 年 6 月 5 日引用。

但他们的贡献主要体现在对风险资产均衡价格的决定，以及税收变动或企业破产等因素如何影响证券价格的理论研究上，而不是在准确预测股票、债券的价格上。道理很简单，他们是经济学家，而不是证券分析师。理论研究的抽象化，难免与现实脱节。现实市场的资产价格不可能遵从模型预测的方向发展。默顿和斯科尔斯期权定价模型非常漂亮，可当他们两人拿来指导投资实践后，最终导致长期资本管理公司因损失惨重而破产，便是最典型的例子。

在理论上，资产价格等于未来收益的预期折现；或以无风险收益率去折现未来的收益，再加上一个代表风险溢价的误差因子。在市场中，如果投资者都是理性的，股票的价格能充分反映所有已知的信息，这时股票的价格就是确定的。尤金·法马在 1970 年首次系统而深刻地阐述了这一理论逻辑和经验研究的可行路径，提出了“有效市场假说”（efficient markets hypothesis，EMH），奠定了现代金融学的基石。拉尔斯·汉森提出的广义矩估计方法，也是试图在资产定价问题上，提供一种更简单地发现金融市场数据中所隐藏的信息。拉尔斯·彼得·汉森试图维护“有效市场假说”，但发现金融市场的价格波动会传导到宏观经济系统，似乎也不能完全说服他自己。但是，实际金融市场充满不确定性，支配投资者的行为不仅有理性利益，还有非理性的心理，这使得资产价格的变化很难准确地被观察到。这促使经济学家们继续引入不确定性，尤其是被传统经济学所忽略的那些非理性的心理因素，以此研究资产价格的波动。例如，丹尼尔·卡尼曼揭示了心理机制对资产价格产生的影响，并由此促进了行为经济学和行为金融学的产生。罗伯特·席勒受其研究心理学的夫人影响，在研究股票市场价格时也摈弃了“有效市场假说”，转而探讨影响股票市场价格波动的社会情绪因素。他发现股票市场的价格受投资者有限理性和情绪的影响，具有很强的不确定性，难以通过如预期股利支付等基本面因素加以解释。为此，席勒构建了一种检测投资者情绪的指标体系和方法，并制作成投资者情绪指数。现在，这个指数已成为金融市场检测市场价格波动的重要指标。

实际上，包括资产在内的商品价格到底怎么确定，至今仍是经济学尚待破解的一大谜题。所以才有“谁理解了价格，谁就理解了经济学”的说法。现实市场中的价格，主要由市场需求与供给决定，并无时无刻不受到其他复杂和不确定性因素的影响。这反而引起了经济学家的关注，促使资产定价成为吸引人的、富有挑战性的领域。经济学家们研究资产定价问题，本意在于深化对金融市场本质的认识，为金融实践提供指导，促进经济学的创新与发展，而不是、也不可能为准确预测资产价格波动提供现成的方法。从这个意义上说，席勒成功预言了美国 2000 年的股市泡沫和 2008 年的房地产泡沫，不免有些勉强。他不过是运用“均值回归”这一简单的经济学原理，即价格终将回归到由基础资产盈利能力确立的基本价值上，在合适的时期做出了大胆而又合理的判断。

经济学研究就该像梯若尔那样“上天入地”①

诺贝尔经济学奖的评审原则，是既鼓励抽象的基础理论和方法研究，也肯定对现实中的经济难题提供合理解释和解决路径的探索。这也是该奖绝大多数年份被两位或三位经济学家共同分享，或由既能“上天”又能“入地”的经济学通才一人独获的原因。2013 年诺贝尔经济学奖就授予发现在经济和金融研究中极为重要的广义矩方法的拉尔斯·P. 汉森，及侧重实际应用研究的金融学家尤金·法马和罗伯特·J. 席勒。法国经济学家让·梯若尔独获 2014 年的诺贝尔经济学奖则使该奖的精神得到进一步体现。自 2000 年以来，共有 30 位经济学家获得该奖，其中美国有 27 人。梯若尔是继 1988 年莫里斯·阿莱后第二位获诺贝尔经济学奖的法国学者，打破了 15 年来美国经济学家几乎包揽该奖的格局。

梯若尔早就享有盛誉，曾在世界经济学家排名中居第二位。他的研究领域广泛，涉及宏观经济学、产业组织理论、博弈论、激励理论、国际金融，以及经济学与心理学的交叉研究等，其研究成果融合了博弈论、信息经济、行为经济和管理经济。

在经济学基础理论研究方面，梯若尔善于把经济学本质规律和重要成果概括综合为简洁的模型，并整理成系统的理论框架。这些研究成果对经济学教育产生了重大影响。例如，他在师从 2007 诺贝尔经济学奖得主埃里克·马斯金，熟练掌握博弈论后，再将博弈论和信息经济学的基本方法与分析框架应用于产业组织理论，构建了新的产业经济学理论框架，并于 1988 年出版了《产业组织理论》。该书因此成为第一本用博弈论范式写成的、被世界著名大学研究生采用的权威教科书。他与朱·弗登伯格于 1991 年合作出版的《博弈论》涵盖了策略式博弈、纳什均衡、子博弈完美性、重复博弈以及不完全信息博弈等常规内容，以及马尔可夫均衡等非常规内容，至今仍是博弈论领域最具权威性和前沿性的教科书之一。他在 2002 年出版的《公司财务理论》（中译本为《公司金融理论》），弥补了传统公司财务理论中局限于研究对称信息框架下公司财务结构对公司价值的影响，以及模型互相独立、不成体系等缺陷，以公司金融和契约理论的联系统领全书，在不对称信息框架下重新改写了公司财务理论，运用对策论、激励理论、产业组织理论的方法，重点讨论了公司治理结构、控制权分配、流动性管理、监管与收购等问题，成为公司金融理论领域第一部集大成之作。

虽然在经济学众多领域都有重要贡献，但梯若尔获得诺贝尔经济学奖主要是因为对市场力量、监管和垄断的分析，阐明了“如何理解和监管只有少数大型企业的行业”。正如瑞典皇家科学院表示，他的研究对于政府如何处理企业合并或联合，以

① 发表于《上海证券报》2014 年 10 月 16 日第 A2 版。

及如何监管垄断企业，不仅给了一整套工具，还给了一份使用手册，说明在哪些市场中使用哪些工具。这些接地气的研究成就集中体现在他构建的新产业组织理论，及其与让·雅克·拉丰（已于2004年去世）共同开创的最新应用领域——新规制经济学上。

规制经济学是20世纪70年代以来逐步发展并在实证领域起重要作用的新学科，研究在市场经济下政府或社会公共机构如何依据一定的规则干预市场微观经济体，具体指规制机构以自然垄断规制和市场进退规制为主要手段，干预企业的进入、退出、产品价格和服务质量。

产业组织理论主要从市场角度研究企业行为。该理论认为结构、行为、绩效之间存在着因果关系，即市场结构决定企业行为，企业行为决定市场运行绩效。因此，通过公共政策调整不合理的市场结构，可以获得理想的市场绩效。实际上，结构、行为和绩效之间的决定关系并非单向直线，它们互相作用、互相影响。传统产业组织理论无法对此做出合理解释，也解释不了垄断或不完全竞争条件下出现的市场资源配置低效的问题。

20世纪80年代前后，梯若尔将博弈论和激励理论的基本方法引入产业组织理论，实现了从重视市场结构向重视市场行为研究的转变，从单向、静态研究转向双向、动态研究，改变了由完全市场机制决定的瓦尔拉斯均衡，进而重构了整个产业组织理论。以此解释经济复苏缓慢源于企业的市场垄断行为，并为修复市场机制的制度设计提供了理论依据。例如，可以通过合谋、内部整合、组织结构调整等制度安排来解决市场机制失灵。

市场机制失灵源于自然垄断、外部性、信息不对称等。规制则是克服市场失灵及其市场配置资源缺陷的制度安排。即政府（规制部门）通过对某些特定产业或企业的产品定价、产业进入与退出、投资决策、危害社会环境与安全等行为进行监督与管理，又被称“监管”或“管制”。

规制经济学成为一门相对独立的学科，主要是由美国经济学家乔治·斯蒂格勒在20世纪70年代以后完成的。斯蒂格勒因此荣获1982年度诺贝尔经济学奖。传统规制经济学强调在监管垄断行业时，对所有行业采取同样的监管原则。例如，规定垄断行业价格上限，禁止同行业竞争对手串通、合并等，但忽略了规制中存在的信息不对称而使其无法提供正当的激励。梯若尔和拉丰在批判传统规制理论的基础上，将信息经济学机制设计理论与激励理论的基本思想和方法应用于垄断行业的规制研究，成功解决了不对称信息下的规制难题，构建了新规制经济学的理论框架。运用这些新的理念和方法，可帮助政府找到适应特定行业的最佳监管或竞争政策，更好地鼓励大企业在提高生产效率的同时不对竞争对手和客户造成危害，规制大公司在创新时不能伤害竞争对手和客户利益。

纳什博弈理论对我国有特殊启迪①

或许，人生真是一场意外的博弈？

2015 年 5 月 23 日，传奇数学家、经济学家约翰·福布斯·纳什在领取了被称为后起的菲尔茨奖的阿贝尔数学奖后，与夫人由瑞典返回美国，哪知竟遭遇车祸，遽然离世。世界学界无不为之扼腕。

纳什最了不起的贡献是证明了非合作博弈及其均衡解，并证明了均衡解的存在性，即著名的“纳什均衡”，揭示了博弈均衡与经济均衡的内在联系，奠定了博弈论坚实的理论基础。纳什均衡虽然因内容非常深奥而使绝大多数人难以理解，而在被他巧妙地运用到经济学领域后，则能从独特的视角帮助我们深刻地理解和分析经济现象。正因为博弈论是用严谨的数学模型研究人们的决策选择以及相应的均衡问题，需要高深的数学理论和方法论，只有像纳什这样的天才数学家才能将其成功地运用到经济学的分析中。

在现实世界中，博弈可以分为合作博弈和非合作博弈，但由于非合作博弈要比合作博弈普遍得多，所以博弈论主要研究的是非合作博弈，也就是各方在给定的约束条件下如何追求各自利益最大化，最后达到力量的均衡。博弈论由美国数学家约翰·冯·诺伊曼和数理经济学家奥斯卡·摩根斯坦于 1944 年在他们共同完成的《博弈论与经济行为》中创立。1950 年和 1951 年，纳什的理论证明，使博弈论的发展进入了一个全新时代。在此基础上，德国经济学家莱因哈德·泽尔滕将纳什均衡的概念引入动态分析，提出了“子博弈精炼纳什均衡”概念，还证明了不完全信息动态博弈的“精炼贝叶斯纳什均衡”。匈牙利裔美籍经济学家约翰·查尔斯·海萨尼则发展了不完全信息静态博弈的“贝叶斯纳什均衡”。正是他们俩将纳什均衡动态化，并加入了接近现实的不完全信息条件，从而使博弈论体系更丰富，也更具有实用性，因而和纳什共同获得了 1994 年的诺贝尔经济学奖。如今，博弈论作为一种全新的思想和全新的方法，被广泛应用于经济学和其他学科的分析与研究中，成为现代经济学最重要、最时髦的基础理论和分析工具。

大多数人知晓纳什，可能都是因为数年前那部以纳什为原型、获第 74 届奥斯卡金像奖的好莱坞影片《美丽心灵》。也许是天妒英才吧，本来就古怪傲慢的纳什在盛名达到顶峰、爱情与事业双丰收，而且快要当父亲时，患上了严重的精神分裂症。他分别于 1959 年和 1961 年两次进入精神病医院。在两次入院之间，他从麻省理工学院辞职，提取所有养老金去欧洲旅行。他在欧洲许多城市游荡了 9 个月，数次去当地政府求助，希望放弃美国国籍，直到被遣送回国。昔日才华横溢的天才青年，

① 发表于《上海证券报》2015 年 5 月 26 日第 A2 版。

这时候被称为“数学楼幽灵”，因为他常常穿着红色的跑鞋形容枯槁地在校园里游荡，喜欢在黑板上写下不合逻辑的公式，拿着演算好的数学公式出现在某教授的办公室。他相信外星人的存在，声称和外星人说过话。他还给联合国写信，要求各国使馆支持他成立世界政府的想法。这给他的妻子带来了巨大的痛苦。纳什患病后不久，他的妻子艾丽西亚就提出了离婚要求。但离婚后艾丽西亚不仅没有再结婚，而且把纳什收留在家里，保持着同住人的关系。这位坚强的女性对纳什不离不弃，坚持用爱去唤醒沉睡在另一个世界的纳什，还承受住了他们唯一的儿子也遗传上精神分裂症的打击。

让人欣慰的是，20 世纪 80 年代末，经过艾丽西亚的努力，加上自己也从未放弃，纳什在与极难痊愈的疾病展开长达 30 年的抗争后，和他的儿子一样，奇迹般地逐渐从疯癫中苏醒过来，并于 1994 年他 66 岁时获得诺贝尔经济学奖。这不能不说，是他们用爱和意志力，用美丽的心灵创造出的人间奇迹。

恢复到正常人状态后，纳什重新开始了学术研究，每天到学校上班。他虽然不再教学，但仍是普林斯顿大学数学系教授，同时担任美国科学院院士。他常参加普林斯顿数学俱乐部的活动和学校举办的有关博弈论的论坛，但很少发言，偶然给学生上课。他还是我国青岛大学理工学院名誉教授，曾于 2002 年和 2005 年两度来到中国参加国际数学大会并发表演讲。

笔者以为，纳什博弈论理论对我国当下的改革尤其具有极为现实的意义。基于短期效应如政绩工程等在我国经济改革中为常见的通病，我们为避免“纳什均衡”对经济的影响最为有效的解决办法，就是建立永不间断的重复博弈机制。例如，政府在引导和调节市场时，建立完善的产权制度、补偿机制等，鼓励市场经济中的各个主体行为追求长期化利益。又如，外贸企业在国际市场竞争中，力求实现双赢的非零和博弈即“合作共赢”，等等。

“纳什均衡”：让所有人自觉遵守一项制度①

凭畅销不衰的《经济学》教科书深刻影响了几代学者的保罗·萨缪尔逊曾说：“要想在现代社会做一个有文化的人，你必须对博弈论有一个大致的了解。”笔者觉得还可以补充一句：“要想真正了解博弈论，就必须搞清‘纳什均衡’的意义。”2015 年 5 月 23 日，纳什那远比电影更动人的“美丽心灵”及传奇人生意外地结束于一场离奇的车祸。有人说，是上帝将他们召回了天堂，因为他们是天使。“纳什均衡”理论就是这个天使留给人间最珍贵的遗产。“纳什均衡”对我们分析和把握经济现象，

① 发表于《上海证券报》2015 年 5 月 29 日第 A7 版。

学会为人处世，尤其是对我国正在推进的深化改革，制定更有效的经济政策，都具有特别深远的意义。

在现实世界中，由于非合作博弈要比合作博弈普遍得多，所以博弈论主要研究的是非合作博弈，也就是各方在给定的约束条件下如何追求各自利益最大化，最后实现均衡。将博弈的信息特征和行为时间特征结合起来，非合作博弈被细分为完全信息静态博弈、完全信息动态博弈和不完全信息静态博弈、不完全信息动态博弈四种，与此相对应，存在均衡意义逐渐增强的四种博弈均衡，即纳什均衡、子博弈精炼纳什均衡、贝叶斯纳什均衡、精炼贝叶斯纳什均衡。精炼贝叶斯纳什均衡，是完全信息动态博弈的子博弈精炼纳什均衡与不完全信息静态博弈的贝叶斯纳什均衡的结合，因而具有最强的均衡含义，是现实生活中常常出现的最终结果。一个典型的例子，就是“黔驴技穷”故事的结局。

1950 年，20 岁刚出头的纳什区分了合作博弈与非合作博弈，并证明了非合作完全信息静态博弈的均衡解，创立了博弈论最重要、最一般化的均衡概念。在此基础上，美国经济学家约翰·C. 海萨尼和德国经济学家莱因哈德·泽尔滕将纳什均衡动态化，并加入接近现实的不完全信息条件，分别提出了不完全信息静态博弈的“贝叶斯纳什均衡”、完全信息动态博弈的“子博弈精炼纳什均衡”和不完全信息动态博弈的“精炼贝叶斯纳什均衡”。这就使得博弈论体系更丰富，也更具有实用性，并发展成为一门成熟的学科。这就不难理解，诺贝尔经济学奖得主罗杰·迈尔森为什么会认为“纳什均衡”是经济思想史上最重要的贡献之一，它对于社会科学的意义，堪比生命科学中发现的脱氧核糖核酸（deoxyribonucleic acid，DNA）。

“纳什均衡”揭示了博弈均衡与经济均衡的内在联系，对传统经济学原理提出了挑战，丰富了现代经济学的分析和研究方法。按亚当·斯密的理论，在市场经济中，每个竞争主体在追求自身利益的同时，都有一只看不见的手会引导他去促进社会利益，其效果要比他真正想促进社会利益时所得到的更大。“纳什均衡”却表明，在完全信息静态博弈下，相互影响的利益各方为追求自身利益的最大化，会选择不合作的行为，进而损害整体利益，形成“损人不利己”的局面。这可以用“囚徒困境”博弈模型来说明。

“囚徒困境”说的是，从理性的利己目的出发，两个囚徒间信息不对称的心理博弈，结果将导致双方均做出损人不利己的非理性选择，除非进行有条件的或多回合的囚徒博弈，才有可能最终实现一条帕累托最优化的路径。基于理性人的假设，在无法沟通及信任对方的情况下，两个囚徒符合自己利益的选择是招供，原本对双方都有利的“不招供”策略不会出现。这就是“纳什均衡”，也就是非合作博弈中的完全信息静态博弈均衡。

显然，“纳什均衡”意味着“双不亏”，但不能实现“共赢”。因此，“纳什均衡”提出后，经济分析和研究不再局限于不切实际的完全竞争市场模型，而更多关注现实中那些每个主体都需考虑对手行动的案例。

由于“纳什均衡”在经济学领域产生的影响越来越大，在保罗·萨缪尔逊幽默地用“会说供给和需求的鹦鹉也是经济学家”来说明经济学的简洁以及供给与需求的广泛运用之后，对进化博弈论有相当高造诣的日本经济学家神取道宏引申说：“现在这只鹦鹉需要再学一个词，那就是纳什均衡。”

“纳什均衡”为经济学和其他社会科学的分析与研究，以及为人处世提供了一种新的思想和方法。它告诉我们，任何制度，只有构成“纳什均衡”，才能得到人们的自觉遵守。每个个体都是理性的，都有自己的思想，在做出决策时，要充分学会理解他人，了解竞争对手，所谓“知己知彼，百战不殆”“己所不欲，勿施于人”。由于人们掌握的信息常常是不完全的，这就要求我们在决策过程中即动态博弈中不断地收集信息，积累知识，以此修正判断，调整对策。

“纳什均衡”还告诉我们，“纳什均衡”不一定是最优的，但最优的局面必须通过“纳什均衡”才能实现。有效的制度设计，就是如何通过“纳什均衡”实现帕累托最优，加强合作，以利己又利人，实现共赢。为了避免陷入“囚徒困境”，实现社会或集体利益最大化，除了加强协调合作，还须引入并完善制度等第三方力量来约束个人的自利行为，防止陷入恶性竞争。又如，为了保护投资者的利益，促进资本市场的稳定健康发展，需要切实加强上市公司信息披露制度建设，规范上市公司行为。再如，为避免“纳什均衡”对经济发展带来短期行为，要求协调中央和地方的利益，充分发挥政府的引导作用和市场机制的调节作用，建立完善的产权制度、社会征信体系，鼓励并引导市场主体追求长期利益。

他找到了政府减少贫困政策最佳切入点①

如何挣脱贫困和死亡，实现经济增长和平等，经济增长、财富和收入的增多能否带来平等和幸福，都是经济学研究的重要内容。那些体现了经济学人文关怀的研究成果，备受瑞典皇家科学院诺贝尔奖评审委员会的关注和推崇。继 1998 年印度经济学家阿马蒂亚·K. 森后，2015 年的诺贝尔经济学奖授予出生于英国、拥有美、英双重国籍的经济学家安格斯·迪顿，以表彰他在消费、贫穷与福利方面的研究贡献，不仅再次树立了经济学研究以人为本的标杆，也将近两年因法国经济学家托马斯·皮凯蒂全球畅销书《21 世纪的资本》而卷起的对收入不平等的热议和争论推向了高潮。

并不在预测机构名单上的迪顿获奖，似乎爆了个冷门，但迪顿对经济增长与不

① 发表于《上海证券报》2015 年 10 月 14 日第 A2 版。

平等关系研究硕果累累，曾获奖无数，包括美国计量经济学会颁发的弗里斯奖章（Frisch Medal）。在世界消除贫困前景仍然不乐观、收入差距不断扩大、财富不平等加剧、欧洲深陷难民危机的今天，瑞典皇家科学院将诺贝尔经济学奖授予迪顿，不仅是对研究贫困问题的经济学家已有成就的肯定，相信还会吸引更多社会科学研究者加入世界穷人研究的行列。

经济学家对经济增长与贫困和平等关系的研究源远流长。20 世纪 20 年代英国经济学家庇古以建立社会福利最大化为目标，主张实现收入均等化，创立了福利经济学。阿马蒂亚•森研究福利经济学的主要动机就是帮助自己的祖国摆脱贫穷，走向繁荣。据他的研究考察，分配机制不合理是造成发展中国家不平等与贫困的原因，因而他强调增加穷人选择机会的能力比扶贫更重要。他还将贫困人口数量、收入及其分布结合在一起，创造性地发明了新的贫困指数，对联合国人类发展指标的设立产生了直接的影响。

自称为世界穷人和人类行为方式而研究的迪顿，在《大逃离：健康、财富及不平等的起源》一书中提出，增长导致了不平等，不平等常常因既得利益者的破坏阻碍增长，但有时也会因指明方向、提供激励而有益增长。他强调，穷国最需要的是建立起一个有效政府，因为无法提供富国人民习以为常的服务和保护是产生贫困的主要原因之一。没有国家与积极活跃的公民的有效互动，就很难形成战胜贫困所需要的增长。因而，除对医疗和技术援助表示支持外，他不赞成富国直接援助贫国，或直接把资金给穷人。多数西方国家在经济发展过程中并未接受过援助，中国与印度在获得较少援助的情况下，通过不平衡发展帮助数亿人摆脱了贫困，都是很好的证明。

经济学研究不仅要关心经济和收入的增长，也应关心人类的幸福感，尤其需要研究人均收入和幸福的关系。长期以来，追求财富和收入成为人们寻求幸福的合法路径。亚当•斯密在《国富论》中提出，个人对财富的追求会促进经济增长，使整个社会受益。但在《道德情操论》中，他又对个人能否从财富中受益持怀疑态度，认为财富能带来幸福的说法带有欺骗性。美国经济学家兼历史学家理查德•伊斯特林在调研中也发现，日本人并没有因经济发展而觉得生活更幸福。他在 1974 年出版的《经济增长可以在多大程度上提高人们的快乐》中提出了“伊斯特林悖论”，即国家长期的经济增长并不必然会持续提高国民的幸福度。

迪顿通过对欧美许多发达国家和中国、印度等发展中国家的比较，并用大量数据验证，得出了人均收入与是否幸福没有太大关系的结论。他将人类的“福祉”定义为所有对人类有益，能帮助人们提高生活水平的事物，既包括物质丰富、身心愉悦，即健康和快乐，也包括在民主和法律制度下得到的受教育机会和参与公民社会的能力。因此，当收入超过了一定水平（每年约 7000 美元）时，人们对生活的总体评价虽会提高，却不会觉得更幸福。所以，迪顿不赞同将是否幸福作为测定人类福祉的有效标准，而应该采取生活总体评价方法。这与森的福利经济学思想一致。森批评了福利主义价值免谈原则，以及传统的、把社会福利仅仅看成个人效用总和的函数的社会福利理论，主张把基本价值判断引入福利经济学的研究范围内，如对人性的关注、社会公平的普及、人民福祉的提升以及追求自由等。这些研究成果不仅对经济学的发展产生了很大影响，也对我们在追求经济增长的同时，加强环境保护，提供平等的就业、教育机会和更多、更好的公共服务，使人民的生活更加和谐、更加快乐都具有重要的现实指导意义。

迪顿不仅注重微观计量经济学等基础理论的研究，也注重经济政策研究。为制定能促进社会福利，减少贫困的经济政策，必须先理解个人的消费选择。迪顿的研究解释了个人的选择即如何花钱问题，以及社会如何衡量和分析福利与贫困。

他在与约翰·米尔鲍尔合著的《经济学与消费者行为》中，利用实验法研究消费、收入、储蓄、贫穷、健康和福利等领域的问题，开发了几近完美需求系统（Nearly Perfect Demand System，AIDS），它被称为迪顿一米尔鲍尔系统。在这个具有很强的实用性和政策导向性的描述消费者对不同商品的决策是如何互动的系统中，对追求效用最大化的消费者，实现特定价格水平下给定效用水平的最小支出就是其真实预算总支出。不同商品的预算支出份额，是真实预算总支出的对数和相对价格的对数的线性函数。AIDS 的优点，是能以任意一阶逼近任何一种需求系统，其函数形式与家庭预算数据有较强的一致性，便于实证检验约束性条件，能很好地满足选择公理。运用英国 1954 年至 1974 年的年度数据进行参数估计与理论假设检验表明，这个系统与数据拟合得很好，具有很强的解释力。迪顿一米尔鲍尔系统发展了诺贝尔经济学奖得主佛朗哥·莫迪利亚尼和米尔顿·弗里德曼对消费和收入联系的研究，有助于我们理解收入变化如何驱动消费变化。因结构简单、在普遍意义上与效用理论相符合而为众人所知，迪顿一米尔鲍尔不仅成了消费者需求实证分析的标准，更被很多学者用于研究家庭各类商品消费需求，而且被广泛运用到具体产品需求、政策福利影响分析等经济学领域。

你的消费直接影响了宏观经济和社会福利[①]

笔者曾在《上海证券报》发表的专栏文章《存钱的机会成本越来越大了》中，说国人偏好存钱远大于花钱消费的习惯不仅于己不利，也影响国家的经济发展与转型，很多人表示不解。其实个人的消费是经济学家们十分关注的问题。2015 年的诺贝尔经济学奖得主安格斯·迪顿就对此有深入研究。其研究成果能很好地帮助我们理解个人的消费行为与经济发展及社会福利的关系。

① 发表于《上海证券报》2015 年 11 月 4 日第 A7 版。

经济学界对收入、消费和储蓄的研究由来已久。自20世纪30年代以来，先后形成了绝对收入假说、相对收入假说、生命周期理论和持久收入理论等。但这些理论大都是基于整体数据从宏观经济学角度去研究的。在宏观经济学看来，消费和投资波动是宏观经济波动的主要原因之一，储蓄与投资构成恒等式，因而储蓄（投资）是影响经济增长的决定性因素之一。这些经典与主流经济学语境下的研究过于理论化，远离了老百姓的真实生活，难以被老百姓所了解和接受。

迪顿对个人消费行为、经济发展以及福利、贫困等问题的实证分析，基于个体数据，从微观经济角度围绕三个核心问题展开，即消费者如何“买买买”？个人用多少收入“买买买”？个人“买买买”行为如何影响社会福利和贫困的衡量与分析？这种对个人消费行为的计量和分析，不仅更贴近实际，而且能帮助人们更好地理解经济发展背后的机制。

个人如何“买买买”涉及在不同商品中的选择。个人的消费需求与其收入、所属的人群及商品价格有关。基于理性人假设建立的需求理论，考虑了收入、价格、替代品、消费者偏好和预期等因素，但很难将它们和现实的数据结合起来，也就难以用于政策评估。为此，迪顿和同事在1980年合作提出了AIDS经改进后变得非常简单灵活，能估量需求如何受到价格及收入影响，即消费者如何在不同商品中分配开支。例如，当城市自来水被个人用来满足基本生活需求时不受价格和收入变化的影响。随着收入增加，自来水会被用来满足泡澡、洗车甚至游泳等享乐需求，用水支出占总收入的比例就会不断增大。当收入增加到一定水平后，用水消费的支出比例又会越来越少。这有助于解释并预测个人自来水消费模式，通过实施“阶梯水价”来调节需求，防止浪费，又不至于影响不同收入人群的福利。推而广之，AIDS 可帮助个人判断什么时候更想买食物，什么时候更想买衣服。

个人用多少收入“买买买”会影响社会收入中消费与储蓄的比例，进而影响资本形成和国家整体经济形势。基于整体收入与消费数据分析建立的消费理论，无法解释两者之间的实际关系，认为消费应该比收入波动大。迪顿通过对个体消费与个体收入变化的实证研究表明，消费的波动比收入要小。这个理论与数据之间存在的矛盾被称为“迪顿悖论”。这个悖论产生的原因是，个人消费行为被整体平均状况所代表。也就是说，不同收入人群在消费上存在的明显差异，在宏观上“被平均”了，致使消费的波动往往比收入表现得更加平滑。

个人“买买买”对福利和贫困的衡量与分析影响也很大。迪顿研究发现，用宏观整体数据衡量福利和贫困程度存在重大缺陷，难以准确揭示收入与福利之间的关系。例如，三口之家由于可共享吃、穿、住等消费，其人均消费就比单人家庭花费少。又如，不同年龄层的儿童与成人在消费方面存在很大差异。因此，需要根据家庭规模、家庭成员年龄的不同对福利和贫困做出有区别的评估，仅用人均收入和消费来衡量家庭的福利和是否贫困是不合理的。此外，个人的幸福取决于物质丰富、身心愉悦、受教育机会和参与社会的能力等，与收入和消费没有太大关系。例如，生养孩子会给家庭带来沉重的经济负担，家长为给子女增加福利会减少自身的消费，但孩子同样会在情感上给父母带来无比的幸福与快乐。

可见，个人消费行为不仅关乎自身的生活与发展，对国家经济发展和社会福利也有很大影响。我国目前正处于由以出口、投资为主向以消费支出为主的经济转型时期，需要刺激消费，扩大内需。对于政府来说，忽略个体消费特点，用简单、统一的标准来扩大需求往往难以奏效，只有充分了解个体的消费选择，才能对宏观经济中的消费、储蓄的变动规律及主要影响因素有更深入的了解，从而制定更科学、更合理的经济政策，以平抑经济波动，促进经济增长，增进社会福利。为此，政府不仅要努力提高调节收入分配的能力，完善社会保障体系，加大对教育、住房、医疗等民生和其他公共产品的投入，降低百姓未来生活的不确定性，以持续刺激消费需求。尤其要以不同人群的收入和消费习惯为切入点，增强提振消费的精准力，在提高个人收入的同时定向刺激边际消费倾向高的微观群体。例如，政府如果想给某个人群减税，就必须知道他们的可支配收入在增加后消费行为会发生怎样的改变，还会对哪些人群和哪些产业产生什么样的影响。又如，在推进新型城镇化的过程中，注重培育和挖掘教育、住房、医疗等消费潜力以及 80 后、90 后人群的消费潜力，对持续刺激消费不仅十分重要，而且非常有效。

警惕“路径依赖”：诺斯留给我们的警告[①]

2015 年 11 月 23 日因病去世的 1993 年诺贝尔经济学奖得主道格拉斯·诺斯，是新经济史的先驱者、开拓者。他曾多次来华访问讲学，他的制度变迁理论对转型中的中国具有重要的借鉴意义。尤其是他创立的“路径依赖”理论，因能阐释经济制度改革与演进的艰巨性、曲折性和长期性，对中国经济学人和经济学的发展产生了深远影响。

“路径依赖”在人们的日常生活中普遍存在。最常见的是，许多人明知某个习惯不好，但很难在短期内彻底改正。就像物理学中的惯性一样，事物一旦进入某一路径，就可能对这种路径产生依赖。这是因为任何习惯的形成都经历了较长的过程，并存在自我强化效应，所谓积重难返。在一定程度上说，人们过去形成的习惯、做出的选择，决定了他们现在乃至未来的习惯和可能的选择。

美国复杂性科学奠基人、技术思想家布莱恩·阿瑟将路径依赖引入技术进化分析，并把其形成机理归结为报酬递增机制下的自强化。在实践中表现为先发技术由于具有规模经济、低成本、学习模仿、协调使用等“先发优势”，会加剧技术追赶者

① 发表于《上海证券报》2015 年 12 月 2 日第 A7 版。

的“后发劣势”，阻碍技术突破和经济转型。最典型的例子是，从打字机演化而来的电脑“QWERTY”型键盘尽管在技术上不是最好的，但考虑到硬件、软件的兼容性及使用者的习惯，这种键盘仍占据了整个市场。

诺斯第一次成功地运用“路径依赖”阐释了历史上的经济增长和经济制度变迁，极大地发展了制度变迁理论。从新制度经济学看，“路径依赖”的基本含义是今天的制度创新受以往制度的制约和影响；一个国家一旦形成某种特殊的发展轨迹，无论是好是坏，都会形成沿着这种路径走下去的“惯性”。形成路径依赖的力量具体有三种：一是适应性的自我强化造成制度或路径依赖，形成制度惯性；二是既得权力和利益集团强化既定制度的作用，利用手中的权力、资源直接干预或间接游说制度变迁；三是在既定制度之下发育出来的非正式制度也会强化原有制度惯性。而制度变迁又被称为制度变革、制度变化、制度更新，指现存制度安排经过修正、完善、更改、替代、转换、废除、创立、创新等各种方法演变为另一种更公平合理、更有效率的制度安排。诺斯发现，制度变迁与技术进步具有相似性，行为主体只有在预期收益大于预期成本时，才会去推动。他因此反对传统经济增长理论中把制度视为已知、既定的外生变量的观点，而将制度看成经济增长的内生变量，并得出制度在经济增长中起决定性作用，技术进步本身就是经济增长而不是经济增长原因的结论。

诺斯认为，制度（包括正式制度和非正式制度）在形成以后一般会处于相对稳定的状态，制度变迁一旦走上了某条路径，其既定方向会在以后的发展中得到自我强化，甚至产生锁定效应。当然，从长远看，制度变迁难以避免，只是人们不知道哪种制度容易变迁以及在什么时候难以变迁。

路径依赖对经济增长和制度变迁的影响非常大。诺斯认为，日本经济衰退不能简单地归因于文化，而是体制问题，是它固有的财政和金融体系形成的路径依赖。日本的经济体制建立在它的政治结构内，已形成了固定的既得利益结构，要摧毁这个利益格局，打破这种锁定状态非常困难。美国市场经济运行有效，富有朝气是因为它的政治体制不允许在经济层面上形成既得利益的牢固结构，不容忍垄断的企图。

我国正处在全面的制度和经济转型过程中。借鉴诺斯的“路径依赖”理论，结合我国特有的政治经济结构和意识形态因素，对制度变革将要呈现的演进趋势做出合理的解释和预测，具有重大的现实意义。

“路径依赖”理论首先可解释我国的改革为什么经历了如此艰难曲折而又漫长的过程。自 1978 年至今已花费了 37 年，离争取到 2020 年建立起比较完善的社会主义市场经济体制目标还需 5 年。如今，虽然几乎没有人反对改革，但长期以来计划经济体制形成的利益结构、思维惯性和管理方式，仍使全面深化改革举步维艰，尤其在转变政府职能，深化国有企业、财税、金融体制改革等重要领域和关键环节还没能取得重大突破。

“路径依赖”理论还提醒我们，如果初始的制度安排选择有差错，在以后的发展中将可能会使整个制度创新远远偏离目标，即“差之毫厘，谬以千里”。为此要加强改革的顶层设计，明确改革的价值取向和利益关系调整的路径，着力提高制度变迁的全面性、协调性和可持续性。

“路径依赖”理论还能帮助我们加深理解邓小平提出的“改革是第二次革命”。诺斯曾警告，一旦路径被锁定，除非经过大的社会震荡，否则就很难退出了。因为制度变迁必会引起社会生产和生活方式、思想观念的深刻变化，以及对既有权力和利益格局的重大调整。这必使改革的阻力和风险大增。要彻底打破处于锁定状态的旧制度，有时需依靠强有力的外部因素来推动，可弄不好会被外部敌对势力所利用，并付出极高代价。俄罗斯向市场经济转轨就是最突出一例。

新契约理论具有重要应用价值①

作为全球经济学界的最高奖项，诺贝尔经济学奖一直注重经济学方法及对社会经济现象的创新解释。2016 年该奖授予美国哈佛大学的奥利弗·哈特和麻省理工学院的本特·霍姆斯特罗姆，就在于他们用新契约理论工具揭示了人类的经济行为，帮助人们理解现实经济生活中的契约与制度，修补契约设计中潜在的缺陷。

从经济学角度说，契约（合约或合同）是人们用来寻找、辨别和商讨交易机会，以获得某种好处的工具。现代市场经济是由无数契约联结起来的。市场经济就是契约经济，契约是市场经济的“灵魂”。契约理论则是用来揭示市场因普遍存在的委托代理问题而造成资源配置失效率现象的内在逻辑及其解决思路。

契约理论源于经济学家对传统经济学的反思。传统微观经济学把企业看成一个“黑匣子”或生产函数，它吸收各种要素投入，并在预算约束下采取利润最大化行为。基于传统经济学忽略企业内部信息不对称和激励，无法解释企业的产生及其很多行为，罗纳德·科斯、阿门·阿尔钦、哈罗德·德姆塞茨、奥利弗·威廉姆森、迈克尔·詹森、威廉·麦克林、张五常等经济学家转而深入企业内部关系，用契约研究企业的组织结构，创立了交易费用理论、契约理论等产权学派企业理论。

作为新制度经济学的重要组成部分，契约理论将人们的经济关系或市场交易视作一种契约关系（文字的和口头的、长期的和短期的、显性的和隐性的）。由于契约源于委托—代理关系的出现，现代契约理论又被称为委托—代理理论。人类的经济关系之所以采取委托—代理方式，是因为通过这种方式可获得“分工效果”和“规模经济”。这种经济效益以代理人忠实地服务于委托人为前提，只是这一前提很难成立，由此产生了代理问题，即代理人损害委托人利益的现实。契约理论就是在利

① 发表于《上海证券报》2016 年 10 月 12 日第 8 版。

益相冲突和信息不对称环境下，设计最优的契约来激励代理人，减少代理问题，提高社会整体福利。

标准的契约理论或委托—代理理论以完全竞争市场的假设条件为前提，假定缔约双方都能完全预见契约履行期内可能出现的各种情况，愿意遵守契约条款，能解决争议。然而现实中的契约是不完全的，缔约双方难以完全预见契约履行期内可能出现的各种情况，因而无法达成内容完备、设计周详的契约条款。这种不完全契约会向契约的某一方事后“敲竹杠”或从事机会主义行动的机会，致使事前的最优契约失效。

哈特的主要贡献，正是在契约和产权理论上发展了不完全契约理论，这有助于人们最大限度地减少因契约不完全所引致的效率损失。他提出，契约不完全源于人的有限理性、绩效的组成部分和衡量绩效的标准很难界定、信息不对称问题导致了隐蔽信息等行动。20 世纪 80～90 年代，哈特与桑福特·格罗斯曼和莫尔共同创立了不完全契约理论，即 GHM 模型。该模型以契约的不完全性为起点，以财产权或剩余控制权的最佳配置为研究目的，分析了企业控制权的配置对激励和对信息获得的影响，因而又被称为所有权—控制权模型。

哈特的不完全契约理论，使人们对企业的所有权和控制权有了新的理解，并为进一步探讨企业控制权的最优配置、公司金融、破产立法、政策和制度设计等其他经济问题提供了理论分析和实际应用工具。例如，在处理最难厘清契约的“创新”行为中，根据哈特等的研究，尽管创新者可能缺乏生产经营能力，也应使创新者拥有公司财产（股权）。又如，如果一份契约无法在未来清晰地阐述各契约方的行为，那就须阐明各契约方在意见不一致之时，谁是有权决定的人。由于决策权直接影响事后结果，这将激励有决策权的一方做出有利的决策。而在复杂环境下，决策权的分配甚至可以成为绩效分配的替代形式。此外，不完全契约理论还可用来分析哪些类型的公司该合并，怎样合理组合负债与股票（哈特等建议把债权人变成股东，通过投票原则来决定企业的未来），什么情况下学校或监狱等机构该由公办或私人经营等问题。

与专注于研究不完全契约理论和产权理论的哈特不同，微观经济学家霍姆斯特罗姆是完全契约理论的奠基者。20 世纪 70 年代末，他运用基本的委托—代理模型，研究最佳契约如何慎重衡量风险与激励这对关系，阐述了委托人（如公司股东）该如何为代理人（公司首席执行官）制定最佳合约。例如，在高风险行业，薪酬制定应更偏向固定薪酬，而在稳定的就业环境中，薪水则当强化与绩效的联系。他还对如何更好地激励雇员做了深入的理论探索，提出“充足信息原则”（Informativeness Principle），提出最佳契约应将代理人的薪酬与绩效相关的信息联系起来。他认为，如果管理者的绩效薪酬强调短期现金流，那么他的行为就可能会忽视企业的长期健康发展。

哈特和霍姆斯特罗姆的新契约理论工具，对理解现实生活中的契约、制度及契约制定中潜在的陷阱等问题具有重要应用价值。可以说，契约理论对中国具有启发价值和现实意义。契约制度是实现财产有效流转的保障，国企产权的界定与企业控制权的配置问题可利用不完全契约理论来讨论。该理论暗示不解决委托一代理问题，宏观经济政策就会无效。这也可用来解释金融危机的本质和当前经济疲弱不振的原因。事实上，这一理论在 20 世纪 90 年代对中国经济改革尤其是深化国企改革产生了较大的影响。哈特 20 世纪 90 年代就来过中国参加“京伦会议”(因会议举办地在北京的京伦饭店而得名)，会议的正式名称就是“中国经济体制下一步的改革”。

经济学被视为经世济民的实用科学，但期望经济理论可为解决经济难题提供药方，却常使经济学落入尴尬境地。看过去 8 年的诺贝尔经济学奖，虽然全球经济处于危机周期，但瑞典皇家学院诺贝尔奖评审委员会并未关切那些看似能给全球经济提供药方的经济学理论。事实上，世上也不存在能拯救全球经济的经济学灵丹妙方。“所有高大的冷杉都倒下了，现在只剩下灌木丛”，用这句话来形容诺贝尔经济学奖再恰当不过。

他用行为经济学概念解释经济问题①

在现实生活中，最好的东西往往会迟来一步，我们需要有足够的耐心等待和坚守。这也可以用来说明诺贝尔经济学奖的产生过程。2017 年的诺贝尔经济学奖颁给了 72 岁的美国芝加哥大学教授理查德·塞勒，以表彰他在行为经济学领域做出的重大贡献。而学界普遍认为，他早该得诺贝尔经济学奖了。

出生于 1945 年的塞勒被认为是现代行为经济学和行为金融学领域的重要先驱者。2002 年度诺贝尔经济学奖得主丹尼尔·卡尔曼甚至将自己的获奖归功于塞勒。塞勒可能也是最有争议的经济学家之一，争议焦点在于他倾向于强调事实与权威传统经济学理论的不一致。塞勒从心理学角度呼吁经济学家们从理想化假设中解脱出来，因此不妨说塞勒是延续了因数学和计量经济学的发展而被打断的、始于亚当·斯密的传统经济学。

从本质上说，经济学和心理学一样，都是研究人的决策行为的实用科学。但长期以来，两者在各自研究领域得出的结论存在较大差异。传统经济学认为，人的决策是建立在理性预期、风险回避、效用最大化，以及相机抉择等假设基础之上的，外在激励影响人的行为。心理学侧重研究人的心理现象、精神功能和行为，认为内在激励是人的行为产生的决定因素。

---

① 发表于《上海证券报》2017 年 10 月 11 日第 12 版。

早在20世纪50年代，就有人尝试把经济学和心理学结合起来，开始研究行为经济学，但这些研究比较零散。直到70年代，卡尔曼和1996年去世的阿莫斯·特沃斯基看到了经济学理性人假定的缺陷，并把心理学的内在激励观点和研究方法引进经济学，提出了能更好解释人们在不确定条件下如何做出判断的“前景理论”。

这个理论为行为经济学的发展奠定了重要基石，标志着行为经济学的破土而出。卡尔曼因此和实验经济学之父弗农·史密斯共同获得了2002年诺贝尔经济学奖。这既是对非主流的行为经济学的肯定，也引发了许多学者对这门学科的深入研究。他们取得的成果，使行为经济学的理论和实证基础更为扎实。如今，继2013年行为金融学创始人之一罗伯特·席勒之后，行为经济学第三次得到了诺贝尔经济学奖评审委员会的肯定。这意味着该学科已从少数学者所热衷的“歪门邪道”（塞勒原话），晋级成经济学研究的新典范了。

作为现代行为经济学和行为金融学领域真正的奠基人，塞勒对这门学科的建立和发展，并使之被主流经济学家接受所做出的贡献是巨大的。他在个人决策的经济和心理分析之间搭建了一座认知桥梁。他的实证研究和理论观点，帮助行为经济学成为经济学领域快速发展的新领域，对经济研究和政策产生了深远影响。

塞勒所在的芝加哥大学是第一次行为经济学学术会议主办地。1986年塞勒在杂志上开设了行为经济学专栏，使这门学科有了自己的阵地。在学术上，塞勒将心理学上的现实状态运用于经济决策的分析，探究了人的有限理性、社会偏好及自我控制的缺失是如何系统性地影响了个人决定以及市场结果的。他运用自我控制、沉没成本、禀赋效应、厌恶损失等一系列行为经济学概念来解释现实经济问题，揭示了真实的人与传统主流经济学模型中“决策者”的三重差异，即真实的人的有限理性、有限意志力和有限自私。行为经济学开辟了经济学的新研究领域与方向，使经济学研究更接近现实世界的人和经济现象。

塞勒在1985年发表的论文《心智账户与消费选择》中首次提出了“心理账户”的概念，指人们在心理上对经济结果的编码、分类和估价的过程。具体来说，人们不会把所有的损失和收益放在一起来计算，而是把它们放进不同的账户单独计算。塞勒认为，人们的消费行为之所以会受到“沉没成本”（已发生、不可收回的时间、金钱、精力等支出）的影响，既可以用卡尔曼的前景理论来解释，也可以用人们潜意识中的心理账户来解释。由于心理账户的存在，消费者在消费决策时往往会把过去的投入和现在的付出加在一起作为总成本，以衡量决策后果，从而违背一些简单的经济法则做出非理性的消费行为。

塞勒还在1990年发表的《对禀赋效应和科斯定理的实验检验》中，用厌恶损失的心理解释了禀赋效应或赋予效应。即为什么当人在拥有某一商品时，对同一商品的评估要高于未拥有同一商品时的估价。换言之，人们在决策过程中，“避害”远大于“趋利”。典型例子有：你买的股票刚上涨就想卖掉获利，而当套牢时却难以“割肉”离场；丢了电影票不会再买，但丢了和电影票等价值的钱还会买电影票；好消息要分开说，坏消息要一起说；个人对失去的东西倍感珍惜；等等。

塞勒研究股市的成果均无法与有效市场假说相容：价格变动可能与影响资金进出市场的习惯有关；机构投资者对投资组合的季节性调整是一种“装饰门面”的活动；日历效应与好消息和坏消息发布时间的选择有关。他研究封闭式基金，提出了四个结论：新基金上市存在规律性表现；封闭式基金通常均以相对于其净资产价值较大的折扣交易；折价（或溢价）的变动范围很大，因不同时间、不同基金而异；当封闭式基金通过兼并、变现或者转变为开放式基金而终止时，价格就与净资产价值趋于一致。他据此得到一个本质性启示，即“证券价格等于其内在价值”的论断只是个可检验的命题，而不是公理。

在1986年发表的《逐利过程中的公平约束：市场中的权利》中，塞勒用社会偏好解释了为什么消费者对于公平的关心会厌恶雨天涨价的出租车司机，痛恨企业在商品需求旺盛时提价，但认同在生产成本提高时涨价的行为。这是因为人们将公平分配视为参照点，并因为损失厌恶心理而拒绝“有利自己”但不公平的交易机会。在此基础上，塞勒和他的同事设计的在严格不平等条件下的谈判博弈试验性工具——独裁者博弈，被广泛应用于衡量世界不同地方、不同人群对公平的态度。

在1981年塞勒与人合作发表的《自我控制的一个经济理论》中，提出了“计划者—执行者模型”（Planner-Doer Model），用来分析自我控制问题，为有关新的计划难以保持的老观点带来了新的视角，指出人们退休存钱、选择更健康生活方式等计划经常失败的重要原因在于屈服于短期诱惑。他把人的决策视作思想与身体之间的委托代理问题，思想做计划却不能亲自行动，必须委托身体来做，但身体只想要舒服，就会出现失控问题。为此，塞勒在2008年与卡斯·森斯坦合作出版的《助推》（*Nudge*）一书中，创造性地论述了如何运用选择设计施加助推力，以缓解长期规划和短期行为之间的紧张关系，帮助人们更好地实现自我控制，从而使人们能够做出正确的决策。这一助推思想运用到政府管理中，被称为“自由主义的温和专制”，可以用来对政策进行优化设计，引导政府在教育、投资、卫生保健、抵押贷款及环境保护等领域做出最优决策，曾得到美国前总统奥巴马和英国前首相戴维·卡梅伦的欣赏和实践。

塞勒被认为是行为经济学领域最活跃、最有影响力、除卡尼曼之外最有资格获得诺贝尔经济学奖的经济学家。值得一提的是，塞勒的个人生活和学术生涯并非一帆风顺。他曾当过电影客串演员，常年被视作学术叛徒。正是他长期的乐观和坚守，才等来了最好的回报。

消费为什么是不可逆的[①]

经济学是研究人的经济决策行为的实用科学，照理应该能为普通大众的消费和投资行为提供有益的指导与帮助。但长期以来，传统主流经济学在理性预期、风险回避、追求效用或利益最大化等假设前提上，把决定消费行为的众多因素抽象为收入、价格和边际效应，把决定投资行为的众多因素抽象为资本边际收益和利息率等常规经济变量，设计出消费自由和投资自由框架下，个人的理性决策行为规则或选择方法。这使经济学在理论上变得高大上，但因脱离了百姓的日常生活和经济现实，反而失去了应有的解释力和实际应用价值。

好在一些经济学家认识到了主流经济学理性人等假定的缺陷，以及个人消费和投资行为不仅没有完全的自由而且会受到自身心理、习惯和许多社会因素的影响，因而难以采取正确的决策求得自身利益最大化。为此，他们转向接地气的研究，探究有限理性、社会偏好以及自我控制缺失的真实人的经济行为，进而促进了行为经济学的产生与发展。由于能比较合理地解释个人非理性消费和投资产生的原因及其弥补办法，能帮助非理性决策者克服自身的弱点做出最符合预期的决策，行为经济学越来越受到社会各界和主流经济学的青睐。

行为经济学认为，世人做出糟糕经济抉择的原因之一是存在“心理账户”并喜欢计较沉没成本。“心理账户”由 2017 年的诺贝尔经济学奖得主理查德·塞勒提出的，指的是人们在心理上对经济结果的编码、分类和估价过程。具体地说，人们在心理上无意识地把财富划归为不同的账户，并按照不同的记账方式和心理运算规则单独计算与管理，而不是把所有的损失和收益放在一起计算。这样做，结果往往会以非预期的方式影响着人们的决策，以致不能实现理性认知范畴中的“效用最大化”，而只是情感层面上的“满意最大化”。例如，大部分人去看电影时，如果在路上发现价值 50 元的电影票丢了会放弃看电影，但如果发现丢了 50 元公交卡，还是会按原计划去看电影。虽然财富损失的金额相同，但将“电影账户”和“公交账户”分开计算给人带来的损失感受不一样，由此产生不同的决策行为。又如，股价上涨会使投资者觉得投资账户上的财富增加了（如果股票没有卖掉并转出资金只是“纸上富贵”）而增加消费（消费账户提前消费）。相反，股价下跌会给投资者带来负面的财富心理，进而减少实际消费。同时，投资者常常在潜意识里认为，股票投资盈利是赚来的。他们在处理这些盈利资金时，其谨慎程度比工资等劳动收入低，再投资和消费的意愿也比较强。

沉没成本是指已经发生、不可收回的时间、金钱、精力等支出。传统经济学认

① 发表于《上海证券报》2017 年 10 月 18 日第 9 版。

为“沉没成本不是成本”，不应该影响人们的进一步选择。但如果存在“心理账户”，沉没成本就会严重制约人们的进一步选择行为。上例中电影票丢失相当于“电影账户”遭受损失（沉没成本），再买票看电影相当于“超支”，导致大多数人选择放弃看电影。

运用心理账户以及禀赋效应和损失厌恶心理，还可解释和防范消费与投资的错误行为。禀赋效应指个人一旦拥有某商品，对该商品价值的评价要高于没有拥有它之前的估价；一旦拥有了某物，就很难再放弃它。损失厌恶是指人们面对同样数量的收益和损失时，损失带来的负效用高于收益带来的正效用。这使得在消费和投资决策过程中，人们对避害的重视要远大于趋利。例如，许多人不愿购买趁大雨天涨价的雨伞，就是因为损失厌恶心理而拒绝“有利自己”但不公平的交易机会。这与传统经济学供求决定价格的思想不一致。在股票投资中，有的人能接受账面亏损但厌恶实际损失，加上禀赋效应，常常在股价刚刚上涨时卖掉获利，而对套牢的股票难以“割肉”离场，最终获利小，亏损越来越大。有的人刚好相反，禀赋效应加上能接受实际亏损但厌恶账面损失，喜欢死捂获利很大的股票，卖出亏损巨大的股票，最终获得的是“过山车”的刺激，而在最低价清空了股票。实际上，决定是否继续持有某个股票，跟它是否值这个价有关系，与自己盈亏多少没有关系。因而，正确的投资策略是，选择价值被低估的个股做长线投资时，要根据市场状况高抛低吸，尤其要在股价高企时获利了结。对于错选的股票则要果断卖出止损。价值投资大师巴菲特就是这样操作的。

传统经济学强调人是理性的，可对长期消费和投资做出合理的计划安排，消费是可逆的，个人消费水平可以依收入变动而调整。行为经济学的观点刚好相反，认为个人消费和投资不仅取决于收入，还取决于长期形成的习惯和抵御短期诱惑的能力等因素，因而消费不可逆，长期计划往往难以实现。事实上，人们在收入提高时容易增加消费，但在收入降低时难以减少消费。这种“由俭入奢易，由奢入俭难”的现象又被称为消费的“棘轮效应”。